博物馆学认知与传播
论丛

缪斯之声

博物馆展览理论探索

VOICE OF MUSE

Theoretical Exploration of
Museum Exhibition

严建强 著

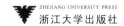
ZHEJIANG UNIVERSITY PRESS
浙江大学出版社

图书在版编目(CIP)数据

缪斯之声:博物馆展览理论探索/严建强著.—
杭州:浙江大学出版社,2020.12(2021.10 重印)
(博物馆学认知与传播·论丛)
ISBN 978-7-308-18919-4

Ⅰ.①缪… Ⅱ.①严… Ⅲ.①博物馆学—文集 Ⅳ.
①G260-53

中国版本图书馆 CIP 数据核字(2019)第 010727 号

缪斯之声:博物馆展览理论探索

严建强 著

责任编辑	陈思佳　陈佩钰
责任校对	杨利军　黄梦瑶
封面设计	雷建军
出版发行	浙江大学出版社
	(杭州市天目山路 148 号　邮政编码 310007)
	(网址:http://www.zjupress.com)
排　　版	杭州中大图文设计有限公司
印　　刷	杭州高腾印务有限公司
开　　本	710mm×1000mm　1/16
印　　张	20
字　　数	333 千
版 印 次	2020 年 12 月第 1 版　2021 年 10 月第 3 次印刷
书　　号	ISBN 978-7-308-18919-4
定　　价	88.00 元

总　序

　　现代博物馆源自两个古老的传统,一个是以缪斯的名义出现的对知识和哲学的冥思,一个是以收藏柜为表征的对器物的收藏。这两个传统在很长时间内并没有交集,直到 16 世纪中叶基格伯格(Samuel Quiccheberg)做出最初的尝试。在基格伯格的时代,一种以剧场形式出现的讲演记忆训练中,物品作为帮助提示讲演人记忆的手段出场,物与思想发生了接触。从那以后,两者的结合一直是博物馆史的重要内容。经过几代人的努力,它们逐渐走向融合,并向着两位一体的方向发展。然而,只有当人们的观念突破了收藏物精美的外壳,将关注转向物质深处的精神内涵,并试图以知识和信息的形式将其提炼与揭示出来时,物与思想结缘的通路才被真正打开。从此,物品作为欣赏对象与作为启发思想、帮助理解的知识载体的双重身份出现了有机的结合。

　　这既是博物馆历史演变的趋势,也是博物馆现实发展的理想。依着这样的愿景,当观众进入一座优秀的博物馆,他不仅能感受到人类制造物的艺术魅力,满足欣赏与崇拜的愿望,也应该能在阐释的帮助下深入理解物品内部的知识、思想与情感的内涵,在智性方面有所收益。然而,在现实中,两者的结合还有待进一步的努力,尤其在中国,如何在欣赏物品的基础上强化展览的信息传播能力,提高观众的参观收益,是今后一个时期特别需要关注的方面。这就是本丛书产生的背景和目的。

　　在全球范围学习型社会建设的浪潮中,非正式学习的需求被极大地放大,博物馆作为一个高度组织化与制度化的非正式教育机构,如何满足这一需求,是一个必须应对的挑战。当公众带着更多学习与理解的诉求进入博物馆,他们会发现,在这一机构中学习与认知的过程是非常独特的,与他们日常的学习经验大相径庭:作为知识传播者的策展人并不像老师那样站在他们的面前,而是隐身幕后;作为信息传播载体的不是符号,而是物品;更大的差异是,如果说教室是为学习者提供的一个栖身空间的话,那博物馆展厅本身就如同教科书,成为学习的对象与内容。观众在书中穿梭,在行走与站立的交替运动中,对空间中呈现的物品进行观察、阅读和体验。在这个过程中,许多在日常学习行为中不曾遇到过的因素开始影响他们的学习,比如方向、位置、体量、光、色彩等。如果方向不对,叙事的顺序就乱了;如果位置不对,物品之间的逻辑关系就错了;如果光出现了问题,观众不仅觉得眼睛不舒服,而且也会对展览的重点出现误解。这种学习者所面临的"环境语境"是其他学习行为所没有的。

这一切都表明,尽管我们可以利用一般的教育学、认知学、心理学和传播学理论来帮助我们,但博物馆学习的独特性质仍然要求我们进行专门的、针对性的研究,并将其作为博物馆学研究的中心内容之一。没有对博物馆学习与认知过程独特性的研究与理解,我们的传播方法与策略就缺乏明确的标的,缺乏必要的有效性。所以,在这种情况下,首先要展开对博物馆学习与认知特点的研究,探明这一媒体与其他媒体在传播过程中的区别,为制定正确有效的传播策略提供依据。正因为如此,我们把博物馆学习与认知及其和传播的关系作为重要的学术内容展开研究,并期待有更多的学者关注这一问题。

传播效益取决于多方面的因素,这些因素贯穿在整个展览的建设与运营中。比如:如何通过前置评估了解公众的需求与愿望,并将他们的想法融入展览策划;如何在建构展览的结构和框架时将主题叙述的思想及逻辑要求,与博物馆学习的特点及公众的习惯、爱好相结合;如何规划与经营展览设计的空间,让观众觉得整个展览清晰流畅、层次分明、重点突出,并通过形成性评估来保证其落实;如何针对基本陈列展开适当的拓展式教育和相关的配套活动,使展览主题内容得以深化与拓展;如何通过总结性评估收集观众的意见与建议,进一步做好展览的调整与改善,以为下次展览提供借鉴;等等。所有这些,都直接影响到博物馆的传播效益,进而影响其社会效益的实现。

本丛书分为"译丛"与"论丛"。鉴于一些国家已经在博物馆学认知与传播方面积累了相对成熟的经验,为我们的探索提供了很好的借鉴,为此,"译丛"从理论与实践两个方面反映了当代西方博物馆学界的新观念、新理论与新实践。"论丛"则是国内学者在探索过程中的心得,尤其令人欣慰的是,作者大多是年轻人,其中有一些已经参与了大量的展览实践。衷心希望这套丛书能够为实践中的工作团队提供有益的启发,为中国博物馆事业发展的洪流增添美丽的浪花。

严建强

2018 年 3 月 30 日

自　序
缪斯的复活

中文"博物馆"一词源自英文的"museum"。从词源学的角度看,英文的"museum"又源于希腊神话的"muse"(女神)。关于"muse",希腊神话中有多种不同的版本。① 按照赫西俄德《神谱》的说法,她们是众神之王宙斯和记忆女神谟涅摩叙涅所生的九个发束金带的女儿。九位女神美丽高雅,充满活力,在阿波罗的麾下,分别司掌着史诗、音乐、情诗、演讲术、历史、悲剧、喜剧、舞蹈和天文。② 这些活动差不多囊括了当时人类艺术与科学活动的各个方面,从而使缪斯们闪耀着知识之神的光辉,"缪斯"一词也因此浸染着人类科学文化知识总汇的色彩。希罗多德将他所写《历史》的每一卷以一个不同的缪斯命名,或许正是出于此种考虑。在古希腊的学园,通常会设立一个供奉缪斯女神的圣殿,就像古代中国的学堂、私塾一定会放置供奉中国知识之神孔子的神龛一样,学子们在此表达对知识之神的崇拜。在古希腊,这一场所被称为"mouseion",是人们向知识之神致敬的地方。这一传统在西方世界是如此根深蒂固,以至于18世纪的人们还将这一概念注入自己的理想中。启蒙运动中,许多人士试图重树对缪斯的崇拜。法国大革命前巴黎有一个共济会的团体叫作"九姊妹",伏尔泰、本杰明·富兰克林都参加过九姊妹的活动。

在希腊化时代,这一传统通过亚历山大博物院的建设转化为具体的文化

---

① 公元 2 世纪,罗马时代的希腊地理学家保萨尼亚斯说一开始只有三位缪斯,为三位一体的老一辈诗歌女神。古罗马作家西塞罗的《论神性》一书提到过四位提坦缪斯,她们是司管曲艺形式和技巧的缪斯女神,又合称为"曲艺四女神"。

② 爱德华·P.亚历山大、玛丽·亚历山大,《博物馆变迁——博物馆历史与功能读本》,陈双双译,译林出版社 2014 年版,第 4 页。

教育活动。公元前 3 世纪,托勒密·索托在埃及的亚历山大城创建了亚历山大博物院。这是一个以广泛的知识研究与传播为主旨的综合性文教机构。其间设立了研究室、教室、图书馆、实验室、档案馆和收藏室,收藏室里陈列着天文、医学和文化艺术的藏品。地中海沿岸国家的学者们聚集在这里,从事研究与教学工作。被称为"几何之父"的数学家欧几里得以及物理学家阿基米德都曾在这里从事过研究工作。

这一传统由于日耳曼人征服了西罗马帝国一度中断。日耳曼人与基督教联手后,将希腊罗马的本土宗教视为异教,无论是收藏活动,还是教育活动,都不再被允许。虽然收藏活动其后在教俗两个系统又重新开展起来,但那种与知识活动相联系的传统已经看不到了,"museum"等类似的称呼也因其异教色彩而被禁止。

中世纪后期,尤其是文艺复兴后,随着西方城市兴起与世俗的文化教育的发展,原先隶属于亚历山大博物院的大多数职能都相继出现了专门的机构,如大学、图书馆、实验室、档案馆等,它们的工作内涵被纳入到一种新的名称中,与缪斯的总体概念相脱离。其中,只有收藏机构被保留下来,成为"museum"的专属机构,但已失去了原先广阔丰富的教育含义。从当时的文献可见,在 16、17 和 18 世纪,收藏者通常是皇室和拥有土地的贵族、教会,珍贵的绘画和雕塑作品作为装饰陈设而被收集和展示,缪斯原始的知识传播含义被淡化,收藏柜成为珍宝匣,收藏品在匣子里沉默不语地接受着好奇的人们的欣赏的目光。由此形成了西方文化中关于博物馆的两种不同的传统:以缪斯(muse)为代表的强调学习与思考的传统,以及以珍宝柜(cabinet of curiosities)为表征的收藏物品的传统。这两种传统逐渐融合的历程是博物馆历史的核心,勾勒出博物馆发展与演变的基本脉络,其愿景是,各种被收藏的物品在特定的空间场所中呈现,并在深入的阐释中将所积淀的关于过去的记忆以显性的和易于被理解的方式,向社会公众进行表达。在这种理想中,收藏物不再仅仅是被动地作为被观察与欣赏的对象,而是成为观众与历史或自然进行沟通、对话的媒介,缪斯也由此重新发出知识之神的声音。

从历史的角度看,从基格伯格的时代开始,将收藏传统与知识传播传统融合的努力已经初露端倪。朱利奥·卡米洛的记忆剧场体现了物与思想结合的最初尝试。① 在贝尔维德累宫画廊(维也纳艺术史博物馆的前身)创建过程中,数量庞大的哈布斯堡家族藏品也是按照年代顺序、国别差异和不同艺术风格等原则进行布置,以期呈现"艺术的可见历史",使艺术史具体化,并且具有教育功能。② 1775 年,乌菲茨画廊的大量艺术藏品开始根据教育学和历史学的原则重新整理。卢兹·兰齐指出,艺术品必须"有系统地"展示,以促使学生能在欣赏这些作品艺术风格的同时,理解它们在历史上的联系。1830 年德国老美术馆筹建时,负责人冯·许堡在给国王的信中写道,他的做法将与英、法不同,会采用时代和流派的分类,使展览呈现出艺术史的样式。③ 这些都是我们看到的博物馆自觉履行教育使命的早期努力。这种努力随着1905 年德意志科学技术博物馆的诞生而开出美丽的花。在这座新型的博物馆里,社会教育已然成为清醒和自觉的使命,展品的一切安排都具有明确的教育指向。④ 这正是它被视为现代意义博物馆诞生的里程碑的原因。缪斯神殿作为知识传播及向知识之神致敬的形象在经历了许多个世纪的迷雾遮掩后重新显露出来。⑤

　　区域博物馆的兴起也促进了博物馆进一步地履行教育的使命。这类博物馆的藏品属于"在地"的,通常被理解为这片土地的社会记忆的载体。它们在博物馆展览中扮演着区域历史文化发展见证人的角色,向观众讲述这片土地的故事。由于展品的身份开始从经典的艺术品向反映区域文化发展及特征的实证物转化,欣赏的核心地位也开始让位给理解与学习。

　　以自然现象的科学解释为主旨的科学博物馆的出现以更加明确的方式强化了博物馆知识传播的性质,它们通常没有传统意义上的可欣赏的"实物"展品,有的只是为传播知识、实现特定教育目标而专门制造的展品。从某种

---

　　① 　参考国际博物馆协会博物馆学专业委员会主席弗朗索瓦·梅海斯的网络课程"博物馆学的历史与基础"的第二课"从基格伯格到 18 世纪"。

　　② 　雷欧波特·威廉大公将许塔堡的藏品搬到望楼宫时按时代发展的线索布置,形成了美术史陈列的模式。

　　③ 　转引自杰弗里·刘易斯:《藏品、收藏者的博物馆:简略的世界性综览》,译载《博物馆研究》1990 年第 4 期。

　　④ 　这座博物馆鼓励观众动手进行各种模拟试验,在亲身实践中加强对科学技术的理解。观众可用按钮操作的展品有 4000 多件,所以有"按钮博物馆"的别称。

　　⑤ 　有趣的是,中文的"博物馆",也有类似的两种不同层次的理解。从字面上看,博物馆可以被视作一个装满了物品的房间,类似于沦为收藏所的缪斯。但在中国古代,通常用"博物君子"来指代具有渊博学识的人,所以"博物"也具有广泛的知识的意思。从这个意义上讲,博物馆也是一个传播广泛的知识的场所。

意义上讲,科学中心类的博物馆从建立之初,就带有明确的学习动机,是专门为传播科学知识而建的。如果说综合类博物馆负有收藏、研究和传播的多重使命,那么,科学博物馆所有的注意力都集中在知识传播与公众学习上。①

20世纪下半叶公众对终生学习的渴望,以及各国制定的建立学习型社会的目标,都对博物馆扮演更充分的非正式教育机构的角色提出新的要求。在这种背景下,帮助公众解读博物馆物,将博物馆物作为知识载体的呼声日益高涨。于是,如何使博物馆与人们的知识生活建立更密切的联系,如何使博物馆为建设学习型社会做出贡献,就成为博物馆人面临的最重要的任务之一。从历史的角度看,当代博物馆要进一步恢复其知识传播的传统,由珍宝匣转变为传播知识的大教室,让博物馆物不再沉默,而是为知识传播大胆发声,以恢复"museum"的初心。

由此可见,自公共博物馆时代降临以来,经过三个多世纪的发展变迁,博物馆的收藏功能和开放程度发生了重大的变化。与热衷于不断积累和扩大收藏相比,博物馆倾向于将更多的精力投入到通过对馆藏进行有效阐释,更好地服务于观众的理解与学习方面。以珍宝柜(cabinet of curiosities)为表征的收藏传统正在弱化,以缪斯(muse)为表征的学习与思考的传统重新发扬光大。

的确,要真正恢复作为知识传播者的缪斯形象,关键是建立高质量的展览,开展有效的阐释,将展品中的意义向观众进行易于理解的揭示,使他们深入理解蕴含在物中的意义,并有效沟通与历史或自然的对话。只有在这种情形下,我们才可以说,缪斯复活了。

建立高质量的博物馆展览涉及众多方面,必须展开深入研究,提高传播的效能。20世纪80年代中期后,作为一位从事博物馆学教学与研究的教师,我开始意识到这一点,为此,我的研究重点从藏品管理转向展览理论方面,希望能为提高博物馆展览的传播能力提供理论上的支持。这些文章就是在这样的背景下陆续撰写的,它们主要围绕着如何将博物馆物通过展览阐释与公共知识传播结合起来,从而使博物馆重新以知识女神的形象活跃在现代社会

---

① 这类博物馆较早的是由诺贝尔奖获得者、物理学家让·柏林主持创办的法国发现宫,其内容涵盖数学、物理、化学、生物、医学、地质、天文、航空等专业。博物馆大量运用自动幻灯片、电影、录音机、录像电视和集成电路仪表等各种音像产品及数字显示设备。

的学习生活中。

2008年浙江大学将博物馆专业从历史系分出来建立独立的系后，博物馆学的教学与研究出现了新的发展。在研究生教育中，博物馆的认知与传播成为博物馆学方向师生主要的研究课题，为了促进这一领域的研究，我决定出版一套相关的丛书。正是在这一征程的起点上，我将此前在这一领域所做的研究进行一次汇总，成为本书问世的动机。

本书的论文主要局限在本人在博物馆展览方面的研究，大多数曾在相关期刊上发表过。将它们集结在一起，能够将我关于博物馆展览的思考进行整体性的呈现。这些文章基本围绕着博物馆展览的社会使命、博物馆学习与展览传播、展览质量保障诸方面，其目的都是协助提高博物馆展览表达与叙事的能力，从而更好地强化博物馆作为激励思考的场所的身份。正如书名所说：让缪斯更响亮地发出知识之神的声音。

本书中的文章最早的可以追溯到20世纪80年代中期。这些成文于二三十年前的文章，现在看来颇有些幼稚，但在这里依然基本保持着它们的原样，因为，从某种意义上讲，这种不断走向成熟的过程，也是时代变化的一个缩影，能使读者不仅看到我在这一领域思考的心路历程，也可借此了解中国这四分之一个世纪以来该领域关注的热点、采用的方法论，以及所经历的变化。在不同时期的写作过程中，我曾得到博士后、博士生们的帮助，其中也有一些文章是以合作的方式发表的，在此向他们表示感谢。

目　录

博物馆展览的角色与使命

展览阐释与博物馆学习

展览评估与品质保障

博物馆展览的角色与使命

博物馆与记忆

阿尔温·托夫勒在《第三次浪潮》中指出："在原始社会，人类被迫把他们储存的共有记忆和个人记忆放在同一个地方，即储存在个人的头脑中。部落的长者、圣人以及其他人，以历史、神话、口头传说、传奇等形式，把记忆保存下来，并且用语言、歌咏、颂歌等形式传给他们的子孙。……第二次浪潮文明冲破记忆的障碍。它传播了群体文化，保存了系统的记录，建造了上千个图书馆和博物馆，发明了档案柜。一句话，它把社会记忆扩展到人们大脑之外，找到了新的储存方法，这样就冲破了原来的局限。"①

在托夫勒看来，图书馆、档案馆和博物馆都是制度化的人类记忆的保存机构。对于前两者来说，这种社会使命或许是与生俱来的，但就博物馆而言，有意识地保存人类的记忆的做法并非与生俱来，而是博物馆社会化进程中逐渐演变的结果。戴维·默里在 20 世纪初就将博物馆做出"现代"和"前现代"的区分。② 现代博物馆陈列的目的是揭示某种具有真理意义的发展规律或过程。与此相比，前现代的珍品收藏则与这种真理使命无关，它给人带来的是意外的惊喜和好奇，"新"、"奇"、"特"是它的吸引人之处。

这种观念上的变化，在一些国际组织关于文化遗产界定标准的变化中亦可看出，如 1964 年在威尼斯通过的《国际古迹保护与修复宪章》第一条指出："历史古迹的概念不仅包括单个建筑物，而且包括能从中找出一种独特的文明、一种有意义的发展或一个历史事件见证的城市或乡村环境。这不仅适用于伟大的艺术作品，而且亦适用于随时光流逝而获得文化意义的过去一些较为朴实的艺术品。"这里虽然主要是指不可移动的文化遗产，但也完全适用于

---

① 阿尔温·托夫勒：《第三次浪潮》，朱志炎等译，生活·读书·新知三联书店 1983 年版，第237—239 页。

② David Murray. *Museums：Their History and Their Use*. Glasgow：James MacLehose &Sons，1904，p. 231.

可移动的文化遗产。

无论如何,将记忆的概念引入博物馆是博物馆历史上重要的大事,它不仅为我们提供了一个审视博物馆社会属性及功能的新视角,也从整体上改变了博物馆的社会使命和工作目标。

一、博物馆功能:记忆的意义

历史学家通过对历史文献的整理与研究来恢复人类关于过去的记忆。随着近代科学考古学的发展,通往过去之路被有效地拓宽,人类各时期制造和使用的各种物品,也成为记忆的载体,成为我们了解过去的介质,从而大大地丰富和深化了我们关于过去的知识。现代博物馆正是通过系统收集这些物品,对它们进行研究和展示,形象地再现人类过去的生活。这表明,现代博物馆的社会使命已与人类记忆紧紧地联系在一起。艾伦·拉德利指出:"记忆发生在实物的和文字的世界里,其中各种人工制品,无论对文化而言,还是对个人来说,都扮演了记忆的主角。"[①]所以,对博物馆功能的评价也自然地与对人类记忆的评价捆绑在了一起。

这样一来,记忆的意义就成了判断博物馆功能的一个前提性的话题,就如同判断历史学的实践功能一样。只有充分说明记忆对人类现实生存的意义,才能表明历史学的实践功能以及博物馆在当代社会存在的理由与合法性。关于历史与记忆的关系,我曾在十多年前的一篇文章中做出简单的阐述,大意是:要认识历史学的实践功能,必须将它与人类最基本的生存联系起来,而这种联系,正是通过记忆的保存来实现的。历史是人类的集体记忆,离开了这种记忆,人类的"现在"就如同刀刃上无限小的一点。在这个不断游移、稍纵即逝的瞬间,人类既无法认识自己,也无从理解其与环境的关系,因而失去了清醒地进行现实行动的可能性。历史正是通过恢复人类关于过去的记忆,将狭窄的"现在"与广阔的"过去"岁月结合起来,为我们的现实行动

---

① Alan Radley. "Acts, Memory and a Sense of the Past." In David Middleton & Derek Edwards. *Collective Remembering*. New York: Sage Publications, 1990, pp. 57-58.

提供了了解自己、观察形势的坚实基础。① 这一评论也同样适用于评价博物馆的功能,正如伯妮斯·墨菲在"记忆与普世性"论坛上所说的:"博物馆不仅是能够唤起强烈记忆的地方,也是探索、重建和恢复记忆的机构,使记忆代代相传。"②但历史学与博物馆所不同的是:历史学所借助的记忆载体主要是"文献",而博物馆则更多地依赖"文物";如果说历史学用文字符号将记忆转化为抽象的历史画面,那么在博物馆,你所看到的是用文物再现的较为具体的历史形象。

保存历史记忆的,还有档案馆和图书馆,唤醒历史记忆的,也有各种定期和不定期的纪念活动和仪式。但博物馆无疑是人类保存和唤醒历史记忆最重要的场所之一。我们仔细分析可以发现,现代博物馆工作的各个环节正是紧紧围绕记忆展开的,包括记忆载体的收集,记忆的确认、梳理与整合,以及记忆的叙述、阐释与形象性再现。

二、博物馆收藏:记忆载体及其保存

"保存社会记忆"的概念进入人类的收藏活动,如同暗夜前行发现了火炬,它不仅照亮了路,更指明了前进的方向。正是这种新的收藏理念与政策,为现代博物馆奠定了基础,使它成为现代社会重要的学习场所。

收藏是博物馆最基础的行为,其心理学基础是人们对所喜爱和珍视的事物的占有或保存的愿望。私人性质的收藏活动只是为了实现个人的心愿。由于这些人类的喜爱之物通常具有美丽、精致、稀罕和纪念性特征,很容易激发人们的占有欲,所以也会进入市场,成为一种特殊的商品。它的稀罕性使它具有保值、增值的功能和良好的市场前景,也在一定程度上塑造了收藏活动的品格。在很长的时期内,收藏活动受到了这种动机的影响,是否收藏及收藏什么,都取决于个人的愿望和市场的需求。在这种情形下,人类的收藏

---

① 严建强:《关于社会记忆与人类文明的断想》,《浙江档案》1999 年第 3 期。本文主要是读斯蒂芬·沃恩的《充满生机的过去》(The Vital Past:Writings on the Uses of History)一书的感想。关于这一点,克里斯托夫·波米扬表达了同样的看法,他说:"没有记忆,人就不能辨认自己,也就不再存在。"(Krzysztof Pomian. De l'histoire, partie de la mémoire, à la mémoire, objet d'histoire. Revue de Métaphysique et de Morale,janvier-mars 1998,no. 1,p. 68.)

② 林德尔·V. 普罗特主编:《历史的见证》,国家文物局博物馆与社会文物司译,译林出版社 2010 年版,第 49 页。

品是个人化的、随意的与无系统的。

　　然而,当博物馆的收藏活动与保存社会记忆的使命联系起来,一切都发生了变化。

　　首先,由于收藏的目的与动机不同,收藏品的意义以及给人们带来的印象与感受也不同。苏珊·皮尔斯在谈及私人收藏的意义时说:"我们进入了一个神话和隐喻的诗性世界,在这个世界里,我们每个人都可能生活在混沌的经验之中,并将它转化为一种个人的意义,收藏所具有的正是这样一种转化力量。收藏品为我们提供了一个自成一统的私人世界,就像是映照我们身心的镜子。"①在这里,收藏活动是一种个人的行为,如果说收藏品也具有记忆的意义,那它只属于康纳顿所说的"个人的记忆",仅与个人生活史有关。② 徐贲则谈到了作为社会记忆载体的收藏品:"实物保存对于集体记忆想象和再现历史至关重要。……这些物件的历史感之所以能转化为集体记忆,是因为它们本身能吸引公众的凝视,不只是由于好奇,而更是由于一种凝视过去的'惊诧'。"

　　其次,这种新的使命改变了传统的收藏政策,将收藏品所内蕴的"记忆"作为价值判断的依据。如果说私人收藏的依据主要是个人的心愿或市场的价格,那么,新的收藏政策更关注的是它所承载的"记忆",即它是否让我们认识了过去生活的某一个时刻,是否给我们带来了关于过去生活的新的信息,是否对过去生活中某些我们尚不明确的现象加以澄清和说明,等等。这些信息通常与具体的时间和空间有关,所以,收藏品的时间、空间与社会属性变得非常重要。一件出土物处在哪个文化层,或一件制造物生产于哪个时代、地区与作坊,或一件用品与某个个人有怎样的关系,这些都成为收藏时特别要关注的方面,因为"记忆"附着在这些细节上,离开了这些细节,记忆也就失去了具体的内容。一件文物离开原生地,会在很大程度上失去它与特定社会的联系,很可能从一个记忆的载体变为单纯供人们欣赏的艺术品。比如,当著名的埃尔金大理石雕被搬进大英博物馆,它就丧失了作为特定社群社会记忆载体和作为过去时代叙述者的身份。

　　最后,随着收藏使命及收藏政策的变化,收藏活动的范围与内涵也大大

---

① Susan Pearce. "Collecting as Medium and Message." In Eilean Hooper-Greenhill. *Museum*, *Media*, *Message*. London: Routledge, 1995, p. 21.

② 保罗·康纳顿:《社会如何记忆》,纳日碧力戈译,上海人民出版社 2000 年版,第 19 页。

地拓展,其重点也随之转移。博物馆要系统地保存人类的记忆,就必然会涉及与人类生存相关的各个方面,这就注定要开拓新的收藏领域,丰富收藏的内涵。

第一,人类的收藏活动不再仅仅局限在狭隘的人工制品的范畴,作为人类生存的背景和舞台的环境也已被纳入其中,各种化石和标本作为自然变迁及人类与环境关系的物证源源不断地进入博物馆库房。

第二,人类收藏范围不再局限于具有良好审美价值和经济价值的"古董"或"古玩",凡是与人类生存有关的、能作为人类创造活动与生存状态见证者的一切物品,都有可能进入博物馆收藏的视野。所以,各时期的工具、武器、服饰,各种民俗用品与日常用品,也名正言顺地进入了博物馆的库房。

第三,人们不仅仅收藏制成品。为了了解过去的人们是怎样制造一件器物的,在生产遗址残留下来的原料、工具、半成品和次品,都被收藏进博物馆,作为研究与展览之用。

第四,人们也不再将眼光只投向遥远的古代,认为越是古老的就越具有收藏的价值。相反,许多博物馆也非常关注身边发生的事情,关注社会变迁对文化生态带来的影响,并细心地制定系统的征集计划。

第五,人们不仅仅关注个别的和孤立的物,更关注收藏的系统性与藏品之间的有机联系。从记忆的角度看,一个系统的、有机的收藏群,其蕴藏的记忆要远远超过单件的、独立的物。这些物之间的联系,反映出地区性的差异和时代的变迁。

第六,新近出现的一种现象更加典型地说明了这种变化的实质,那就是遍及全球范围的对非物质文化的关注。收藏的传统以收藏品的三度空间性质为其毋庸置疑的前提,而这种新的收藏理念几乎完全颠覆了这一点。现在,原本深藏在物背后的社会记忆冲破和超越了"物",直接走向前台,借助现代的记录与视听设备,以最直接、最纯粹的形式进入博物馆,进入公众的视野,将博物馆与历史记忆的关系演绎到了极致。

三、博物馆研究:寻找过去的记忆

一旦我们承认博物馆是集体记忆的处所,博物馆藏品是历史记忆的载体,那我们的研究思路也就变得清晰。我们研究的目的就是深入到物的内部,去寻找尘封其间的记忆,并努力唤醒它,让它们向观众讲述人类过去的生活。这种研究思路与传统的器物学研究具有很大的区别。

首先,传统的器物研究主要关注的是收藏品的艺术与经济价值,这是由收藏的动机决定的。为此,研究者着力研究器物的材料构成与古老程度,判断它是否属于历史上著名的品牌,是否与历史上的名人有关,它的制作工艺是否精湛,品相是否精美,纹饰是否具有艺术价值,等等。虽然这些项目都是必须研究的,但显而易见,它们的研究目的都是围绕着"价格"展开的,以能否充分发掘其商业价值为目标,是一种在文物市场价值观指导下的研究。

相比之下,以记忆为导向的藏品研究则把充分揭示记忆的内涵作为自己的研究目标。它包括了上述传统研究项目,但出发点与目的都不同。研究者所关注的是,这件器物是什么时候、在什么地方、由谁、为了什么目的制造的,它是采用了怎样的材料,使用了怎样的工具,运用了怎样的工艺技术制成的,人们是怎样使用它的,在使用的过程中伴随着怎样的心理现象,承载了怎样的文化意义,等等。这是一个恢复历史记忆的过程。

其次,传统的器物研究主要关注个别和孤立的物,除非其本身就是配套使用的物品,否则很少将它与其他的器物联系起来开展系统的研究,也很少考虑它们的历史性变化。至于一些与器物没有直接关系的学科,更是难以进入其研究视野。但是,如果我们要揭示藏品中蕴含的历史记忆,那我们就不得不特别关注器物之间的联系。因为记忆通常不是局限在一个点上,而是形成于一个过程中。只有探明了变化与发展的过程,才能够形成一种叙述、一个故事,而这正是记忆最有效的载体。关于这一点,张伟明曾分析说:"有些个体文物直接体现了历史事件,例如溥仪退位诏书这件文物,代表着一个王朝乃至时代的结束。但许多个体文物并不能直接体现明确的历史事件,只有纳入到一个有目的和系统的体系中,其揭示或塑造历史记忆的价值才体现出来。"①另一方面,我们也不得不努力拓宽研究的视野,借助于其他学科的联系与帮助,包括历史文献学、民俗学、社会学、宗教学、人类学等,开展学科交叉的综合性研究。这是因为,任何一件人工制品,都蕴含着多方面的信息,承载

---

① 张伟明:《历史记忆与博物馆文物的收藏和展示》,《中国文物报》2011 年 8 月 10 日第 6 版。

着多方面的记忆,只有将它们放置在具体而复杂的历史与社会背景下,进行多学科的综合研究,才有可能探明其内蕴的含义。

最后,传统的器物研究主要关注藏品的物质方面,很少关注其背后的精神的和民俗的内涵。但对于以记忆为导向的藏品研究来说,器物的物质性在一定程度上只是载体,是通往精神世界的一扇窗。正如罗塞尔·B.奈伊所说:"一件人工制品是一系列概念的产物——一种需要、一种思想、一项计划、一个产品。一旦被制作,它将反映和影响那些制作者和使用者的行为。被一种文化所制造和使用的人工制品在衡量这种文化的标准的同时也包含了对这种文化的隐喻。汽车、扶手椅、厨房用具、农具、棒球手套、儿童玩具以及上百万件别的东西,都是我们文明的组成部分,是人类独创力和想象力的产物。"①正因为如此,面对各种收藏品,研究者真正渴望的,是探索那个隐藏在物背后的精神世界,那种体现先人生活中情感与智慧的生活方式。这就是一个恢复历史记忆的工作,当我们通过研究寻找到关于过去的记忆,我们就开启了与历史的对话。

四、博物馆展示:记忆的重构与再现

博物馆展览的理念受制于收藏的理念,这是因为"为什么收藏"决定了"为什么展览"。所以,戴维·默里"现代"或"前现代"式的分类方法同样适用于当代博物馆。

当博物馆自觉地承担"社会记忆保存者"的角色,那它就不仅要遵循新的收藏政策和研究目标,也意味着要在展览制作方面承担更多的责任。

我们知道,在传统的展览中,我们只需要将器物按照类别放置在特定的展览容器中,使其在理想的光照条件下被观赏。这种展览类型是与"前现代型"收藏匹配的,它能够为观众提供"新"、"奇"、"特"、"美"的感受,但却无法履行重构与再现记忆的使命。所以,要履行这一新的使命,博物馆必须找到一种新的展览样式。令人欣慰的是,一种以信息传播为导向的展览类型的问

---

① 罗塞尔·B.奈伊:《人文科学与博物馆:定义与联系》,梁晓艳译,《中国博物馆》2000年第3期。

世,为这一目标的实现提供了必要的技术支持。这种展览将信息的传播及其有效性作为自己的目标。这里所说的"信息",就是《巴拉宪章》所说的构成文化遗产的"文化意义",其实质正是关于过去生活的各种"记忆"。从这种意义上讲,信息定位型展览的本质,就是通过展览的方式保存、重构与再现历史的记忆。

当博物馆展览试图通过记忆的重构与再现来唤醒公众对过去生活的理解时,它会面临大量前所未闻的问题与困难。其复杂性主要表现在展览内容的选择、组织、表达方式,以及展览的实际传播效应等方面,涉及展览的策划、设计与制作的各个环节。

1.展览策划

传统的器物定位型展览强调展品的个别属性,每一件展品就是一个独立的审美与认知的对象,人们没有必要用一种思想或观念将它们强行地联系起来。在这种情形下,展览策划相对简单,与社会及政治的关联较小。然而,当博物馆成为一个集体记忆的处所,以恢复历史记忆为目标,讲述关于过去的故事,那么,作为事件发生见证的记忆载体就必须要按照事件实际发生的逻辑关系进行组合,也必须考虑与所设定的展览主题相匹配的问题,这使得展览策划变得复杂。

首先,博物馆作为记忆的保存者,它所保存的并不是某个人的个人记忆,而是一种"集体记忆"。这种集体记忆,正如埃米尔·迪尔凯姆所说的,是社群中比较一致的信仰和情感,或多或少是带有强制性的。[1] 莫里斯·哈布瓦赫甚至认为,不存在脱离集体的个人记忆,所有的个人记忆都是集体意识和价值的投射,其实质就是强制记忆。[2] 从这个意义上讲,集体记忆本质上是一种被选择的记忆,更准确地说,是被主流社会和主流意识形态选择的记忆。关于其意义,保罗·康纳顿写道:"社会记忆的东西会使今天的秩序合法化,这条暗示的规则要求社会秩序的每个参与者都必须有共同的记忆。"[3]对于这一点,博物馆必须清晰地意识到,它所保存和再现的记忆是主流意识形态的一部分,它所代表的是社群乃至国家对过去的看法。从某种意义上讲,一个

---

① 埃米尔·迪尔凯姆:《社会学方法的规则》,胡伟译,华夏出版社1999年版,第9页。
② 莫里斯·哈布瓦赫:《论集体记忆》,毕然、郭金华译,上海人民出版社2002年版。
③ 保罗·康纳顿:《社会如何记忆》,纳日碧力戈译,上海人民出版社2000年版,第3页。

展览的策划,其本质就是代表社群来梳理与叙述关于过去的记忆。如果说传统的展览类似于一个自由表达的艺术家,现代博物馆则在一定程度上带有了官方发言人的色彩。这使它承担更多的社会责任,享有更高的社会地位,同时也面临着更大的政治风险。当一个政权的政治合法性受到质疑时,它可能就会通过制度性记忆与制度性遗忘的方式进行记忆选择,社会记忆就可能偏离记忆本身。在这种场合下,作为社会记忆处所的博物馆很可能被抛到意识形态争执的风口浪尖上,并在道德与良知方面经受拷问。另一方面,在一个多元文化的社会中,不同社群之间社会记忆的差别,也会使博物馆卷入意识形态之间的冲突。这些都表明,当代的博物馆已不可能像以往那样置身于现实政治之外,而必须关注它。刘易斯·科瑟在为莫里斯·哈布瓦赫《论集体记忆》一书所撰的导言中写道:"我们关于过去的概念,是受到我们用来解决现在的问题的心智意象影响的,因此,集体记忆在本质上是立足于现在而对过去的一种建构。记忆需要来自集体源泉的养料持续不断的滋养,并不是由社会道德的支柱维持的……"①

其次,博物馆作为一个社会记忆的叙述者,还会遇到传统展览所不曾遇到的认知方面的挑战。对于传统博物馆展览来说,其基本目标是为观众提供欣赏珍品的机会,所以它的工作在很大程度上属于审美的范畴。只要观众在赏心悦目的参观过程中度过了美好的时光,获得了审美上的满足,展览就达到了预期的目的。但当博物馆成为一个社会记忆叙述者,向观众讲述特定区域的土地与人民的故事时,它就必须在认知方面向观众提供新鲜的东西,这就使得博物馆展厅成为传播与认知共同作用的教室。怎样通过适当的传播技术将博物馆所保存的社会记忆通过重构与再现呈现给观众,使观众将过去的记忆融入当下的生活,就成了展览建设的重点。

要保证记忆叙述的有效性,展览中的各种信息必须进行精心的安排与组织,并借助教育学、心理学和传播学的成果与技术,使传播技术与观众认知特点匹配。这意味着,博物馆所再现的社会记忆不仅要受到主流意识形态的过滤,还要经受认知论方面的洗礼。比如,为了让观众更准确地了解已发生事情的重点,一些展览策划人在众多的记忆材料中提炼出"值得的"信息,使所

---

① 莫里斯·哈布瓦赫:《论集体记忆》,毕然、郭金华译,上海人民出版社 2002 年版,第 60 页。

传播的信息重点准确而突出。也有的博物馆发展出"故事线"(story line)的概念,这也是为了保证观众更清晰地梳理相关的信息而采用的"减法"过程,通过删除与主题及"故事线"无关的细节,仅仅保留对理解最重要的信息,使得事情发展的脉络更加清晰和洗练。此外,展览单元等构建得是否合理,是否形成了层次分明、条理清晰的结构,是否符合认知心理学的要求,也在很大程度上影响着观众的学习效果。所有这些在传统的展览中都是无须考虑的,但却成为当今博物馆展览理论努力探讨的方面。

2.展览设计

一旦承担起重构与再现社会记忆的使命,展览的设计师也就面临着许多原先不需要考虑的问题。在传统的展览中,展览的组织者所运用的材料是博物馆的现存藏品,他所要做的工作是使这些展品看上去更珍贵、更精彩。也就是说,他依赖实物,拒绝仿制品,并且主要着眼于现存的馆藏品。然而,当我们试图去重构过去时,单纯采用实物展品往往就有许多局限性。比如,一些承载着重要记忆的材料并不属于本馆的收藏,从而使得某一段历史记忆缺乏实证材料的证明。当博物馆承担起向观众提供相对完整的记忆的责任时,它就不能将展品的范围仅仅囿于在藏的藏品,而可以采用补充性的专题征集,也可以采用高等级的仿制品,来做出弥补,使叙述更加系统与完整。另一方面,历史记忆的载体并不局限在博物馆藏品中,历史文献的记载、档案柜里尘封的记录、民族学田野调查报告,甚至世代传承的传说和技艺,都是历史记忆的载体。比如,历史文献中记录了本地区一件重要的历史事件,或者一件现在已经消失的文化创造,这些东西在这一地区确实存在过,已经成为历史文化中的一部分,只是没有遗留物入藏博物馆。在这种情形下,一些博物馆通过严格的科学考证,探明事件与现象的各种细节后,可以通过人工的方式进行情景再现,使消失的历史现象在逻辑和概念的意义上得到重现。这就表明除了实物展品外,博物馆还要借助于人工制作的辅助材料,借助情景再现与虚拟现实的技术,使叙述更加系统与完整。

传统展览只是简单地采用标签的方式对展品进行解释,在标签中列出展品的名称、时代和属性等。这样,历史中的一件活生生的物品被以一种静态和瞬间的样式凝固在现代的展览容器中。它虽然直接呈现在我们的面前,但我们还是不明白这件东西缘何而造,怎样使用,体现了怎样的情感和智慧。

在这种情况下，展览设计师就必须要考虑采用辅助性的解释手段使观众看明白，比如采用小型的复原场景将它重新放置在原先的使用场景中，或者用视频或图文的方式进行详细解读。观众只有看懂了展品，理解了展览，才真正接触到了过去的记忆。

这样看来，为了履行保存与再现历史记忆的使命，博物馆的展览要素大大地增加了，除了实物展品外还包括了各种情景再现和各种信息诠释的装置，从而使得博物馆展览设计工作的复杂性大大地增加了。设计者不仅要考虑实物展品的放置，更要考虑这些展品与辅助展品之间关系的处理；除了考虑展览的审美品质，更要考虑到展览的科学实证的准确性与精确性，以及展览的传播效应。

3.展览评估

传统博物馆的参观在很大程度上是一种审美活动，审美的过程是一个主观的过程，很难评估观众在认知方面的受益状况。但与记忆相关的展览会涉及信息的传播，具有明显的认知和学习的特征。观众在认知方面的受益是可以被评估的，这就使得博物馆的传播效应也成为评估的对象。另一方面，如上所述，新的展览为了重构与再现记忆，通常会采用情景再现和其他的阐释手段，它的现象重构与再现的科学性，即重构的记忆与实际的历史记忆的相关性如何，观众是否能看懂和理解，历史的记忆能否通过有效的参观转化为观众的个人记忆，都可以通过观众的访谈调查得知。当代国际博物馆界对展览评估越来越重视，正是与这样的背景有关。

综上所述，历史记忆或社会记忆的概念进入博物馆，使博物馆的属性、理念、社会功能，各工作环节的使命与内涵，展览建设的目标及运作，都发生着深刻的变化。博物馆紧紧围绕保存社会记忆、重构与再现社会记忆的使命，通过沟通当代人与过去时代，使人们在获取大量历史记忆的基础上认识自己，认识环境，从而在实际行动中更加自觉与清醒。这种新的使命感增进了博物馆对社会的责任感，拉近了博物馆与社群的关系，也有效地推动了博物馆的进一步社会化。

论收藏视域拓展对博物馆文化 及展览的影响

虽然我们无法确切预测未来的博物馆是怎样的,但我们确切地知道,博物馆文化是因收藏而兴起的。收藏催生了博物馆,而且,收藏动机的变化、收藏视野的拓展、收藏内涵的丰富都会影响博物馆文化的走向,影响博物馆社会角色的扮演,也影响博物馆展览的使命及其实施。本文试图通过对人类收藏行为,包括收藏范域、政策和理念变化的考察,来讨论博物馆运动的某些特点,重点是博物馆展览的功能、使命的演变及其实现。

一、人类收藏范域经历了持续的拓展与扩容

最初的收藏行为源自人类一种超越物质需求的心理活动。当人们发现某一用物在精神层面的价值超越了其使用价值,便会让它退出使用领域,对它格外珍惜与呵护,以满足精神方面的需求,包括欣赏、纪念,甚至炫耀。一些艺术家出于欣赏的目的创作的作品也成为收藏的热点。一些收藏品因为其美丽、有趣或稀罕的品质被他人喜爱,并借由交易的方式易手。随着交易的成功,收藏品市场形成了,收藏品开始拥有商品的性质,收藏行为也增添了经济学的色彩,成为财产保值和增值的一种方式。这使得收藏动机变得较为复杂,并局部影响了藏品的价值判断。

这些珍贵的收藏品也被称为"古董",古董的收藏和买卖成为许多民族社会生活中的一种现象。此类收藏品具有以下几方面的特点:①过去的,就是古董中"古"的含义,表明它们是过去时代遗留下来的;②经典的,即古董中"董"的含义,通常具有美丽与珍贵的特征;③可携带的,即它们是可以携带的,正是这一特征,使它们得以交易;④物质的,即它们具有三度空间的广延性特征。

然而,这仅是人类收藏活动的起点,属于收藏的原初形态。随着社会发展与文明进步,收藏活动发生着深刻而巨大的变化,收藏的主体逐渐从个人、家族拓展为团体、社区,甚至政府,收藏的观念与动机也与时俱进地变化着,并导致收藏范域的拓展和内涵的丰富。这种变化与发展深刻地影响了博物馆工作的性质与内涵,也使博物馆展览的理念、形态与技术发生了翻天覆地的变化。

如果对人类收藏观念以及由此决定的收藏视野与范域的变化进行粗略的梳理,大体可以概括出以下几个方面。

1.从经典之器拓展到作为记忆载体的日常用品

早期收藏的价值判断很大程度上是审美的和经济学的:吸引人的美丽、稀缺的资源和带来新财富的潜质都成为收藏的重要动机。古董中的"董"在汉语中具有经典的含义,大致反映了这种收藏的价值取向。然而,一系列社会生活的变化局部地改变了这种状态,使收藏的价值判断呈现出从经典向日常的转变,从而极大拓展了收藏品的范域和内涵。

(1)区域社会形成与"在地"式收藏

近代国家行政建制强化了区域社会的概念,政区边界也使特定区域与人群形成了更加稳固与永久的关系。与此相应,与"他者"相对的"我们"的意识增长了。为了探明这片属于自己的土地的历史与文化,为了了解自己祖先的生活,各种地方性的历史学会建立起来。历史学者或历史爱好者除了文献的收集与整理,也开始收集各种证明本地区某一人物、某一事件或某一现象真实发生过的物证。于是,在过去那种"英雄不问出处"的泛地域收藏外,兴起了一种"在地式"收藏。这种收藏所着眼的不再是美丽与珍贵,而是能够反映区域文化历史演变的见证物,因为它们是这片土地社会记忆的载体,保存着过去生活的各种信息。这些物品可能是美丽与珍贵的,也可能是平凡的日常用品。这一观念的变化在《威尼斯宪章》①中有所体现。它指出:文化古迹不仅适用于伟大的艺术作品,而且亦适用于随时光流逝而获得文化意义的过去

---

① 《威尼斯宪章》,即《保护文物建筑及历史地段的国际宪章》(International Charter for the Conservation and Restoration of Monuments and Sites),是保护文物建筑及历史地段的国际原则。1964年5月31日,从事历史文物建筑工作的建筑师和技术员国际会议第二次会议在威尼斯通过的决议。

一些较为朴实的艺术品。所以，在其收藏与保护的清单里包含了涉及古生物学、史前史和原始文明的物品，具有古钱币学价值的物品以及具有珍奇特点的手稿、手迹、通信、重要文件、古书、典籍、印刷品等。与泛地域的珍品导向不同，这种收藏的物品总与特定的土地、特定的区域社会相联系，所以我们称之为"在地式"收藏。

近代考古学的兴起成为这种"在地式"收藏强有力的助推器。虽然最早的考古动机源于海因里希·谢里曼寻找特洛伊城的宝贝，但考古学终于发展成收集地方记忆的重要途径。这不仅极大地增加了藏品的数量，而且由于物品具有系统和明确的地层关系，这些记忆得以通过科学方法进行年代学的梳理和分析。聚落考古关注地层中的日常物品，甚至是生活垃圾，这大大地改变了收藏物的精品属性。

（2）行业细分与主题式收藏

工业革命后，无论是行业，还是学科，都有了更细密的分工。那些终生从事某一行业的人，或者对某一类产品或物件具有特殊爱好的人，逐渐养成了专门收藏某一类产品或某一类主题物品的习惯，这类收藏的价值观也超越了美丽与珍贵，物品在时空上的完整性、系统性以及在类型上的典型性成为重要的判断标准。这类收藏能很好地反映某一产品的历史发展过程，具有较强的叙事能力，从而形成了动态的记忆。

（3）自然科学兴起与自然标本收藏

自然标本的收藏在亚里士多德时代业已出现，但作为一种普遍的活动，还是与 17 世纪以来自然科学的兴起有关。法国启蒙思想家狄德罗（Denis Diderot）既是百科全书运动的领导人，也是博物馆运动的倡导者，这显示出了两者之间的紧密关联。自然科学兴起后，其多支学科，诸如植物学、动物学、矿物学等相继进入材料收集整理阶段，众多科学团体走遍世界各地，收集与本学科研究有关的标本，从而建立了大规模的收藏。这种收藏活动与早期仅局限于自然界的珠宝钻石不同，完全超越了美丽与珍贵的层面，目标直指科学研究。

2.从可移动文化遗产的拓展到不可移动文化遗产

工业革命带来的一个结果是，随着大机器量产的出现，生产的理念、程序与材料都发生了巨大的变化。在建筑领域,钢筋混凝土代替了传统建材,建筑形态的可塑性和居住的舒适性都得到了明显的提高。于是,大规模的旧城改造在许多国家出现了,其中大家耳熟能详的是拿破仑三世对法国巴黎的改造。在对新式建筑讴歌的兴奋过去后,人们内心突然涌出惆怅和失落的感觉,那些熟稔的、保存着祖先生活记忆的建筑和环境骤然消失了,一切都变得陌生,仿佛找不到自己的根。为了这种把根留住的愿望,关于保护典型历史建筑的动议被提出来。① 1840 年,法国率先颁布了《历史性建筑法案》,紧接着,英国与希腊也相继出台了《历史古迹保护法》和《古物法》。这引起了国际社会的关注,《雅典宪章》②指出:遗产概念主要包括历史纪念物,以及历史场所、地点。

一些古代典型建筑被保留下来,但人们发现,如果历史建筑独处于业已变迁的环境中,将失去原先的语境,历史记忆的信息也将极大地流失。为此,一种新的努力出现了,对不可移动的文化遗产的保护开始经历了从点到线、从线到面的拓展,线型文化遗产、文化走廊、文化空间、历史街区、名城名镇的概念相继提出。1987 年在华盛顿举行的国际文化建筑和历史地段会议上通过的《保护城镇历史地段的法规》即体现了这一思路。

3.从物质文化遗产拓展到非物质文化遗产

从可移动向不可移动的拓展尽管形态变化很大,但都保留了物质的形态。20 世纪 50 年代开始,一种新兴的保护概念使得人类收藏活动突破了物质的局限,进入无形的和精神的层面,这就是我们今天熟知的非物质文化遗产。

首先提出这一概念的是 1950 年颁布的日本《文化财保护法》。其将文化遗产分为三大类:有形文化财、无形文化财和民俗文化财,其中民俗文化财又分为有形与无形的两部分。通过这部法规,具有较高价值的戏剧、音乐、工艺技术、风俗习惯、民俗技能等都被纳入日本社会的保护范围。1993 年,韩国也

---

①　1832 年法国作家维克多·雨果在《向文物的破坏者宣战》中写道:"为名胜古迹制定一项法律。为艺术立法,为法兰西的民族性立法,为怀念立法,为大教堂立法,为人类智慧最伟大的作品立法,为我们父辈集体的成果立法,为被毁坏后无法弥补的事物立法,为一个国家前途之外最神圣的东西立法⋯⋯"

②　《雅典宪章》,即国际现代建筑协会于 1933 年 8 月在雅典会议上制定的一份关于城市规划的纲领性文件——城市规划大纲。

向联合国教科文组织建议创立"人类活瑰宝"体系,教科文组织执行局第 142 届会议做出决议,鼓励其成员国在各自国内建立类似的保护体系。①

这一拓展对传统收藏概念的冲击是巨大的。长期以来,人们习惯于收藏品的三维空间属性,而非物质文化遗产,无论是具有空间形态的,还是表现在时间过程中,在时间过去后就不留下任何痕迹的,其本质都是过程性的。虽然空间形态的非物质文化,如木雕、泥塑等,看上去具有和物质文化同样的外观,但物质外壳并不是非物质文化本身,真正属于非物质文化内涵的是这种物品制作的过程,包括工艺、理念与信仰,所以,其本质同样是其过程,而非物质外壳。

4.从过去的和死的物品拓展到现生的和活的物品

另一重要突破是收藏品从过往拓展到现生。古董世界所关注的注定是一个过去了的世界,所以传统的收藏主要面向过去,但这种面向也在发生变化。事实上,自然博物馆在其兴起时就表达了对现实世界的关注,大量的动植物标本反映的都是现实生活中的东西。到现在,自然博物馆在建立收藏时出现了新的关注点。其一是不再局限于对标本本身的关注,而是将标本视作一个系统。比如,今天的鸟类标本的征集,不仅征集鸟,也收藏它们的巢,并且录下它的鸣声。其二是,随着动物园、植物园和水族馆的加入,博物馆出现了越来越多的活物,即使是普通的自然博物馆,也出现了活体展品。这些都是传统收藏所不曾考虑的。

和不可移动文化遗产的拓展一样,现生物品的收藏也并不局限于可移动的。1906 年,法国《历史文物建筑及具有艺术价值的自然景区保护法》要求,除建筑外,树木、瀑布、悬崖峭壁等极具艺术价值的自然景观,也纳入法律保护范围之内。1962 年,联合国教科文组织通过《关于保护景观和遗址的风貌与特性的建议》,其景观的概念即包含自然的和人工的两个方面。2016 年国际博物馆日的主题中所指的文化景观,也属于现实中的存在。

在人文博物馆领域,情况大致也是如此。各种反映行业现状和当代社会生活、文化生活的物品开始得到更多的关注,我曾在澳大利亚的动力博物馆参观了一个规模庞大的"80 年代归来"的展览,丰富的 20 世纪 80 年代的生活

---

① 参见《联合国教科文组织关于建立"人类活珍宝"制度的指导性意见》。

用品反映出生在 20 世纪 80 年代一代人的生存状态。各地的民族学博物馆所收藏的也是各民族当下依然在使用的物品,时下流行的生态博物馆所反映的也是现实中活着的生活。

除此之外,在人文与社会方面,还出现了与传统收藏有更大区别的现象,即把现实的社会生活纳入博物馆资源的范畴加以利用,比如,美国纽约证券交易所安排了观众参观通道,于是,从事交易的人们在不知情的情况下成为展品,成为圈外人了解当代金融生活的教材。各种具有观光性质的生产流水线也扮演了同样的角色,如美国西雅图的波音飞机制造厂,就介绍了飞机制造的各个流程。这里的收藏概念只是一种转喻的说法,也可视为传统收藏概念在观念领域中的超越式拓展,我们将这种现象称之为"社会生活的博物馆化"。

二、藏品产权转移与范域拓展促进博物馆文化兴起与繁荣

除上述的四个方面外,收藏品还有一个特征:私人性。一般而言,进入收藏领域的物品都具有超越生计的属性,通常只有生存状态优越的个人或家族才会从事规模性收藏。所以,早期收藏的主体多为个人或家族(在古代家产制国家,国家是家族的私产),其产权属于私人,主要满足个人或社交圈的需要。然而,博物馆文化正是在这种收藏活动的基础上兴起的,是在其规模化与公共化的进程中完成的。

"规模化"是收藏文化向博物馆文化转变的重要前提。对收藏家来说,并无特定的数量要求,但博物馆总是建立在一定数量的藏品基础之上。古典时代的欧洲曾有过较发达的收藏文化,但这在日耳曼-基督教传统中一度中断,到中世纪中后期才重新发展起来,建立了宗教系统与世俗系统的收藏。15 世纪后出现了一系列导致了欧洲收藏数量持续增长的事件,包括文艺复兴、地理大发现、自然科学的兴起和工业革命的开展。收藏规模的扩大为博物馆发展奠定了物质基础。

对于博物馆文化的兴起,比规模的扩大更重要的是收藏品利用方式的变更,即从服务于熟人向服务于陌生人转化。这涉及收藏的"公共化"问题。公

共化指向公众开放,核心是藏品产权的转移。早期收藏多以皇(王)室、大贵族和神庙为收藏主体。在中国,西周时期就出现了专事收藏品管理与保护的官员"藏室史",汉唐时期就有较大规模的皇家收藏,北宋以后,文人收藏和民间收藏也逐渐兴起。在伊斯兰文化中,由于教义要求信徒将心爱之物奉献给神,神庙拥有规模巨大、种类繁多的收藏品。然而,这些收藏品的产权是属于私人的,主要服务于熟人社会,并不服务于陌生人,这与博物馆文化规定藏品必须向公众公开开放的原则是格格不入的。这表明,仅有规模,收藏文化并不会自动转化为博物馆文化。

私人藏品向陌生人开放的现象首先在欧洲出现,这一变化最初可能是无意识的。至迟在1592年,我们已经看到了一些人通过某些关系进入英国王家军械库参观的事例。这种参观行为虽然带有违规的性质,但却开创了私人藏品向陌生人开放的先例。到17世纪60年代,陌生人的参观得到了制度化的许可。在此后的几年和几十年中,出现了多起收藏向社会开放的例子。对博物馆文化诞生来说,最重要的事件莫过于1683年英国牛津大学阿什米尔博物馆的开放和1753年大英博物馆的成立。这两个博物馆的藏品都建立在私人捐赠的基础上,产权的转移是在和平、自愿的情形下发生的。法国罗浮宫的开放则是藏品产权转移的另一种形式。大革命期间,国民公会颁布了一则公告,宣布罗浮宫的收藏属于人民,并将其改变为博物馆。这种产权转移是建立在暴力和强制基础上的。拿破仑战争后,许多王室贵族在革命力量的震慑下纷纷开放自己的收藏供人们参观,包括巴伐利亚国王、西班牙国王和俄国沙皇等。这些以王室为主体的大规模的藏品产权转移,标志着公共博物馆时代的降临。

建立在早期收藏基础上的博物馆构成了原生代的公共博物馆,其间陈列着类型众多、令人叹为观止的珍宝,体现了珍品收藏的动机与价值。这些珍品是在漫长的历史时期里逐渐积累下来的,代表着各民族历史文化的精华。直到今天,这类博物馆仍是影响力最大、最受人们欢迎的博物馆类型。然而,它们远不是博物馆的全部,而且,随着收藏范域的持续拓展,它们在博物馆界所占据的相对比例在缩小。收藏范域的拓展使博物馆的类型大增,博物馆家族成员变得更加丰富多样。

在地性收藏的建立导致了区域博物馆的出现,它们以作为当地社会记忆载体的物品来叙述区域的历史变迁与文化特征。主题性收藏导致了各种专题性博物馆、各种行业与产业博物馆和各种以专业学科为内容的博物馆的出现。此外,世界博览会遗留与赠予的藏品还带来了一批以工业与科学为主题的博物馆。

　　不可移动文化遗产进入人类收藏视野后,也引起了博物馆界的重大变化。在许多博物馆,尤其是那些与某一主题相关的博物馆,不再满足于可移动文化遗产的简单呈现。不可移动文化遗产作为重要的社会记忆载体通过代理人方式(造型与媒体)进入到展览中,不仅大大提升了博物馆展览叙述历史变迁、表现文化特征和反映社会生活的能力,而且还催生了新博物馆类型。一类是重要的不可移动文化遗产的解释性博物馆,如中国长城博物馆、中国京杭大运河博物馆等,这些博物馆的真正展品是馆外的不可移动文化遗产,室内的展览主要是对不可移动文化遗产进行解读与阐释。另一类是露天博物馆,这是对不可移动文化遗产采用移动式处理而形成的博物馆类型:散落在各地的孤立建筑通过易地搬迁与重组被集中起来,根据资源特征及本地历史研究的结果进行组合,重构性地再现区域历史生活。① 在这种博物馆中,建筑丧失了原生态,在重构的村落市镇中生活的也不是原居民,而是严格遵循历史生活原则进行表演式再现的工作人员。到 20 世纪中叶,第三类基于原生态的博物馆概念被提出,那就是生态博物馆。② 生态博物馆以村寨社区为核心,属于片状不可移动文化遗产,其间生活着原居民,观众所看到的是他们的真实生活,由于这些生活保留了比较完整的传统样式,为人们学习历史与传统提供了极好的场所。

　　非物质文化遗产进入保护与收藏领域也给博物馆文化带来了新的气象。它从两方面冲击着博物馆展览的传统格局。一方面,一些原先没有受到关注的内容,如方言、戏剧、节庆等,开始进入区域博物馆的展览中,或者说,专门的以非物质文化遗产为内容的博物馆被建立起来。另一方面,非物质文化概念的出现向传统博物馆展览提出了挑战。传统博物馆展览强调物的呈现,然

---

　　① 　1891 年世界上第一座露天博物馆——斯堪森博物馆成立,全国各地约 150 栋建于 16－19 世纪的不同风格建筑被迁移到这里,人们穿着那个时代的服装,养着家畜,生活在经过装修后的老房子里。

　　② 　生态博物馆的概念最早于 1971 年由法国人于格·德·瓦林和乔治·亨利·里维埃尔提出。

而，当这些物呈现在观众面前时，具有探究意识的观众不免会问：制造者是采用怎样的工艺制造出来的？器物的形制与纹饰是否代表着某种观念？当策展人或设计师试图回答这些问题时，实际上是带领观众由物质走向精神的层面。

新近又有一种新的藏品类型进入人们的视野，它们既不同于物质文化遗产，也不等同于非物质文化遗产，而是与"物质"概念不同的"符号"，如方志、图书和档案等。许多方志馆、图书馆和档案馆纷纷建立常设陈列室，并被纳入国际博物馆协会。这又为博物馆家族添加了新成员。

与人文领域的非物质文化遗产相似，在自然科学博物馆系统也有一类没有确定物质形态的展品，那就是自然现象，如声、光、电等，它们也不具有三维空间的物质形态，所以不能进行直接收藏，而是通过发明某些装置将它们"制造"与呈现出来。1905 年开放的德意志科学技术博物馆建立了化学厅、光学厅与声学厅；1937 年让·柏林主持创办发现宫；20 世纪 60 年代，福兰克·欧本海姆又在美国旧金山建立了著名的探索宫。此后，这种以科学中心为主体的科技类博物馆在全世界如雨后春笋般发展起来。此类博物馆并没有传统意义上的实物展品，而是大量运用自动幻灯片、电影、录音机、录像电视和集成电路仪表等各种音像产品和数字显示设备，对各种自然现象和相应的科学原理进行解释与传播。

综上所述，收藏产权由私人财产转变为公共文化资产导致了博物馆文化的兴起，收藏视域的拓展则大大增添了博物馆的类型，使博物馆文化变得丰富多彩。

三、藏品类型丰化导致展览要素及其组织形式的复杂化

与早期珍品收藏相适应的是我们称之为"精品展"的展览类型。在这种展览中，收藏的实物是唯一的主角，我们可将这类展览的要素构成称为"单一可移动实物要素体系"。展览建设的任务是使它们呈现出美丽、珍贵和清晰的样式，以满足人们欣赏与审美的愿望。

收藏内涵的丰富与博物馆类型的多样化，不仅深刻改变了博物馆的社会角色及使命，也促使展览要素的构成与组织方式发生相应的重大变化。比如，当以不可移动文化遗产的信息为阐释对象的博物馆形成后，如中国长城

博物馆、中国京杭大运河博物馆等,其展览中真正的实物展品是建筑外的遗产本体,室内的展品主要是帮助观众理解不可移动文化遗产文化意义的辅助展品。非物质文化博物馆展览情形大致也是如此。在此类博物馆中,展品的概念与上述精品展大相径庭。

这一点在区域博物馆展览建设中表现得尤为突出。如上所述,区域博物馆是建立在"在地性"收藏基础上的,与某一片土地紧密联系在一起,承担着向本地居民和外地观众介绍这片土地的历史与文化的职责。为了让观众对这片土地的历史与文化有更加系统、完整和深入的了解,策展人可以调动各种社会记忆载体,而相继进入人类收藏与保护视野的不可移动文化遗产、非物质文化遗产,以及符号化的历史文献及研究论文,都是重要的社会记忆载体。在这类博物馆展览中,不可移动文化遗产与非物质文化遗产不仅是博物馆阐释的对象物,也是博物馆开展叙事重要的展品资源。

不可移动文化遗产、非物质文化遗产与可移动文化遗产相比具有一些重要的区别。可移动文化遗产的固化与可转移性使得观众的感知可以超越时间和空间,而不可移动文化遗产的不可转移性使得观众的感知只能超越时间,却无法超越空间,所以,其无法真正进入展厅,只能用人工制品作为它们的代理人出场。现存的不可移动文化遗产的物质产品可以通过实地勘察、采集数据来制作,但若遇到一些业已消失的不可移动文化遗产,如古代的城堡、桥梁等,还会涉及史实的考证。非物质文化遗产更是如此,其内容的核心是动态的过程,必须在"现场"与"即时"的条件下才能被直接感知,所以观众的感知既不能超越时间,也不能超越空间。为此,需要采用高保真的记录手段进行现场采集与易地播放,即利用高科技手段改变观众观察的场所,达到现场与即时的要求。符号化的文化遗产也会遇到可视化呈现的问题,这些历史记录下来的事件或现象早已消失,但它们对了解区域文化具有重要的意义,为了帮助观众建立起形象的概念,博物馆或展览通常也可借助于情景再现的手段。这些展品与精品展中的实物展品不同,主要是根据展品传播目的的需求用人工的方式专门制作的,属于展览中的非实物展品系统。这使得展览突破了传统的单一可移动文化遗产的限制,形成了多元混合的展览要素体系。

多元混合展览要素体系取代单一实物要素体系,大大提升了展览构成的复杂度,也极大增加了展览建设的难度。对于前者,如前所述,当展品被以美丽、珍贵与清晰的方式呈现在观众面前时,就会得到肯定和赞许。其组织方式也比较简单,接近室内装修,所以长期以来,一直采用以标准化工程为主的建筑法规与程序。然而,在多元混合的展览要素体系中,其中的非实物展品的制作是一项极为复杂的工作,无论是造型的还是媒体的展品,其设计与制作必须遵循严格的学术要求,符合历史与科学的真实性,每一个细节都要获得史实的支持。这就要求展品设计师与制作者要充分了解展品主题的内涵,为此,要收集大量的学术资料,并进行深入的研究,以保证所呈现事象的准确性与客观性。与此同时,由于大量辅助展品是为了实现特定传播目的而制作的,负有传播的使命,所以,它们是否能对展览做出恰当阐释,是否能帮助观众更深入理解展览的主旨与内容,也是展品制作者必须考虑的。如果展品设计师与制作者不了解观众的认知特点,不熟悉教育与传播的相关原则与方法,那其为观众呈现的展品就无法被观众所理解。这表明,展览建设已成为一个涉及科学实证、传播效应与审美体验的具有高度综合性特点的过程。与此相应,对这类展览方案的评审与选择需要良好的专业判断能力,即对展览所涉学科及博物馆传播有必要的了解。从目前的情况看,由于不了解博物馆展览性质与特点的变化,简单沿用传统的标准化工程的程序与原则对展览方案进行判断与选择,是展览质量无法保证的主要原因。

多元混合要素体系还导致了展览非标准化水平的提高,从而使展览制作的工艺流程与内涵发生变化。大量非标准化项目的进入不仅使展览设计充满原创性和探索性,其个性化与复杂的构造也使得单从二维图纸难以发现存在的问题。为了防止将设计中的问题带入展览,国际上通行的运作规范是,在二维设计图纸形成后,并不马上放样制作,而要展开严格的"形成性评估"(formative assessment)的环节。在这个过程中,展览先用替代性轻质材料等比全场呈现,请有经验的评估团队做出改善性评估,在评估报告被确认后才进入正式的布展施工。二维图纸中的各种缺陷与错误,将在这一过程中得以过滤与克服。

四、结语

从上面的陈述可以看出,收藏是博物馆文化形成的物质前提,其视域的拓展导致藏品内涵的丰富,不仅增添了博物馆的类型,也改变了博物馆展览的功能及其组织方式。从这个角度考察当代博物馆展览的使命与特征,具有一种溯源的意义,它表明,今天博物馆展览是收藏活动历史运动的产物,是人类收藏视野持续拓展的结果。然而,这并非单向的运动,而是一个双向的反馈过程。收藏活动在制约、影响着博物馆文化发展走向的同时,也受到博物馆文化的影响与推动。博物馆文化作为收藏的产物兴起,但它一旦启动,又会形成独立的发展逻辑,刺激与推动收藏动机及内涵的改变与拓展。这主要表现在博物馆实施教育活动中越来越倾向于将各种作为学习载体的物质与现象都纳入自己的资源库,从而刺激收藏活动不断拓展范围。作为博物馆文化发展的结果,它甚至在一定程度上突破了收藏概念的传统界线,为当代收藏增添了一种转喻的色彩,如非物质文化遗产、声光电磁等自然现象,它们都不具有传统收藏中的物质形态,它们作为博物馆展览的对象和资源,是从收藏文化发展出来的一种引申意义。正是在这种相互影响中,人类的收藏活动与博物馆运动呈现出不断拓展和持续多样化的格局,从而丰富了人类的文化生活。

新的角色，新的使命：
论信息定位型展览中的实物展品

贝尔彻曾指出："只有展览给真实、可信的物品提供了一种可控的接触，也正因此，博物馆展览显得如此重要。"[①]的确，这种真实的收藏品是博物馆最具核心价值的资源，是构成绝大多数博物馆展览的物质前提，也是观众从博物馆获得美感与知识的源泉。然而，随着博物馆与社会关系的变化，随着新的展览类型的出现，实物展品所扮演的角色、所担负的使命，也发生了新的变化。这尤其典型地反映在器物定位型和信息定位型两种不同的展览类型的差异中。前者是一种以器物为本位，将器物欣赏作为主旨的陈列体系；后者则是以信息为本位，以传播特定的信息与知识为主要目的的陈列体系。本文主要将实物展品在这两种不同类型的体系中所扮演的角色及所担负的使命进行比较，并针对信息定位型展览在实物展品的征集、研究和布展中的特殊要求展开讨论。

一、实物展品的收藏政策

在器物定位型展览中，欣赏实物展品是观众参观的主要动机。所以，这类展览通常建立在实物藏品量大质优的基础上。如果展品不精致，审美价值不高，就会影响观众的兴趣。这种目标取向影响到博物馆的收藏政策。在征集过程中，人们特别注重实物展品的审美价值，青睐做工精致、品相良好的制成品；另外，由于这些展品在展览中通常是独处的，与周边的展品并不形成必要的联系，所以人们对展品的系统性并不特别关注，从而使收藏带有个别的

---

① M Belcher. *Exhibitions in Museums*. London：Leicester University Press，1991. 转引自博伊兰·帕特里克主编：《经营博物馆》，国际博协中国国家委员会、中国博物馆学会译，译林出版社 2010 年版，第 136 页。

和随机的性质。

这种情形在信息定位型展览中出现了重大的变化。信息定位型展览是围绕主题和故事线展开的,具有明确的传播目的。无论是展品本身,还是它们的陈列方式,都与传播目的的实现息息相关。这样一来,一件展品的重要性,并不取决于它在文物市场上的绝对价值,而取决于它与主题及传播目的的相关性,取决于它在实现传播目的中所扮演的角色和所承担的使命。比如,当我们试图通过历代文物的陈列叙述城市故事时,这些展品应该都与城市发展这个主题相关,它们之间也具有密切的关联,共同构成一个能够反映城市生活历史变化的器物系列。这一特征对信息定位型展览的收藏政策提出了新的要求。

1.展品征集的系统性与有机性

与器物定位型展览不同,在信息定位型展览中,各种展品并非互不相干、各自为政,而是互相联系的。它们围绕着同一主题,共同叙述特定的城市故事。如果说器物定位型展览主要依赖现存资源,采取"有什么展什么"的态度的话,那么信息定位型展览通常会伴随着展览建设的进程,根据主题表达和故事叙述的要求,进行补充性征集以弥补原藏品体系存在的缺失,使故事的叙述更完整,更具有说服力。为此,征集人员必须通过研究,了解展览中展品的缺失,并想方设法加以弥补。从这个意义上讲,展品的征集工作不仅要知道我们"有些什么",也要知道我们"缺些什么"。与此同时,征集过程中要特别注意展品之间的关联性。在一些场合下,一件展品并不能告诉我们很多的信息,但当展品们形成一个系列,就能有效反映某种现象的历史演变过程。这类系列性展品可能对器物定位型展览无关紧要,但对信息定位型展览却具有重要的意义。

2.被征展品应具有与主题的相关性和典型性

藏品转化为展品通常要经历一个价值判断的过程。在器物定位型展览中,价值判断的标准比较接近于文物市场,通常会从展品的艺术性、经济性等方面来考虑。而在信息定位型展览中,展品的价值往往取决于它与主题的相关性及表达的典型性。只有那些与主题关系密切、对主题具有良好表达能力的展品,才会进入被选的清单。所以,在信息定位型展览的藏品征集中,关键是要熟悉展览主题,了解被征对象与主题的关系。

目前我国一些博物馆在藏品价值的判断上,受文物市场价值观的影响较大,热衷于收集所谓的精品,而忽略征集那些对本地历史文化具有良好见证与叙述能力的物品。这些博物馆举办一个器物定位型展览时会得心应手,但当它们着手建设一个反映本地文化的信息定位型展览时,就会发现缺乏必要的展品支撑。虽然它的库房里有不少的"好东西",但由于它们都与主题无关,因而无法进入展览。

3.展品征集要考虑区域社会的针对性

器物定位型展览中的展品,如果只是出于欣赏的目的,通常并不关注器物的产地特征。它们可能产自本地,也可能产自遥远的地方。对于信息定位型展览来说,如果其主题与区域社会有关,那么,展览中所呈现的应该是与本土历史文化相关的东西,是能够作为本地居民生产、生活方式证物的东西。如果馆藏中有具有良好欣赏效果的文物精品,但却与本地文化毫无关系,那么,它们是无法被选为展品的。对于信息定位型展览来说,一些并不起眼的物品,由于能很好地见证本地文化的历程与特征,能受到策展人的青睐。在此类展览中,展品可能是工艺精湛的珍品,也可能是反映生产过程的原料、工具或半成品,由于这些展品能够很好地反映当地制造业的技术体系和工艺水平,所以它们与精美的制成品同样重要。

同样是出自本地的展品,在两类不同的展览中其价值判断也有不同的标准。比如,一件高质量的采集品,虽然我们不知道它具体出自哪个文化层,对器物定位型展览来说,可能会因为它有很高的审美价值而受到重视,但对于信息定位型展览来说,由于它缺乏精确的文化层信息,无法对这一地区的历史做出准确的说明,它的价值就会大打折扣。

由此可见,对于器物定位型展览的收藏政策而言,被征对象是所谓的"精品",其价值主要源自它的欣赏性和审美性。它们可以毫无系统可言,也可以来自不同地方。但对于信息定位型展览的收藏政策来说,被征对象应该具有与主题的相关性以及藏品群内在的有机性与系统性,其价值在于表达主题、叙述故事的能力,至于它是否是所谓的精品并不重要,即便它是传统观念中认为的"垃圾",只要能很好地反映主题、实证历史,那它就是优质的资源。

二、实物展品的研究

《巴拉宪章》将文化遗产分解成"物质构件"与"文化意义"两部分。[①] 前者是文化遗产的物质属性，是我们可以直接观察到的，后者是文化遗产内部蕴藏的文化内涵，我们无法直接观察，需要通过专家来揭示与外化。这种理论为我们提供了一个很好的对文化遗产研究的分析工具。按照这种说法，我们通常所讲的"实物藏品"的研究，本质上就是将其内蕴的文化意义从其物质的外壳中揭示出来。在这方面，上述两类展览大相径庭。

在器物定位型展览中，虽然展品的内涵也得到研究，但由于观众的动机主要是欣赏，所以，透过展品的物质外壳深入其内在文化意义的要求并不强烈。在这种展览中，无论是展览的制作者，还是观众，都会把展品的物质构件放在较醒目的位置，突出其欣赏的价值。

而在信息定位的展览中，无论是策展人还是观众，都是以传播和理解为目的。通过展览，观众知道了一个过程、一种现象或一个道理，而所有这一切，其内涵皆来源于实物展品中的"文化意义"。从某种意义上说，信息定位型展览就是一个用实物展品中的文化意义书写的故事，其前提是对文化遗产中文化意义的充分研究与解释。

这就决定了在信息定位型展览中，对实物展品的研究、解读、揭示与表达，比器物定位型展览应当更加深入和充分。器物定位型展览中的实物展品也必须被研究，比如：它属于哪个时代，是干什么用的？它属于什么类型？其造型与纹饰有何意义？所有这一切都是为了观众更好地欣赏。但器物定位型展览通常没有地缘上的针对性，许多展品是因其珍贵的欣赏价值而通过经济手段进入到某一地区，与本土文化不一定具有内在的联系。所以，在此类展览中很少会涉及诸如原料、工艺和技术等物质背后的世界，也很少与特定的社会和心理现象联系起来。在相关的研究中，人们更关注的是一件独立的器物，而较少考虑通过它来证明与解说区域社会的变迁。

---

① 参见 The Australia ICOMOS Charter for the Conservation of Places of Cultural Significance (the Burra Charter)。

然而,在信息定位型展览中,展品独立的欣赏价值退到了较次要的地位,其最突出的价值在于它们充当了事件或现象的见证人,在于它们内在的文化意义能够向观众叙述土地和人民的故事。所以,揭示文化遗产内蕴的文化意义,就成了展览的核心。只有当观众看到了物质构件中的文化意义时,他们才看明白了展览,才获得了相关的信息和知识。

为达到此目的,我们应该更加全面、深入和系统地研究实物展品。与器物定位型展览的研究相比,信息定位型展览表现出以下几方面的特点。

1. 与区域历史文化的总体研究紧密结合

在器物定位型展览中,研究者主要关注器物本身;而在信息定位型展览中,由于要讲述的是特定区域的故事,除了器物本身外,研究者更要关注它与社会历史文化的关系。为此,他的研究必须纳入区域历史文化研究的总框架中,必须和当地的古代文献、民族志、民俗学、社会学和人类学的研究联系起来,通过与各种历史记录互相印证和补充,使得文化遗产中内蕴的文化意义与人们对这一地区的认识结合起来,共同勾勒历史运动的画面。这个历史运动的画面,就是展览主题与故事线的依据与前提。

为了说明这两种研究的不同动机与重点,我们以一件明代的苏式家具为例。如果这件家具是用于器物定位型展览的,研究者会将注意力放在它的材料、构造和设计美学方面,旨在帮助观众更好地欣赏。但如果这件家具是用于反映明代苏州社会特征的展览的,那研究者必须要与这一时期苏州的社会文化联系起来:当他试图回答为什么这一时期的苏式家具呈现出洗练简约的文人审美特质,他就要研究这一时期家具设计行业与文人艺术家的关系,揭示出由于文人艺术家介入到家具设计的行列,从而将文人审美的情趣融入家具设计的事实。不仅如此,他还要进一步研究,为什么这一时期苏州的文人艺术家不像其他地区的文人艺术家那样,甚至不像他们的祖先那样,与工匠传统格格不入,对商业行为避之不及,而是热衷于与工匠们一起设计,热衷于将艺术创作与商业结合起来。要说明这一点,他又要更深入地研究这一时期苏州社会意识形态与价值观念的变化,并有效指出这一时期随着都市商业经济与市民阶级的发展,传统的重本抑末的意识形态已经局部地被农商皆本的观念所取代,许多文人艺术家已经开始抛弃鄙视工商的传统观念。从这个案例中可以看出,要适应信息定位型展览,研究者必须将藏品研究与区域历史文化的总体研究结合在一起。

2. 揭示器物背后非物质的世界，再现人们的生存状态与生活方式

器物定位型展览的研究通常停留在物质文化的层面，很少进入非物质文化的精神领域。可是，当我们试图更全面和具体地再现过去的生活画面，让观众与先辈展开心灵的对话时，实物展品的研究就不能简单地停留在物质的层面，因为先人们制作这些器物的过程，不仅是一个工艺的制造过程，也是一个复杂的心理过程，其中蕴含着许多情感的内容。只有透过物质的层面，深入发掘其文化意义的精神内涵，才有可能沟通观众与历史的对话，从而使观众加深对这片土地与其人民的理解。

3. 针对主题与故事线，研究并寻找重要的但尚不在藏的文物，建立更系统的展品群

器物定位型展览通常只考虑现有的资源，把已有的资源作为自己思考的出发点。研究者关注的是已经呈现在面前的东西，即便这件东西原本是一个系列中的一部分。然而，在对信息定位型展览开展的研究中，当我们试图为观众提供更完整和系统的历史画面时，就不能满足于已经在藏的资源，而应努力寻找和补充征集那些重要的但馆藏中没有的东西。为此，我们不仅要知道我们"有什么"，也要知道我们"没有什么"，不仅要研究已有的、呈现在我们面前的东西，也要研究那些曾经在这片土地上起过重要作用，但目前馆里尚没有收藏的东西。只有通过研究发现线索，知道可能的目标，我们才有可能制定必要的补充征集清单，从而做出寻找的努力。这种研究和寻找，虽然未必都能成功，但会给今后的征集指出方向，从而使博物馆更有效地履行保持社会记忆的使命。

三、布展中的实物展品

实物展品进入博物馆多少带有偶然的性质，无论在时代性方面还是在社会生活领域方面，都可能呈现分布不均的情况；与此同时，和真实的历史相比，流传至今的实物可谓挂一漏万，一些曾经发生过的重大事件或重要现象，可能没有留下任何痕迹。而信息定位型展览的理想是完整和系统地展现区

域的历史文化。这就形成了叙述的系统性、完整性与实物展品不充分、不均衡之间的矛盾。所以,信息定位型展览不可能像器物定位型展览那样,采取"有什么展什么"的原则,而是要在布展中采用相应的措施来解决这种矛盾。此外,当一件实物展品脱离了它的文化坐标和使用场景后,虽然仍然具有欣赏的价值,但它能否显示其文化意义,能否让观众看得懂,能否承担起一个证人和叙述者的责任,都是可能会遇到的问题。所有这一切都表明,在实际的布展中,实物展品在两类不同性质的展览中所处的位置以及处理的方式是不同的。

目前至少有两种方法可以在一定程度上缓解上述的矛盾。一种是采用高仿品作为实物展品的替代形式;另一种是采用情景再现的现象还原,将经过研究和实证的现象与事件用辅助展品的方式重构出来,以帮助观众了解那些缺乏实物展品佐证的环节。

先说前一种方法,即用高仿品代替实物的做法。在中国,乃至在全世界的博物馆,都可能会遇到这样的事情,即某一件独特的物品成为某一事件或某一现象不可取代的证物,而这一事件或现象又进入了各种不同的博物馆的展览中。对那些没有收藏这件实物展品的博物馆来说,只能采用仿制的方式。在这种场合下,仿品有点类似银行发行的钞票,因为有黄金作为后盾,人们还是能对其建立起信任。在展览中,我们写明了这是一件仿品,由于真品是现实存在的,所以观众还是会将它们作为真品来看待,相信这是事件确实发生过的见证物。

这种情景只发生在信息定位型展览中。对于器物定位型展览而言,既没有必要,也不应该出现这样的情况。从这里可以看出两种展览的区别,信息定位型展览之所以允许使用仿品,就是因为这类展览是信息本位的,观众获得信息是展览最重要的使命,只要信息是准确的,即便没有实物展品在场,也没有什么关系。而器物定位型展览是属于器物本位的,观看实物是观众参观的主要动机,所以,器物的真实性就成为展览不可或缺的品质。

再来看看第二种方法:情景再现。我们知道,信息定位型展览渴望讲述一个相对完整的故事,但正如前所说,在实证材料方面会有大量的缺失,这就必然影响到故事的连续性与完整性。情景再现至少在一定场合下是因此而产生的。在博物馆展览中,情景再现是指以可靠的、经过严格考证的研究成果为依据,利用现代的材料与技术,通过造型、虚拟现实等视觉方式,将曾经发生过但已经消失的历史或自然现象在展厅中再现出来。这种方法不仅能弥补实物展品缺乏的遗憾,如果处理得当,还能为观众带来良好的现场感和体验性,使展览变得容易理解,也增添了审美方面的乐趣。正因为如此,它成为当代博物馆展览中颇受欢迎的一种方法。但这种方法也潜藏着风险,那就是,在缺乏严格实证的基础上,依据草率的猜测与臆想来进行情景再现。这意味着在从事这项工作时,我们会受到来自学术和道德两方面的挑战。关于情景再现所应遵循的原则,我曾经写过一篇文章,就不在此赘述。[①]

现在,我们来讨论实物展品在布展中的具体问题。与器物定位型展览不同,在信息定位型展览中,实物展品并不是单纯的欣赏对象,而是与其他展品一道叙述一个关于自然、土地和人民的故事。这种使命使它们遇到两个问题。一是它们本身呈现在展览中能否被看懂,其文化意义能否为观众所理解;二是它们的组合形式能否承担讲故事的功能,能否为观众提供一个条理清晰、层次分明、容易理解的历史画面。这些都涉及实物展品布展中的技术问题。

为了更充分地揭示实物展品中的文化意义,我们在布展中可以采用以下手段:

第一,实物展品的组合。在器物定位型展览中,通常是采用单独布置的方式,虽然有时也可以将两件或两件以上的器物组合起来,但那更多的是从审美角度考虑的。而在信息定位型展览中,展品的组合方式是揭示文化内涵重要的传播手段,展品的组合方式不同,所传达的意义就会产生差异。所以,在布展时,必须严格遵循设定的传播目的,对各类展品进行符合认知要求的组合与排列。每一件展品怎样放置,它与其他展品的关系如何,都是设计人员要考虑的问题。

这种独特的组合要求,使得信息定位型展览与器物定位型展览在视觉上也呈现出不同的样式。器物定位型展览中的展品多放置在独立柜中,呈现出珍品的样式;信息定位型展览中的展品通常要以组合的形式呈现,而且伴随着解释性材料,所以通常采用大通柜的方式。这种大通柜样式,为展品的组

---

① 严建强:《信息定位展览中的情景再现:意义与原则》,《天津文博》2010 年第 7 期。

合提供了更多样、更符合传播要求的自由,使展览在表达上更加得心应手。

第二,实物展品的位置。在器物定位型展览中,一件展品与毗邻的另一件展品可以是毫无关联的,它放在怎样的位置上,对观众的欣赏并没有太大的影响。但在信息定位型展览中,某件实物展品放在不同的位置上,处于不同的单元与组分中,所传播的内涵是很不相同的。所以,布展人应当考虑到,要精确地将相关的展品放置在最有利于揭示其文化内涵、最有利于发挥它作为"证人"价值的位置上。①

第三,借助于多种媒体综合作用,强化实物展品对自身内涵的揭示能力和故事的叙述能力。与器物定位型展览相比,在信息定位型展览中实物展品所担负的责任要大得多。它不仅要将自身所蕴藏的文化意义传达给观众,还要与其他展品一起,共同承担故事叙述的任务。要做到这一点,有时单凭实物展品自身是难以完成的,往往需要借助于辅助性的解释手段,利用多种媒体综合作用的方法来实现。正因为如此,雅妮·艾雷曼将展览定义为"是基于物品及其辅助元素的一种传播媒介,在一个预定的空间内呈现,并使用特定的诠释技法和学习次序,目的在于传达及沟通其概念、价值和(或)知识"②。所以,在信息定位型展览的布展中,除了实物展品自身的经营外,还要考虑对各种不同媒体的利用。

这些辅助元素主要作用于两个方面。一是更具体深入地揭示实物展品的文化意义。实物展品有自己的局限性,在非解释的情况下难以将自己的文化内涵充分揭示出来。比如,它是怎样生产出来的,它在使用状态下的情景,它与其他相关物品之间的关系,以及它所承载的文化学意义上的内容,等等。借助于辅助展品,我们可以将对这件实物展品的研究和认识用视觉化的形式

---

① 关于这一点,我曾在一篇文章中谈及:在信息定位型展览中,每一个单元和组分都是故事叙述的一个有机部分,都承载一定的传播目的,它们构成了理解实物的特定"语境"(context)。当一件实物展品处在特定的分类序列中,便会与某一传播目的联系在一起,它所蕴含的与这一传播目的相关的意义就被揭示出来……比如,有一枚扬州博物馆的唐代打马球图案铜镜……如果我们将这枚铜镜放在反映扬州唐代手工业的单元中,又将它置放在反映唐代扬州金属加工的组分中,再把它放在反映扬州唐代铜镜制造的小节中,在这样的语境下,这枚铜镜成为证明扬州唐代制镜业水平的一个物证,所反映的是扬州唐代发达的手工业的主题。但是,如果我们将这枚铜镜放在叙述唐代扬州对外文化交流的组分中,它所反映的就是唐代扬州是中国与世界各国文化交流窗口的主题,它变身为证明唐代扬州活跃的中外文化交流的物证。参见严建强:《论博物馆的传播与学习》,《东南文化》2009年第6期。

② 博伊兰·帕特里克主编:《经营博物馆》,国际博协中国国家委员会、中国博物馆学会译,译林出版社2010年版,第137页。

呈现出来,包括将它纳入到再现的情景中,或为它设置一个小型的视频,这些都能克服实物展品在静态的陈列环境中的失语现象,使它能很好地与观众对话。第二个方面是,辅助展品通过情景再现等技术手段将消失的历史现象还原在展厅里,与实物展品一起,叙述一个相对系统与完整的故事。

从这个意义上说,在信息定位型展览中,虽然实物展品发挥着重要和独特的作用,但其至高无上、一统天下的格局还是被打破了,成为展览要素中的一部分。与此同时,器物定位型展览那种整齐、简洁、井然和安静的样式开始被复杂的、综合的、动态的和有些喧闹的样式所取代,这些复杂的要素如何适当而有效地组合在特定的展览空间中,成为让展览设计师头疼但又充满魅力的工作。

从上面的论述可见,随着信息定位型展览的流行,实物展品开始扮演一种新的角色,履行一种新的使命。这种新的变化要求我们在对待实物展品的态度及处理方式上都要发生相应的改变。为了建设优秀的信息定位型展览,无论在收藏征集、建立有机的收藏群方面,还是在开展深度的研究、揭示其宏观背景及非物质精神世界方面,以及在将它们与多种解释性媒体配合使用,利用其内蕴的文化意义,讲述一个生动的、令人信服的和有启发意义的故事方面,我们都为自己的工作增加了难度。然而,正是在这种克服困难的努力中,我们更好地履行了时代和人民赋予的使命。

信息定位型展览：
提升中国博物馆品质的契机

当代中国博物馆业的发展将建立在一种变化的形势的基础上。与此前半个多世纪相比,这种变化明显体现在以下几方面:

第一,综合国力特别是经济实力的大幅提升,为博物馆建设提供了更雄厚的物质保障。

第二,国家的社会发展政策在科学发展观的指导下,将博物馆建设纳入打造学习型社会、提升国家软实力的轨道,并将利用文化遗产和参观博物馆提高到保障人们基本文化权利、守卫民族精神家园的高度;社会上将博物馆纳入国民教育体系的呼声也日渐高涨。①

第三,随着物质生活的丰富,人们对文化消费的需求日趋旺盛。他们渴望通过利用文化遗产来丰富自己的学习生活,以便充实知识,拓展视野,提高生活品质,并由此对博物馆提出新的期待和要求。

第四,随着博物馆学研究的深入和国际交流的频繁,新的博物馆理念及技术引入,强化了博物馆经营与运作的技术支持。

这些变化为中国博物馆事业的发展带来两方面结果。一方面是国家和社会对博物馆建设的投资力度加大,使建设更高质量的博物馆成为可能。另一方面,人们对传统的博物馆所扮演的角色不再满意,渴望有更有效地满足自己需求的新型博物馆。这意味着,建设能更充分满足人们学习与休闲需求的博物馆,使中国博物馆的品质与档次更上一层楼,将成为中国博物馆界努力的目标。

---

① 2007年8月,陕西省文物局、教育厅联合下发《关于将博物馆教育纳入国民教育体系的实施意见》,将陕西全省文物系统的104座博物馆、纪念馆纳入国民教育体系,与教育部门实现文化资源共享。2008年3月,全国人大代表、安徽省文化厅副厅长李修松向两会递交的议案建议:将博物馆、纪念馆等纳入国民教育体系,可以培养青少年对民族文化的兴趣,增添其历史人文知识,培育其民族情感。

那么,新时期的博物馆怎样才能满足人们的这种需求? 无疑,博物馆必须展开全方位的努力。然而,从方法论的角度看,不分轻重,没有针对性地齐头并进,并不一定能取得好的效果,相反,如果能找到牵一发而动全身的关键点,将会取得事半功倍的效果。我们认为,博物馆展览是沟通博物馆与社会的桥梁,也是博物馆实现其社会功能最直接的方式,只有向社会提供能充分满足人们需求的展览,才能使博物馆不辜负时代的新要求。此外,高质量的展览远不是简单的陈列工作或展示技术问题,而牵涉到博物馆工作的各个环节,包括收藏的质量、藏品的研究深度及合理有效的程序安排等。

从世界范围看,对传统博物馆展览模式的革新在 20 世纪 80 年代业已展开,这种变化在理论界被概括为“由物到事”(from things to matters)。原先孤独地呈现在博物馆展柜中的各种器物,被鲜明的主题和生动的故事线串联起来,共同叙述器物背后所发生的关于“人”、“自然”和“社会”的故事。在这种展览中,实物展品不再仅仅是欣赏的对象,也不再是博物馆展览中唯一的陈列要素,而成为故事叙述系统中的要素之一,扮演着故事叙述中物证的角色。由于实物展品放置在被还原的文化坐标和使用场景,进入“叙事”语境中,展品中所蕴藏的文化意义就被揭示出来,成为人们获取知识的来源。为了区别两种不同类型的展览,我们把前者称为“器物定位型展览”,而将后者称为“信息定位型展览”。①

信息定位型展览以其大容量的信息传播,使博物馆得以在新的历史条件下适应人们对学习、生活的要求,必然成为当代博物馆努力的方向。进入 21 世纪后,中国博物馆界开始引入信息定位型展览,一个个具有明确主题的展览应运而生。但实际效果并不像人们所期待的那样。许多观众反映展览看不懂,不吸引人,没有让其学到多少知识。究其原因,既有展览的理念和技术问题,也涉及博物馆的整体组织与运作及相关的社会法规制度。

信息定位型展览具有明确的系统性和情节性,所强调的是信息传播。如果说器物定位型展览的主要陈列方式是“呈现”,主要参观方式是“欣赏”的话,那么,信息定位型展览的主要陈列方式是“叙述”,而主要的参观方式是“理解”。这种不同的类型及其所衍生的功能,不仅使博物馆展览的构成与组

---

　① 后者并不是对前者的取代,而是博物馆展览类型新的增长。

织方式出现了重大的转型,也使整个博物馆的组织与建设发生了深刻的变化。一个优秀的信息定位型展览,必然是建立在高质量的藏品基础上的,必然要求对主题和相关的展品进行深入的研究,必然要充分熟悉空间环境下认知与传播的各种技术。所以,它所引发的不只是博物馆展览的一场革命,也是博物馆组织与经营的一场革命。它敏感地牵动博物馆收藏、研究和展示的各个环节。如果我们能抓住这个纲,纲举目张,博物馆在新时期建设的重点问题可迎刃而解,我们有望在整体上提升博物馆的品质。

一、确立以"保存社会记忆"为核心价值观的收藏政策,建立具有良好叙事能力的收藏群

收藏是博物馆之母,早期的博物馆无一例外都是建立在丰富的收藏基础上的。正是为了使这些收藏能为社会公众所利用,才产生于世界范围的公共博物馆。早期收藏的主体是皇室和贵族,收藏的目的主要是满足自己及社交圈的欣赏愿望,通常缺乏系统的概念。器物定位型展览正是建立在这种收藏的基础上的。对这种类型的博物馆而言,收藏品的价值判断与文物市场的价值观念比较接近,收藏品的质量通常与其审美价值、经济价值有关。

随着现代博物馆的发展,一种新的收藏观发展起来,并逐渐成为博物馆收藏的主流。这种观念把博物馆界定为:一个通过系统收集文化遗产来保存社会记忆的场所。物品因具有"人及人与环境见证物"的身份而被重视与收藏。这意味着,藏品的价值不再局限于其审美与经济价值,还在于它所蕴含的文化信息,以及它作为自然与历史变化物证的角色。

这两类不同的收藏正好对应两类不同性质的展览。前一类收藏强调收藏品的审美和经济价值,其收藏的主体主要是经济实力雄厚、以艺术欣赏为主要目的的博物馆;对于大多数以自然生活与社会生活为主题的博物馆,除非这些价值连城的藏品与自己的传播目的相关,否则没有必要去收藏它们。对它们而言,真正重要的,是那些能够很好地反映自然与社会生活变化的各种物证,因为它们是社会记忆的载体。

从中国博物馆收藏的现状看,要适应信息定位型展览还存在不少问题。这些问题不解决,信息定位型展览很难真正解决故事叙述的物证问题,展览

会缺乏实证的权威性,造成故事叙述与实证材料脱节的"两张皮"现象。此外,这也导致展览中反映普通人日常生活展品的严重缺失,妨碍了展览叙述的完整性与系统性。要有效解决这些问题,我们认为,当代中国博物馆的收藏政策应该注意以下几个方面。

1.进一步确立以保存社会记忆为核心价值观的收藏政策,把系统收集反映社会变迁与人们生存状态的物品作为自己义不容辞的职责

我们看到,当代一些博物馆的收藏政策过分囿于文物市场的价值观,热衷收藏高审美价值和高经济价值的物品,而忽略了自己作为社会记忆保存者的使命。其具体表现为:①重视古代的,忽视近现代的;②重视高雅的艺术品,忽视日常的生活用品和民俗物品;③重视贵重金属制品,忽视普通材料制作的物品;④重视制成品,忽视生产过程中的原料、工具、半成品与次品;⑤重视反映精英人物生活的物品,忽视反映普通人生活的物品。这样的收藏品,会将展览局限在狭隘的历史时段或狭隘的社会生活方面。也有一些博物馆热衷于通过拍卖收购等方式,征集一些与本地区历史文化完全无关的"高档次作品"。这类藏品虽然具有良好的欣赏价值,但对于一个历史文化类的博物馆而言,如果它们没有实证区域历史演进的能力,与我们所讲述的城市故事无关,即使有很大的收藏量,或具有很高的审美或经济价值,都无法建立起系统、充实和丰富的历史叙述。相反,有些收藏品,从文物市场的价值观念看并不值钱,但却能够很好地说明区域的历史文化特点。例如,无锡博物院收藏徐寿与华蘅芳进行科学实验用的烧杯与试管,这些物品虽然很普通,却能很好地实证无锡作为中国引进西方近代科学文化的先驱城市,并进而发展成中国近代民族工商业摇篮的突出地位。

2.要进一步拓宽收藏的视野,寻找各种能证实人类活动与能力的物证

长期以来,一些博物馆的收藏传统是重视有意识产生的人工制品,忽视无意识留下但能很好反映人们生存状态的其他材料。在考古领域,许多聚落遗址出土的生活垃圾,如废弃的食物残骸、人与动物的粪便化石等,往往被排除在博物馆收藏的视野之外。在遗址回填时也不注意收集诸如柱洞、灰坑及文化层剖面等能反映古人生产生活特点的物证材料。事实上,通过当代科技

考古,这些无意识遗留下来的材料能为我们提供大量的生活细节。这需要考古人员的配合,同时还需要考古物品转移给博物馆的相关制度保证。与此同时,博物馆在征集藏品时,重视具有唯一性和有具体形态的物品,忽视可复制的,尤其是不具有空间形态的材料。事实上,人类进入工业时代后,量产成为主导性的生产方式,这些东西因为数量大,很难引起人们的重视,导致它们消失得比其他东西更快;机械复制时代产生的照片、录像和录音,不同于传统的实物藏品,既缺少传统藏品的三维性质,又不具有传统藏品的唯一性,所以很容易被疏忽;进入以计算机技术为特征的电子复制时代,如何界定原件与拷贝件,以及如何收藏和保管这些不具有空间特征的物证,将成为博物馆收藏界应该讨论的问题,但我们绝不能因为"无先例可循"就放弃承担自己的责任。

3.进一步加强对主题性和系列性藏品的征集,增强收藏品的有机性和整体性

当同一类物品,无论是生活用品、儿童玩具,抑或生产工具,只要形成较完整的系列,并且被按时间顺序排列,就获得了一种良好的自行表达能力,被赋予一种故事叙述的禀赋。这种有机的收藏群,特别适应信息定位展览的要求,即使在辅助材料很少的情况下,观众也能获得相关的知识。然而,如果我们的藏品征集仅仅满足于被动收购或偶然捐赠,这种系列性藏品是难以建立的。所以,博物馆应该制定相关的征集计划,有意识地捡漏补缺,尽可能强化藏的有机性和整体性,使之成为能反映某一现象连续变化的整体。这种系列性藏品在反映一个地区社会和观念变迁方面,能取得很好的效果。在这方面,一些主题性收藏家走在前头,虽然有些藏品并不起眼,但因为形成了系列和规模,还是能使观众着迷并受益。建立良好的渠道,将这些主题性收藏纳入博物馆的范畴,使之成为广大人民可资利用的文化资源,也是我们应努力的目标。

二、加强藏品研究,深化对资源的认识,为信息定位型展览提供必要的学术支持

博物馆藏品作为一种可移动的文化遗产,通常由物质构件与文化意义两

部分构成。所谓博物馆藏品研究,其本质是将藏品中蕴藏的文化意义揭示出来。这些文化意义,就是信息定位型展览向观众传播的信息,也是观众在博物馆学习的各种知识。所以,对藏品及其相关背景的研究,就成为信息定位型展览必要的知识基础,没有对藏品内蕴深入的研究和深刻的理解,信息定位型展览就成为无源之水、无本之木。从目前博物馆展览建设的实践看,缺乏必要的学术支持,或支持力度不够,是影响展览质量的重要原因。为此,加强对相关主题及藏品的研究,应该是当代博物馆界的重要任务。相比之下,以下几个环节值得引起特别注意。

1. 细致地做好藏品编目工作,建立和健全藏品档案,将藏品所蕴含的文化内涵更准确和充分地揭示出来

科学研究是博物馆传播的知识基础,一个展览的学术与思想深度,与该博物馆科学研究的程度息息相关。藏品研究则是博物馆科学研究工作的基础,其中的大量工作正是在编目与建档过程中展开的。藏品登录与编目时,研究人员有可能与藏品提供者进行直接接触,从而了解藏品的藏前史和流传经过,这些对藏品的认识是非常重要的;在建档过程中,我们通过系统收集对藏品研究的各种成果,也会大大深化对藏品的认识。如果藏品编目卡编写得过于简单粗疏,或档案工作不全面,必然会影响藏品研究的质量。

2. 加强对藏品系列的研究,掌握其流变的轨迹,以了解自然、社会及人类观念的变迁

信息定位型展览并不是呈现单件的物品,而是通过一系列藏品来说明某一现象的进程与变化,所以我们不仅要了解单件藏品的内涵,还要了解相关藏品之间的关系。为此,博物馆的藏品研究不能局限于单件藏品的研究,还应从社会联系和历史变化的角度,探讨一系列藏品之间流转变化的逻辑。

3. 加强对藏品背后非物质因素的研究,使观众得以透过藏品的物质性,了解藏品制造者和使用者的精神世界

传统的器物定位型展览中,呈现在观众面前的,通常是一个终结的制成品。至于展品是用什么原料制作的,采用怎样的工艺和技术,在使用过程中承载了怎样的文化与民俗,在展览中往往并不涉及。在信息定位型展览中,尤其在与非物质文化相关的展览中,文化遗产中所反映的传统生活方式与技

艺,以及其蕴含在展品中的情感与智慧,成为展览欲重点传播的内容,也是观众最关注的东西。面对这样的形势,藏品研究就不能再囿于物质的层面,而应努力揭示其背后的精神因素。

4.将藏品研究纳入整体文化背景,强化藏品研究与相关领域学术研究的关联

对于区域历史研究来说,博物馆藏品与地方文献、地方的民间风俗是互相引证、互相补充的不同方面。任何一种物品的生产与使用,总是在一定的文化背景下进行的,与人们的观念及行为方式息息相关。所以,只有将藏品研究纳入整体的学术研究的框架,结合文献研究与民俗学的调查,才能深入了解藏品的社会功能、藏品产生的背景及藏品特色形成的原因。对信息定位型展览而言,要向观众讲述一个区域历史的完整故事,仅仅依赖实物藏品是不够的。此外,博物馆的藏品主要是一些不易腐烂的物品,它们进入博物馆往往具有偶然的性质,一些重大的事件或重要的文化现象很可能没有留下任何遗物,所以它们所反映的世界必然是残缺不全的,所讲述的故事也肯定是片断性的。信息定位型展览利用学术研究获得的准确信息,采用情景再现的方式,还原历史上曾经发生过的重大事件和重要现象,从而使展览的叙述更加准确和完整。也就是说,只有综合藏品研究、文献研究和民俗研究的成果,博物馆的展览才能向观众描绘出区域性历史相对整体的画面。

三、建立合理的程序与标准,开展展览评估,努力打造高质量、具有良好传播能力的博物馆展览

在器物定位型展览中,欣赏实物展品是观众参观博物馆的主要的动机,实物展品几乎成为唯一的展览要素。这种展览的组织与运作比较简单:先由典藏人员列出拟展出的器物和相关的说明标签,再由设计布展人员将器物分门别类放置在展览空间中相关的容器里。这种展览设计与普通的室内装修差别不大,所以利用现行建筑行业中室内装修的相关制度即可实施。信息定位型展览不是以个别的物的呈现,而是以相对系统的故事叙述为特征的。为了呈现一个地区历史的系统变化和社会生活较完整的画面,并凸显历史上重大的事件和文化创造,信息定位型展览往往采用情景再现的方式局部还原历

史现象,同时采用各种视听材料进行深度的诠释与阐述。这就使得展览要素变得复杂得多,由实物展品、情景再现及包括视听与操作的信息传达装置共同构成,旨在有效实现设定的传播目的。和器物定位型展览相比,信息定位型展览有以下几方面的特点:①有明确的主题;②有一系列为说明主题而设定的传播目的;③有一条帮助观众理解的故事线;④有一个能很好揭示主题并符合观认知要求的展览结构;⑤通过对实物展品和非实物展品的合理组合,实现设定的传播目的;⑥非实物展品的制作必须经过真实性的检验;⑦传播目的的实现与否成为判断展览质量的依据。

如此,展览的设计布展就涉及非实物展品的制作、传播目的实现的效果,以及情景再现中的科学实证等问题。这意味着,展览质量的判断除了视觉效果外,还增加了科学真实性与传播有效性。一个展览的视觉效果良好,但传播效果不好,观众看不明白,或展览中出现了违反历史与科学真实性的现象,那就不是一个好的展览。面对如此复杂的要求,原先用于器物定位型展览的作业程序和标准就无法适应了。

在我国,虽然信息定位型展览已经开始起步,但整体效果并不理想。除了上述收藏与研究两个方面的制约外,展览实施的程序与标准也是重要的方面。这些问题不解决,要想做成高质量的展览是不可能的。因此,我们的一项重要任务就是建立合理的程序与标准,为具有良好传播能力的博物馆展览创造条件。

1.建立博物馆营建的合理程序,为展览提供良好的空间

此前一些地区的博物馆建设,采用"交钥匙工程",即将博物馆建筑建成后,移交给博物馆等使用单位进行布展。由于建筑设计过程中缺乏对展览内容和展示方式的深入思考,很难具有针对性,结果整个布展工作就只能削足适履。在这样的情形下,要建成高质量的展览是困难的。从经济的角度看,由于缺乏针对性,投资的性价比也很低。为避免这种情况,必须建立和推广合理的营建程序。

从已有的成功的实践来看,新博物馆的建造应当遵循以下程序:①进行资源与市场调查,开展前置评估与展览规划,明确展览的性质与主题;②根据主题进行展览策划;③根据策划内容进行初步设计,确定表达方式、展览的基本视觉样式与风格;④根据展览内容和展示方式编写建筑设计任务书,明确

功能分区与布局,确定展览空间的构成,包括空间的组合方式、空间的进深与面宽比、展厅高度、柱网结构、采光方式及特殊空间要求等,使建筑设计师有明确的设计目标;⑤与建筑设计师反复沟通和磨合,使建筑设计师清晰地了解展览的空间要求;⑥在建筑设计与营造的同时,进行策划与设计的深化,完成相关的招投标工作;⑦建筑完工后,等干燥期结束进场施工。

这样的程序,不仅能提供更适用的展览空间,也能够节省大量的资金和时间。

2.建立以品质保障为中心的展览实施程序与标准

长期以来,我们的展览多为器物定位型,即便有许多博物馆展览有主题,看上去类似信息定位型展览,其实质并没有超越器物定位型展览,或者说,是在用器物定位型的方式制作信息定位型展览。在这种情形下,工程中绝大部分属于可定额的标准化施工,所以采用建筑法中室内装修的程序和标准,并没有大的问题。在这种情形下,为了避免可能出现的问题,采用设计与施工分离或低价中标是可以理解的。

然而,在信息定位型展览中,设计与布展的本质是将展览策划的内容用空间和视觉的形态呈现出来。展览能否贯彻策划意图,能否实现策划所设定的传播目的,成为决定展览能否成功的关键因素。这就要求设计者和施工布展者充分了解策划的意图,如果理解不到位,就会直接影响到展览的质量。与此同时,信息定位型展览涉及大量的展品制作,包括情景再现、虚拟现实、创造性视频材料等,都涉及真实性和准确性的问题,要求设计与布展人对相关的科学知识和文史知识非常熟悉,否则就会违背自然常识或特定时代的典章制度,所以设计过程带有一定的学术研究的性质。如果展览不符合真实性要求,就会误导观众,影响博物馆的科学权威。此外,展览设计与布展要取得良好的传播效果,还应当熟悉认知心理学、教育行为学和人体工程学的相关知识,使观众以自然轻松的姿态在良好的情绪环境中参观。这样,仅仅依赖普通室内装修的知识和技能就远远不够了。在这种情形下,简单采用普通公建的招投标方式,坚持设计与制作的分离,会对展览质量造成伤害。

要保证展览质量,优秀的展品制作团队或艺术家的配合非常关键,为了得到准确、独特和新颖的效果,除了艺术创意外,展品制作中还常常伴随着研究、探索和实验。如果简单地采用低价中标的方式,展览的中标方将不得不选择水平一般、价格低廉的专业公司进行配合，以尽量降低制作成本，其结果必然是牺牲展览的质量。

所以，简单采用现存的以普通公建为对象的建筑法规是不利于保证博物馆展览质量的。① 要保证展览质量，应该对博物馆展览建设的特殊性展开深入的调研，会同建设部制定出有利于展览质量的法规和制度，包括资质认定和招投标程序，不仅要考察设计与制作单位的制作工艺水平，也要考察其对博物馆文化及展览主题认识的深度。为了防止行业要求与上位法的冲突，应当努力在建设法中将博物馆展览工程列为特殊项目，再由文物主管部门制定相应的细则，使博物馆展览建设工程的程序与标准从公建本位转移到展览质量本位。这个问题不解决，高质量的展览就难以产生。令人欣慰的是，这一点目前已引起国家文物局领导的高度重视。②

3.建立保证展览品格的质量控制程序

如果说上述的程序与标准主要是针对展览质量保证的外部条件而言的话，那么，展览营建中的质量控制系统则是保证展览品质的内部条件。这一质量控制系统主要体现在程序与审查的环节上。我国目前的博物馆展览建设，尚没有普遍适用的程序与制度，所以对展览质量的控制力较弱，展览品质参差不齐，经常会出现返工，甚至出现因为质量问题刚开馆就闭馆的现象。

---

① 关于这一点，在全国政协十一届三次会议上，政协委员、国家文物局局长单霁翔就博物馆建设问题递交的提案中已做了充分的分析：博物馆陈列展览工程包含的美化装饰是一项兼具学术性和科学性的文化创造，与普通建筑装饰工程在管理上有很大差异。第一，博物馆陈列展览工程是以学术研究资料和文物标本为基础，以展示设备和技术为平台，以辅助艺术形式为切入点，高度综合的、专业性和前沿性极强的工作。第二，博物馆陈列展览工程具有自己独特的工程内容和工作规律。承担博物馆陈列展览工程的机构必须在对展览传播和教育目的、展览主题和内容，以及特定展示空间进行研究的基础上，对展品和材料做出取舍、补充、加工和组合，同时运用形象思维，塑造出能鲜明、准确地表达陈列艺术形象的序列，还要善于处理文物的安全环境。第三，博物馆陈列展览除文物标本外，大量采用艺术水准较高的辅助艺术品和具有相当技术含量的科技装置，例如地图、模型、沙盘、景箱、蜡像、壁画、雕塑、影视、观众参与装置等。它们往往需要专门委托设计和制作。博物馆陈列展览设计制作机构及其创作人员和工程管理人员的知识结构与知识水平要远优于、高于普通建筑装饰公司。第四，一般普通建筑装饰工程中艺术创作工程很少，而在整个博物馆陈列展览工程中，占工程量绝大部分的是艺术设计和创作活动。一般来讲，普通建筑装饰工程的工程量仅占整个博物馆陈列展览工程的25％左右。因此，不能将博物馆陈列展览工程简单视为普通建筑装饰工程，在博物馆陈列展览工程委托、控制、验收、决算和审计上，不能按普通建筑装饰工程来进行管理。

② 国家文物局局长单霁翔在其递交的博物馆建设问题的提案中建议：为了加强对博物馆陈列展览工程的行业规范管理，使博物馆主管部门、展览筹办方、设计施工方有章可循和有法可依，保证博物馆陈列展览工程的质量，应研究确立博物馆陈列展览工程资质管理基本制度，尊重博物馆陈列展览工程的特殊性和内在规律，制定博物馆陈列展览工程管理规范和标准，包括《博物馆展览工程管理办法》、《博物馆展览工程资格管理办法》、《博物馆展览形式设计规范》、《博物馆展览工程核算标准》等。

这一点可以借鉴美国的经验。美国博物馆展览制作大致分成五个步骤,其中每一步骤都包含若干环节:①可行性研究阶段,即概念的产生→可行性→审核、通过(审核不通过回到前一环节重新开始,通过则进入下一环节,以下审核环节均同)→目的的说明→审核、通过;②初步设计阶段,即集合团队成员→目的的沟通→拟定初步程序与预算→审核、通过→调查研究或前置评估→故事发展线或概念设计或形成评估→审核、通过;③细部设计,即脚本或最后设计或形成评估→成本计算与设计修正→审核、通过;④制作规划,即工期表与预算→建构与特定的建档→审核、通过;⑤制作,即制造与装置→开幕→维护→总结评估→展览重新设计或修正→审核、通过→重新设计或修正过程→审核、通过。

由此可见,由于每一步骤都包含着相关的审核程序,就可以有效地防止出现大的偏差。在整个营建的过程中还包含了三个评估环节:前置评估、形成中评估和总结评估。

由于国情不同,各国在具体实施中也会有适合自己的具体标准,在实践中探索和制定符合中国国情,能有效保证展览质量,防止返工造成时间及金钱浪费的程序与标准,是我们应当努力的方向。

4.建立保证展览品格的财务保障系统

信息定位型展览的展览要素比器物定位型展览要复杂得多,除了传统的具有三维特征的实物展品外,还包括大量非传统意义的展品,如高仿真的复制品、照相、录音和视频材料等。这些展品的收集与制作所产生的费用,在以往的展览制作中很少遇到。在现实中,由于缺乏相关的预算,许多博物馆为了获得相关的图像资料,往往盗用现成的出版物,而不是购买版权或到实地去拍摄录制,这在全球高度重视版权法的背景下很容易引起侵权的诉讼;同时,为了保证展览的科学性和真实性,在展品制作过程中还会需要就相关学术问题进行研究、考证和咨询,以及现场考察,这些也会产生各种费用;再者,由于存在着展览的传播有效性问题,依据设计图施工所产生的实际的传播效应,往往需要放在实践的环节中才能判断,所以必然会产生形成中评估或试开馆的环节,以便发现展览中尚存在的问题,并加以解决,这一过程也会产生大量的费用。所有这些都是我们以往很少涉及的,所以在现行的展览制作的经费预算中,通常并不包含这些环节。这也是目前不利于提升博物馆展览质量的重要方面。为了保证展览制作的科学品质与传播能力,我们应该建立相关的财政保障制度,使展览建设在更合理和有效的资金平台上运作。这一点我们可以借鉴发达国家的经验。欧美各国在展览营建的资金分配上,有一个大致的比例和标准。其中前期(策划与设计)为 20%,制作为 60%,调整与修改为 10%,评估为 5%,其他为 5%。在我国,所谓的展览制作费用,主要是前期费用和制作费用两部分,前期费用通常不超过 10%,其余主要是制作的费用。由于没有评估环节,调整和修改的费用缺乏制度上的保证,至于评估环节本身,很少有博物馆开展。如何建立合理的资金分配制度,以保证展览的质量,也是我们应该认真思考的。

5. 建立合理的展览评估制度,普遍推广独立的展览评估

在信息定位型展览的制作过程中,有几个环节是关键的。首先,我们要清楚地知道观众要看什么,他们的愿望与兴趣何在,我们向观众提供什么东西才会使他们满意。在这个基础上,我们确定展览的传播目的。其次,我们要了解怎样才能有效地贯彻和实现确定的传播目的。再次,我们要确认是否已经实现了我们的传播目的,或者说,我们所设定的传播目的与观众实际参观中获得的印象是否一致,并使观众得到了预期的满意。最后,如果发现我们的展览尚没有充分实现设定的目标,或者一段时间后情况有了新的变化,我们要知道怎样调整和修改,才能达到预期的或更好的展览效果和传播效应。这就是贯穿当代博物馆展览建设中的评估工作,包括前置评估、形成中评估、总结评估和改善评估,它们依次分别解决上述各环节的问题。

从上述美国博物馆展览的营建过程可以看到,从展览的营建过程直至完工开馆,都伴随着若干评估的环节。德语世界的情况也是如此。在这些国家,评估环节是必不可少的,否则就无法向纳税人交代,不能立项。

为什么要开展展览评估活动呢?我们知道,一个事物的本质未必就是其外观所表现的那样。当我们对得出的结论展开更仔细和系统的调查后,可能会发觉自己想当然的判断实际上是错误的。科学评估的目的就是超越个人主观判断,以便使测定对象得到细致的调查,得到更客观、深入和系统的分析,从而揭示隐藏在外观背后的真相。这表明,要使我们的展览真正符合观众的要求,使他们能得到所需要的东西,就不能仅仅依靠专家或领导的判断,而要采用科学的评估方法。

虽然在许多国家,与展览制作相伴随的评估是不可或缺的环节,但在我国,真正实行评估制度的展览可谓少而又少。绝大多数情况下没有前置评估,展览的内容设定、形式设定和传播目的设定,都取决于馆方或专家的意志。甚至有许多博物馆在展览策划中没有明确表达出自己的传播目的。如果一开始就没有设定传播目的,在展览制作过程中遵循预设的传播目的也就成为一句空话,同样,总结评估也缺乏判断的依据。在这种情形下,想要对展览质量进行控制就无从谈起。

在我国,博物馆事业逐渐走上了科学发展的轨道,但在其核心领域却出现了严重滞后的现象,这应当引起我们的充分注意。开展独立的展览评估,并将评估环节纳入建设的必要程序,再在资金上予以保证,展览评估工作才可能真正开展起来。这应该是当代博物馆展览建设中亟待解决的问题。

四、开展观众调查,了解观众的需求,建立多种形式的公众教育活动,拓展与深化博物馆的传播效应,提供更全面与优质的博物馆服务

高质量信息定位型展览的建设促进了博物馆的收藏与研究工作,也使博物馆更关注传播的质量,在很大程度上提升了博物馆的整体水准。但展览的建成并不意味我们的努力可以结束。从现代博物馆教育来看,展览只是其中的核心部分,远不是全部。围绕着建成的展览,博物馆还有如何拓展、丰富和深化观众认识的问题。要更有效地提升博物馆的品质,为观众提供更优质的服务,我们还必须围绕展览开展以下两方面的工作。

1. 积极开展观众调查,了解观众的目的与愿望,掌握他们的实际受益情况,将此作为进一步发展的依据

在以器物定位型展览为主的时代,公众对博物馆展览的反应比较直接,进入博物馆的人数及他们在博物馆逗留的时间基本就能反映出他们的满意程度。然而,在信息定位型展览中,情况变得较为复杂。进馆人数与逗留时间虽然依然是重要的指标,但还是不够的。我们在研究中发现,一些展览吸引了较多观众进入,而且观众也逗留了一定的时间,但经过较深入的询问发现他们只获得了视觉体验和对高科技项目的印象,对于展览的主题及内容了

解甚少。虽然我们承认这种展览也能在一定程度上满足公众休闲观光的需求,但如果观众长期得不到智性方面收益,博物馆作为科学普及与终身教育机构的性质就会发生改变,这种休闲的性质也会变味。这种现象可能与以下诸方面有关:一是博物馆在展览的策划与设计中,缺乏对观众认知行为的认识,也缺乏传播学的理念与技巧,所以做出来的东西观众看不懂;二是一些博物馆过分强调博物馆休闲观光的功能,而忽略了其教育功能,要求将展览做成高度娱乐性的样式以招徕观众,却很少考虑观众在智性方面的受益;三是一些观众在长期的器物定位型展览的参观实践中,已经习惯了欣赏式的浏览,对获得新的知识与信息尚没有培育出必要的期待。从这个意义上讲,做出一批既具有优秀的欣赏品位,又具有良好的传播效应,使观众喜欢看、看得懂,并在智性与情感方面都有很好收益的博物馆,从而逐渐改变观众的观看习惯和期待,使观众在参观博物馆中得到更多收获,是中国博物馆界应该努力的方向。只有这样,博物馆才能获得可持续发展的空间。如果我们能达到这一目的,就能使博物馆在承担新时期社会使命方面开拓出一片新的天地。

要做到这一点,首先是要通过开展积极的观众调查,明确我们的观众是些什么样的人,他们的动机、目标、愿望及其变化,以及他们在特定空间形态中的认知行为的特点。只有了解了这些,我们才能知道他们需要的是什么样的东西,才能提供给他们所需要的产品。

从国际博物馆业的发展来看,观众调查是 20 世纪 30 年代以来,随着博物馆进入市场调查时代后出现的新举措,标志着世界博物馆社会化进程进入了一个新的阶段。由此开始,各种形式的观众调查在许多地区开展起来,并积累了大量的技术数据。到现在,观众调查已在许多国家成为博物馆的常规性工作,所以赫德森把今天的博物馆称为"市场调查时代的博物馆"。[①]在加拿大,不仅有各博物馆进行的观众调查,还有政府出面组织的大规模博物馆观众调查,为国家的文化政策的制定提供依据。相比之下,我国的工作还有很大的不足,许多博物馆尚未组织过正式的观众调查,也有一些博物馆虽然开展过观众调查,但所使用的技术与方法不完善。这些都影响了我们

---

① 现在,在许多国家,对观众进行调查研究已经成为博物馆的常规工作。有学者在就此项问题进行调查时,已不再统计有多少家博物馆做过观众研究,而是统计还有多少家博物馆尚未开展过此项工作(参见 K Hudson. *A Social History of Museums*. London:The Macmillan Press Ltd.,1975)。

对观众的认识，尤其影响了我们对观众的实际受益情况的了解，从而使我们对展览质量的判断缺乏依据，也使我们所做的努力缺乏针对性。所以，我们应当将开展观众调查作为一种制度建设来抓，完善观众调查的技术与方法，将提升品质的战略目标建立在有效的观众调查的基础上。唯有这样，才能真正落实博物馆建设中的科学发展观，使博物馆事业的发展走上科学发展的轨道。

2.开展更丰富多样的公众教育活动，拓展与深化博物馆的传播效应，提供更全面与优质的博物馆服务

拓展和深化展览传播效应的另一条途径是围绕展览开展多种形式的公共教育活动。考察一下博物馆的历史，尤其是展览的历史，可以发现一个耐人寻味的现象，它集中体现在博物馆建筑总体平面布局的变化上。早期的公共博物馆本质上是一个存放宝贝的大库房，所谓参观博物馆，就是由引导员带领在库房里走一圈，这就是我们称之为"藏展混一"的时代。在这种情况下，博物馆建筑的主体就是藏品库房。19世纪中叶，哈佛大学生物学教授阿卡西斯博士带头提出了"二元配置"的概念，一部分经过挑选的藏品，按一定的通俗教育计划，被放置到一个专门的空间中。随着展览空间从收藏空间中独立出来，藏展混一的格局被打破，博物馆的建筑主体开始由收藏空间和展览空间共同构成，不仅如此，还出现了展览空间在整体空间中所占比例逐渐增大的趋势。20世纪中叶以后，一种新的趋势出现了，那就是在收藏与展览空间之外，又突出地发展出公共教育空间，各种配合展览的小影院、讲演厅，各种为观众体验和查询而设置的探索角、发现屋、小剧场和信息角，以及各种为儿童教育专设的剧场教室、学习体验馆和实验室等纷纷出现，它们在博物馆建筑总平面图中所占据的比例也在不断增大，而且成为博物馆中最受欢迎和最具人气的地方。例如，我国的台湾自然科学博物馆就有太空影院、立体剧场、鸟瞰剧场、环境剧场等四大影院和二十个剧场教室，用以开展各种配合展览的公众教育活动。正因为有这些生动多样的公众教育活动，该馆在当地总人口不多的背景下，出现了持续年观众量300万人次的佳绩。澳大利亚的墨尔本博物馆，几乎每一个展厅都附带有一个面积不小的儿童学习区。

为什么会出现这种非展览教育空间不断扩大的趋势呢？这一点也与信

息定位型展览的出现有关。信息定位型展览在本质上属于以教育为导向的展览类型,人们对展览主题及相关内容的了解与掌握是展览的主要目的。那么,如何才能更好地优化观众学习的效果呢?这里有两个方面值得考虑。其一,认知效应与原先的认知结构有关,与主题相关的背景知识越丰富,对展览内容就越敏感,学习的效果就越好。所以,许多博物馆在观众参观展览之前设置一个前置性的教育环节,通过播放相关的电影或其他方式,使观众的认知结构在短时间内出现局部的变化,为观众参观提供了更好的背景知识,使观众的参观效果大为改善。也有一些博物馆安排后置式的教育环节,即在观众参观完展览后,通过影院或集中的人机对话系统,帮助观众梳理、整合或深化与主题相关的知识。这就是目前博物馆总体布局中这种辅助性教育空间增长的原因。其二,人类接收信息与知识的形式是多种多样的,展览作为一种教育形式,其特征是通过对空间形态的视觉形象(包括实物的和非实物的、立体的和平面的)的观察来进行的,这虽然是博物馆传播的主导形式,但并不是唯一的形式。许多博物馆结合展览内容,安排了各种用于体验、操作、互动的空间,尤其是针对儿童观众。操作性的互动与体验,不仅能适应儿童观众生性好动、富有好奇心的特点,而且有助于他们在多种感觉器官共同作用下改善学习的效果。在新西兰国家博物馆,由于这种互动式空间生动活泼,平均每个儿童每年要进入十多次,甚至几十次。[①] 我国台湾自然科学博物馆的剧场教室,也吸引了一批又一批中小学生前往。

　　而我国大陆目前的博物馆建筑总体平面布局中,将近 50% 属于展览空间,专用的公共教育空间所占比例很小。这说明大陆博物馆的传播形态主要囿于传统的展览,多种形式的公共教育活动尚未大规模开展起来。配合展览的影院系统、剧场教室和探索角等,虽然在一些博物馆开始出现,但很不普遍。大部分博物馆缺少专门为儿童提供的空间和项目。如果我们要将传统的庙堂文化改造成博物馆文化,就要从孩子做起,吸引他们更频繁地进入博物馆是我们当前的重要任务。丰富博物馆的公共教育活动形式,同时提供更优质的服务,是根本的解决之道。

---

　　① 　一位新西兰的导游告诉我,她的孩子每年都会参观这个博物馆数十次。

五、结论

以上就是我们对如何全面提升博物馆品质的基本观点。我们认为,应该在方法论的角度上,选择以信息定位型展览的建设为切入口,从展览质量保证的各个方面展开工作,从而全面带动博物馆的收藏、保护、研究、展览制作以及配合展览的公共教育,从整体上提升博物馆的品质。

我们特别指出,这种良好的愿望必须得到技术上和制度上的保证。为此,我们要在制度建设上努力做到以下几个方面:

第一,确立以"保存社会记忆"为核心价值观的收藏政策,建立具有良好叙事能力的收藏群。包括:①系统收集各种能反映本地区社会变迁与人们生存状态的社会记忆载体;②拓宽收藏的视野,关注非传统类型藏品的征集,努力寻找各种能证实人类活动与能力的物证;③制订更加积极主动的征集计划,加强与民间收藏者的沟通,提高收藏品的有机性和整体性。

第二,加强藏品研究,深化对资源的认识,为信息定位型展览提供必要的学术支持。包括:①进一步做好藏品编目工作,建立和健全藏品档案,更准确和深入地揭示藏品的文化内涵;②加强对藏品的系列研究,掌握其流变的轨迹,以了解自然、社会及人类观念的变迁;③加强对藏品背后非物质因素的研究,使观众得以透过藏品的物质性,了解藏品制造者和使用者的精神世界;④将藏品研究纳入整体文化背景,强化藏品研究与相关领域学术研究的关联。

第三,建立各种合理的程序与标准,开展展览评估,努力打造高质量、具有良好传播能力的博物馆展览。其中,相关的制度建设包括:①建立博物馆营建的合理程序,为展览提供良好的空间;②建立以品质保障为中心的展览实施程序与标准;③建立保证展览品格的质量控制程序;④建立保证展览品格的财务保障系统;⑤建立合理的展览评估制度,普遍推广独立的展览评估。

第四,在展览形成后,通过积极的措施,拓展和深化展览的传播效果,使公众获得更多的智性与情感的收益。其中以下两个措施应该首先予以考虑:①积极开展观众调查,了解观众的目的与愿望,掌握他们的实际受益情况,将此作为博物馆进一步发展的依据;②围绕基本陈列,开展更丰富多样和生动活泼的公众教育活动,聚集人气,巩固和扩大博物馆的传播效应,提供更全面与优质的服务。

信息定位型展览初论

一

　　博物馆在其社会化进程中持续地出现了功能的变化。在历史上很长一段时间里，博物馆实际上只是皇家或贵族贮藏珍宝收藏的场所。到 17 世纪，博物馆仍被定义为是一个"藏着宝物的大房子"①，甚至在早期的大英博物馆，所谓参观还是观众在引导员的带领下在库房里走一圈。② 随着自然科学的发展，尤其是百科全书希望系统阐述动物世界和植物世界的时候，博物馆的科学研究功能迅速地发展起来。从 19 世纪下半叶开始，在多种社会运动综合作用下，尤其受到工业革命及伴生的世界博览会运动的影响，博物馆的社会教育功能逐渐产生，到 20 世纪，社会教育无疑成为博物馆最彰显的功能。这种情形颇有些像动物界脑的起源与演化的历程，是一个包摄传统形态的增长过程。

　　伴随着博物馆功能的多样化进程，为实现功能而采取的展览类型及手段也发生了相应的变化，开始从早期的"欣赏型"，发展到"理解型"，再发展到新近出现的"思考型"。③ 如果说传统的展览形态属于"器物定位型"，那么，在此基础上发展起来的各种类型则可称为"信息定位型"。

　　器物定位型展览与信息定位型展览在展示理念和表达方式上有着重要的区别。第一，在器物定位型展览中，器物是作为独立欣赏对象而存在的，而在信息定位型展览中，实物主要是作为阐释与叙述社会、自然现象的证人而

---

　　① 我们从阿什莫尔和特拉德斯干第二个妻子赫斯特的诉讼中看到，在当时的法律中，"museum"一词已被用来专指那些"贮存和收藏各种自然、科学与文学珍品或趣物或艺术品的场所"。

　　② K Hudson, *A Social History of Museums*, London：The Macmillan Press Ltd. ,1975.

　　③ 糸鱼川淳二：《新しい自然博物館》，东京大学出版会 1999 年版，第 203 页。

出场的。第二,器物定位的实物展品通常以单件(套)作品为单位,而在信息定位型展览中,实物更多是以集合和群组的形式出现的,它们以一定的组织形式共同阐述主题、传达信息。第三,就展览要素而言,器物定位型展览很单一,基本上是实物的独角戏,而在信息定位型展览中,展示要素要复杂得多,除了占据核心地位的实物外,它还包括了其他两大系统:造型物系统和信息传达系统。前者包括各种为帮助观众理解实物,系统阐述历史事件与过程而用人工方式制作的形象体系,比如沙盘、静态与动态模型、雕塑作品、微缩场景和等比场景、立体地图和表格、各种绘画作品等;后者也包含着多种类型,如图文板系统、数字化系统和互动操作装置等,其中数字化系统又包括展厅型数字化装置、图书馆型数字化装置及影院型数字化装置等。也就是说,信息定位型展览是用多种媒体共同进行表达的。第四,从展示的目的及突出的重点看,器物定位型展览主要是通过场所营造突出展品的珍贵感和价值,而在信息定位型展览中,展览的目的是揭示物品所蕴含的文化信息,实物通常是将观众引向过去生活的一座桥梁,重点是物所代表的世界。

信息定位型展览在我们的生活中已经出现,人们在实际运作中也为它们留下了一席之地。我们看到的许多展览都有一个主题,展览围绕着主题展开,它们本质上属于信息定位型展览。然而如果我们仔细地观察和分析,就可以发现,目前国内一些展览虽然属主题展览,名义上是信息定位型,但经常流于表面,实际上是以传统的器物定位的思路和手段在操作信息定位型展览。这种现象的出现,可能是由于人们缺乏对信息定位型展览的理论思考,缺乏对其性质、功能、特征及相关技术支持的研究,对什么是真正的信息定位型展览缺乏准确的理解。同时,也还有一个操作层面的问题,一些以装饰艺术和室内装修为背景的展示公司既不理解,也无法实施真正意义上的信息定位型展览。这可能是中国许多博物馆展览没有取得成功的原因之一。

在许多国家,信息定位型展览已经成为常规展览形态,并取得了良好的效果。但就我国的现状而言,还有一个重新认识和定位的问题。不在理论上解决这个问题,真正弄清信息定位型展览的本质,目前的局面就难以突破,展览的传播目的就难以实现,中国博物馆界也难以切实地履行其社会教育的职责。

二

建立真正意义上的信息定位型展览,势必会对目前博物馆展示运作的各方面都带来重大的冲击,并对操作中的各个环节都提出新的要求,其中任何一个环节不到位,展览的传播目标就难以实现。

1.展览策划和总体设计

传统的博物馆展览运作,通常是典藏人员给出相关的展品及想表达的内容,然后由形式设计人员进行设计。这种方式在器物定位型展览中没有问题。然而,在信息定位型展览中,情况就不同了。在这种展览中,物的展出是为传播相关的知识,总是与某个专业学科的知识紧密相连,实物怎样展出才能服务于传播目的,远不只是审美判断,更多的是专业的学术判断。一方面,作为一名装饰艺术家,设计师难以真正理解相关的专业内容,并用适宜博物馆的方式进行表达;另一方面,以室内装饰艺术为背景的设计人员对当代博物馆的表达手段,以及它们的适应性判断,通常也缺乏专业性的把握。因此,科学内容设定和艺术设计之间必须有一个中间环节,即"传播学"或"博物馆学"的环节。它要解决的问题是,如何将展示内容以适合于博物馆并易于被观众理解的方式传达。也就是说,在展览设计过程中,应该有一个将科学内容"博物馆化"的过程。这个过程通常是由"展示策划"和"总体设计"来完成的。从理论上说,它是沟通科学内容与艺术设计的桥梁,通过这个过程,将相关的科学内容,依据对观众行为与动机的分析,依据相关的教育学与传播学原理,依据博物馆表现的特征,转化为主题鲜明、层次清晰、生动有趣、适合用博物馆手段进行表达的"操作文本",它不仅要告诉设计师,展览向观众说些什么,同时也要告诉设计师,这一传播目的是通过什么方式及手段来实现。展示策划主体可以是不同的人或团队,在一些场合,它是由博物馆的专业人员构成的,如我国的台湾自然科学博物馆就有一个高质量的策展小组,新建的广东省东莞展览馆也有一个优秀的策展团队,他们对展示传播的内容及表达方式做了具体翔实的安排,从而使设计师能层次分明、重点突出、方式适当地进行设计。在一些场合下,也可以聘请专门的策展人协助馆方一道进行策划,以保证展示在传播方面的有效性。无论采取哪种方式,策展人的基本素质和责任是一样的,在素质上,他们除了要熟悉展示的科学内容外,还必须具有强烈的传播意识,并有能力寻找到适当的传播手段。关于策展人员的知识构成、素质要求及相关的工作程序,我们将另文进行讨论。

2.展示的形式设计

在信息定位型展览中,展示设计的本质就是用美的、生动的形式实现策划意图,达到传播目的。就现状看,要建立起真正意义上的信息定位型展览,必须完成一个从"内装"到"展示"的转变过程。"内装"与"展示"的区别,有点像"艺术"和"科学"的区别。在艺术中是允许虚构的,艺术情节的营造不必受真实性的制约,而在科学中,真实性是第一位的。博物馆体现的美,本质上属于"科学之美"或"史学之美",而非"艺术之美"或"文学之美"。也就是说,博物馆展示设计者在其工作中,深深地受到传播目的的制约,受到传播内容的科学性的制约。正是这一点,将它与传统的内装概念区分开来。如果说在内装中,形式美就是一切的话,那么,在博物馆展览中,审美只是一项基础性的工作,重要的是在此基础上准确有效地完成展览的传播任务。这意味着,博物馆展览的设计者与室内装饰艺术家不同,他在从事艺术设计时必须首先是一名相关学科的研究者,必须对传播的内容及目的有清晰和深入的理解。从某种意义上我们可以说,当一个设计师对传播的内容和目的理解得越透彻、越深入,他的主观任意性就越小,他创作的"自由意志空间"也越小。著名博物馆展示设计师费钦生在设计瑷珲历史陈列馆时,为了客观准确地再现历史事实,对《瑷珲条约》谈判桌上的每一位代表都做了深入的研究,包括他们的年龄、职务、性格、所扮演的角色等。这些研究对准确地造型和再现具有至关重要的意义。比如,如何设定条约拟定瞬间各谈判代表的表情,就不是一个简单的所谓"表情刻画"的问题,而应有其历史的客观依据。设计师只有了解了谈判者对谈判结果的期待值,并将谈判结果与期待值进行对照,才有可能正确地设定该人物的脸部表情:喜出望外、兴奋、失望抑或愤怒。① 这一点在自然博物馆的展览设计中也是非常明显的,因为这类博物馆在科学性方面有很高的要求。比如在布置一个生态场景时,设计师必须在设计中注意其生态

---

① 这些资料形成了厚厚的一大本。承蒙他的厚爱,我曾经借阅了这份资料,给我的学生看。在此向这位博物馆展示的老设计师致谢。

学和物候学的原则,注意各种动物的习性。如果我们营建了一个很美的森林场景,但在传达的科学信息上存在严重的错误,那我们就是在误导观众。所以,在信息定位型展览的设计过程中,如果设计师的审美与科学的真实发生了冲突,前者必须为后者让步。

3.展览的运作程序

仅有好的展示策划文本和优秀的设计师,还无法保证高质量信息定位型展览的产生。博物馆展览从本质上讲,是一个集体的作品,必须保证每一环节的工作到位。为此,展览形成中的运作程序,是信息定位型展览成功的体制上的保障。

在展览的运作程序和组织方面,信息定位型展览与器物定位型展览有很大的不同。在器物定位型展览中,运作的各环节可以是独立的。这种展览在形式及技术支持上与内装区别不大,一般的装修队伍能够胜任,这就是长期以来内装公司成为博物馆展览建设主体的原因,也是博物馆展览长期以来纳入建筑装饰行业,并受建筑装饰行业相关规范约束的原因。然而,在信息定位型展览中,如何准确贯彻策展人的意图,实现传播目的,就为招标带来新的问题,如果完全按照传统的样式,将各环节独立起来,策展意图在每一环节都存在着被弱化、被变形甚至被歪曲的可能,展览的传播目的很难真正实现。展览建设组织要有效保证设计、现场施工诸环节与策展人密切合作和及时沟通,确保在每一环节上不走样。这就对展览建设的组织工作及相关的招标工作提出了新的要求。从国际上一些成功的案例来看,要保证策展意图的充分贯彻,有效进行信息传播,有两种组织方式可资参考。一种是策展设计 一体化,并对施工进行监理,美国一些展览公司通常采用这种方式;另一种是招标从策展开始,由一家单位完成从策展到施工的全过程,日本的一些展览就是这样形成的。

除了组织与程序上的保证外,信息定位型展览的成功与否还与招投标中的评审工作有关。一个展览设计完成后,通常要组织招投标,并对参加设计的各种方案进行甄选。在器物定位型展览中,评委通常以设计的视觉效果作为主要的判断依据,一个设计方案越能体现展品的价值,越能给观众带来美感,就越有可能胜出。遗憾的是,这种方式被带到信息定位型展览招标中,并成为甄选判断的主要依据。就信息定位型展览而言,对设计方案的判断除了要考虑视觉审美效果外,更要依据它与策展意图及传播目的的相关性。这意味着,评委只有充分理解策展意图和展览要达到的传播目的,才可能对设计方案有中肯的评价,包括:①该方案是否准确理解了传播目的;②该方案是否选择了恰当的方式进行表达;③某个项目在整体中的地位与比例是否恰当;④设计概念与主题内涵之间的相关性;等等。也就是说,除了传统的审美判断外,评委必须更多地考虑与信息传播相关的方面。如果在这一点上不改变现有的操作模式,就很难甄选出真正优秀的方案。

由此可见,要建立真正意义上的信息定位型展览,使观众乐意看,看得懂,记得住,真正将观展从"眼球运动"转变为"心脑运动",受到启发与感动,我们必须对信息定位展览的性质、特征及意义有明晰的认识,并努力保障运作的各个环节顺利实施。

地方博物馆:使命、特征与策略

地方博物馆在很大程度上与我们通常所说的区域博物馆是一致的,总是与某一片特定的土地相关联,承担着这片土地各种记忆载体的收藏、研究、保护与阐释的职责,并借此增进人们对这片土地的理解和热爱。在中国,这类博物馆数量很多,大多按行政区域划分,在博物馆界占据了最大的比例,也是很长时期内博物馆建设的重点。然而,我们的观察与研究也显示出,一些地方博物馆馆长知道自己是博物馆馆长,但却没有意识到自己是一位地方博物馆的馆长,他们对地方博物馆的工作内涵、特征及使命的认识并不清晰,常常按照传统的古典艺术博物馆的目标要求自己。当受命要建一个新馆,他们会赶紧前往类似上海博物馆这样的古典艺术博物馆去观摩,立志要建成那样的一座博物馆,他们也由此对珍贵、美丽的"镇馆之宝"格外敏感,千方百计到拍卖会上寻宝,然后将这些藏品做成精品展览。博物馆落成后,他们会发现,人们参观完这个博物馆,除了看到一些精美的文物外,对这片土地基本没有概念,既不知道这座城市是经历了怎样的发展走到今天的,也不知道在这片土地上曾经发生过哪些重要而有意义的事件,以及人们是怎样在这片土地上创造出富有个性的区域文化。严格地说,这样的地方博物馆并没有成功地承担起自己的社会责任,辜负了这片土地及其人民,也辜负了地方博物馆的牌子。这种现象引起了我们的关注,正是出于这样的原因,我们写下此文,对上述的问题进行一些理论上的梳理与分析,希望能够引起业内同行的关注。

一、地方博物馆的特征与使命

1. 在地式收藏与地方博物馆的兴起

为了说明地方博物馆与古典艺术博物馆的区别,我们先追溯一下历史,从收藏史的角度做一些分析。

博物馆文化起源于人们收藏所喜爱物品的愿望。这些收藏最初是泛地域的,就像中国老话所说的"英雄不问出处",只要物品的品质达到收藏者的要求,就可以进入他的收藏柜。如果说最初的收藏还会有个人纪念意义的考虑,随着收藏物的流通、古董市场的形成,物品保值与增值的特征受到关注,个体生命的纪念性含义被削弱和淡化,"美丽""珍贵"与"稀罕"成为收藏者核心的价值取向。这种收藏观在今天依然是主流,以此为基础构建的博物馆,在今天的博物馆界享有至高无上的地位。世界最著名博物馆大都属于此类,如英国大英博物馆、法国罗浮宫、美国大都会艺术博物馆和中国上海博物馆等。从博物馆分类角度看,这类博物馆可归入古典艺术类博物馆的范畴。

随着民族国家和区域社会的形成,一种不同的收藏观诞生了。在近代国家体制下的区域社会中,土地与人群之间所具有的固定、恒久的关系使居民产生了对土地的归属感和对传统的认同感。为了追根溯源,了解地方的历史与传统,地方性历史学会应运而生,在收集各种文献资料的同时,也对先人生产与使用的物品深感兴趣。这些物品一般是为了某项具体的功能制作的,虽不像文献上的符号那样明确告诉读者其间的含义,但对于一个了解器物与历史背景的研究者来说,可以通过深入的研究探明物品生产者的生产过程、生产目的、生产技术与工艺,以及他们的审美与信仰的诉求。和文献相比,虽然它们所蕴含的信息不是显性的,不易被普通人释读,然而正因为它们不带有传播学意义上的意图与动机,所以所反映的信息更加真实,更具有实证的权威性。

传统的收藏原则与标准由此发生了深刻的变化。对区域社会收藏者而言,被收藏的物品应该是与他们生活其间的土地具有联系的,我们将这种收藏模式称为不同于泛地域模式的"在地模式"。如上所述,泛地域收藏模式强调的是物品美丽、稀罕与珍贵的品质,对于其是何处生产的,以及如何生产出来的,并不特别在意。在地模式则不同,它所着眼的是物品与这片土地的关系,以及物品中所包含的关于这片土地的记忆,它所具有的证明某一现象、某一事件、某一人物活动真实性、确凿性的能力。它可以是美丽与珍贵的,比如它证明了这一地区具有高超的手工技艺和审美,它也可以是普通和日常的,反映人们生产与日常生活的文化特征。就泛地域收藏而言,收藏者习惯从个体的角度来看,物品间的关联及系统性不会引起特殊的关心。对在地模式来说,不仅要收藏个别的物品,还要将它们纳入历史的语境,探讨物品产生、发展和衰退的过程,它们在时间上是具有联系的。同时,在地模式也关注这件物品与相关物品的关系,例如它们是怎样配合使用的。所以,对于精品取向的泛地域收藏来说,它们通常会说自己"拥有"什么,而不会说自己"缺少"什么。但在地模式的收藏则会意识到,在系统叙述方面,某些环节的缺失将导致叙述不连贯,其权威性也会受到影响,所以会努力寻找缺失的环节。这一切都表明,由于收藏的动机与使命不同,两者的价值观、判断、收集的重点都会不同。所以,在地模式的收藏应该制订自己独特的收藏策略。

2.地方博物馆的特点与馆长的使命

我们的许多博物馆建立在现存的民间收藏的基础上,这种收藏带有明显的传统色彩,即受古董市场价值观的支配。当这些物品被聚拢并转化为公共文化资产后,在此基础上建立的博物馆明显带有泛地域的精品样式。这一现象影响了地方博物馆的建设。一些地方博物馆馆长上任后,往往把自己的使命与职责混同于古典艺术博物馆馆长。他们在心目中往往以上海博物馆为楷模和样本,希望在展厅里呈现大量美丽珍贵的展品。为此,他们乐此不疲地参与古董市场的拍卖活动,不管拍卖的对象是否与自己所属的土地有关,也不管它们是否与区域博物馆的使命及愿景有关。在这种收藏政策指导下所获得的藏品,难以担负起向本地居民叙述他们赖以生存的这片土地的故事的使命,也无法协助建成让观众认识、理解和热爱这片土地,激发文化认同与文化自信的博物馆展览。

所以,了解地方博物馆的特征与使命,就成为当代地方博物馆建设的一个关键。只有意识到这一点,才能明确地方博物馆馆长的社会职责与工作内涵,也才能建立起符合地方博物馆特殊要求的收藏,才能更好地履行系统收集、研究、保护和传播地方社会历史记忆的使命。

二、地方博物馆的收藏与研究

1.用宽广的学术视野去捕捉博物馆资源

与艺术博物馆及专题博物馆不同,地方博物馆与某一特定的土地相关

联,与土地及人们生活相关的各个方面都是博物馆应该关注的,由此所涉及
的各类物品也都应该纳入博物馆收藏的范畴。这意味着,地方博物馆所涉及
的学科要广泛得多,包括历史学、民俗学、自然史、地质与生物学等等。如果
说专题博物馆如同专科医生,那么,地方博物馆更像全科医生,必须具有广泛
的知识和宽阔的学术视野,只有具有对更广泛的学科领域的兴趣与敏感性,
才能真正了解本地区博物馆资源,建立有效的收藏,提炼适宜的主题,并做出
合理的布局。

目前地方博物馆馆长大多接受的是人文学科的训练,擅长文史与考古,
这一学科的基础对于他们的工作是适宜的,尤其是历史学,本身就具有辽阔
宽广的视野,涉及社会生活的许多方面。一个优秀的历史学家,不仅了解社
会变迁和历史沿革,而且对地理学、政治学、社会学、经济学、民俗学、科技史
等,都会有所涉及与了解。但由于我们高等教育中分科化倾向过于严重,各
学科画地为牢,甚至中国历史与世界历史也分属两个不同的一级学科。这种
教育模式显然影响了学生的学术视野,由此形成的狭隘单一的知识结构对于
一个地方博物馆的馆长显然是不利的。当他审视故乡的土地时,只能从狭窄
的线性的历史维度去考察,对于这一区域的地质运动与生物演变,水文、土壤
与资源,生态与生物多样性等,就缺乏必要的敏感性。这样,一些对其他学科
来说非常重要的博物馆资源,就会与他擦肩而过。

生命的有限使我们难以成为百科全书式的学者,我们的知识量总是有限
的。对地方博物馆馆长来说,重要的不是精通相关的各类知识,而是怀抱开
放的心态,不为自己原先的专业所囿,倾听其他学科专家的声音,关注相关学
科研究的新动态和新成果,使自己对与区域社会相关的知识保持必要的敏感
性。这种开放与敏感,将使他能对本地区的博物馆资源有更准确的了解,对
重点有更中肯的判断,从而能更全面地建立适宜反映与表达区域社会历史文
化进程与特征的收藏群。

2.从系统的角度出发建立博物馆收藏

艺术品收藏是一个开放系统,严重受机遇影响,收藏清单难以预设,所以
古典艺术类博物馆的馆长只需知道自己拥有什么。对于一个地方博物馆的
馆长来说,当他试图为观众呈现本地自然与历史演进的更系统的画面,尤其
是那些影响本地区历史文化发展的重大事件和人物,他会意识到所谓的缺环

问题,即实物证据的缺乏。博物馆展览不同于志书的一个重要特征是不能仅仅依赖文献,要使展览具有权威性与说服力,实物证据至关重要。证据的缺失既影响过程的叙述,也使展览缺乏实证的权威性。为此,地方博物馆馆长不仅要非常熟悉自己的馆藏,同时,也要了解馆藏的缺环,清楚地知道需要征集哪些藏品来补充。

一座艺术博物馆在收藏时面对的是一个开放系统,理论上并不存在穷尽的可能性。但对一座地方博物馆而言,它所面对的是一个相对封闭的系统。说它封闭,是因为在涉及过去时代的遗存物时,相对"今天"的过去生活业已结束,成为完成时态,所以不具备增量的可能性,从理论上说是可以被穷尽的。说它相对,是因为历史是一个永无止境的过程,我们的今天将成为明天的历史,所以,区域性收藏是一个长久的甚至永恒的工作。从这个意义上讲,地方博物馆不仅要为今天收藏昨天,还要为明天收藏今天。既然作为传统的历史生活已成为过去完成时,其文化遗产是一个封闭的系统,那么,尽最大努力收集尚存的遗存物就不是一种无意义的奢望,而应该是一种理想和目标。也就是说,在最理想的状态中,地方博物馆应该收集所有可能证明本地区历史文化发展过程的各种物品。

这样,地方博物馆馆长不仅要知道自己的馆藏有什么东西,还要了解自己的馆藏缺失什么东西。要了解馆藏有什么并不是难事,但要了解馆藏缺什么,则是一件非常困难的事。

首先,他必须对地方自然环境与历史文化进行充分的研究,熟读地方文献、考古报告与当代的相关研究成果,深刻理解本地历史发展的基本脉络、阶段性及其特征,了解各历史时期人们的生存状态,了解本地社会经济发展的困惑与瓶颈,以及人们在克服生存障碍的过程中产生了怎样的文化创造,这些文化创造有怎样的特点,它们如何铸入传统构成区域文明的特色,如何通过文化基因米姆(meme)影响当代人的价值观念与行为方式。① 只有充分了解这些,他才知道哪些物品是反映本地历史文化特色的,哪些物品是最具区域文化代表性的,以及哪些物品是某种重要现象和事件最具说服力的证物。

① "meme"最初源自英国著名科学家理查德·道金斯所著的《自私的基因》一书,是指"在诸如语言、观念、信仰、行为方式等的传递过程中与基因在生物进化过程中所起的作用相类似的那个东西"。根据《牛津英语词典》,meme 被定义为:"文化的基本单位,通过非遗传的方式,特别是模仿而得到传递。"

其次,他还要努力寻找"运气"。虽然一个地区的历史遗存物是一个常数,理论上可以穷尽,但现实显然远没有这样幸运。历史遗存物的留存是颇受偶然性支配的,并不是所有历史现象和事件都有遗存物留存下来,同时,我们也不知道到底有哪些物品尚留存于世。收藏品作为一种物质存在,要受自然规律的影响。对于史前的考古物品,我们所能得到是其尚未腐烂的部分。而其他历史上的物品,无论是传世品还是随葬品,多是受某一观念的筛选留传下来的,这种观念规定了传世和随葬的价值标准,不在此列的就难以得到留传。即便是有幸留存下来的物品,是否有幸被我们发现,能否进入我们的收藏,依然是一件很不确定的事。博物馆能否获得我们认为重要的物品在很大程度上要看运气。对于地方博物馆收藏者来说,通过上述的深入研究,会大大增强对"适宜的"和"重要的"的敏感性,从而能够不失时机地抓住运气与机会。

3.对藏品进行跨学科的语境化研究

由于艺术博物馆藏品来源的泛地域性,其受系统性制约不大,所以艺术博物馆的藏品研究多为对单件作品的研究,虽然在研究中也必然会涉及作者、产地和艺术流派的问题。相比之下,地方博物馆的藏品研究更关注藏品与土地的关系,关心将藏品置入特定的区域历史文化的语境中进行研究。一件精美的瓷器在艺术博物馆,其研究者会着重从风格学、图像学等审美的角度展开研究,而在地方博物馆,研究者更关注的是这件瓷器所反映的这一地区的历史文化特点,包括它是用什么原料、工具与工艺制作的,它在本地的生活中扮演什么角色,其形制与色彩与本地审美的关系,纹饰和图像反映的民间的愿望和信仰,它的销售、运输与消费,为本地的经济发展及知名度造成了哪些影响,它起源与兴盛在什么时候,何时走向衰落,等等。可见,这类研究所涉及的学科更加广泛,包括工艺学、材料学、历史学、民俗学、社会学、经济学,当然也有风格学与图像学。

这些还仅涉及单件器物的研究。由于地方博物馆的某类收藏都出自同一地域,它们之间具有明确的历史传承的联系。也就是说,地方博物馆在研究藏品时,必须将它纳入历史演变的逻辑关系,为这件藏品确定时间坐标,明确它在历史演变中所处的位置,以及它在整个发展变化中所扮演的角色。只有这种历史维度的研究,才使我们有可能通过系列性物品建立起历史的叙事。另一点与艺术博物馆不同的是,地方博物馆对器物的研究还涉及关联信息的问题,即该器物与其他物品之间的关系,它们是通过怎样的组合方式共同提供某一功能。这种语境化研究涉及众多学科,具有很强的跨学科研究的色彩。

三、地方博物馆的展览建设

1.地方博物馆展览布局与基本陈列组织

地方博物馆展览建设首先会遇到主题确定与总体布局的问题:这座博物馆的展览应该是怎样构成的,要安排哪些主题和内容并怎样进行布局?

从中国地方博物馆建设的实践看,关于展览布局主要有两种观点。一种观点认为,在一个省(区、市)的范围里,要尽量减少重复和雷同,所以,各县(区)不必都建反映本地区历史文化的基本陈列,而应该选择一个专项课题,将它做大做强,比如,这个县(区)建立一座科举博物馆,另一个县(区)建一座船舶博物馆或桥梁博物馆。这样一来,当你到该省(区、市)参观博物馆时,就会看到一个主题完全不同的博物馆展览网络。另一种观点则认为,作为一个地方博物馆,其使命要求它必须建立一个反映本地区历史文化的基本陈列。

持前一种观点的人通常是站在一个旅行者或大区域博物馆管理者的立场上,着眼于突出博物馆的差异化,希望在某一较大的区域内形成题材丰富多样的格局。必须承认,这种观点很有吸引力,有助于强化各地博物馆展览的不同特色,也为公众提供了多样化的知识,但总体而言,我还是更倾向于后一种观点,原因是,从地方博物馆的资源特征及所承担的使命看,前一种观点存在着问题。

从地方博物馆资源的角度看,县(区)一级博物馆的资源是有限的,主要由考古发掘品与传世品构成,大多呈现着各历史时期都有的一些特征。如果该县(区)仅建一座专题性博物馆,而没有反映本县(区)历史文化的展览,那么,馆藏的各时期物品就很难有机会转化为展品,只能长期藏在库房。此外,一个县(区)要建立专题博物馆,必须考虑是否有充分的藏品支持。要建立一个常设性特展是一回事,要建设一座专题博物馆是另一回事。如果藏品条件不成熟,展览的质量就难以保证。

从地方博物馆所肩负的使命来看,前一种观点的问题更大。如上所述,地方博物馆承担着系统保存、整理、研究本地区社会记忆载体,并将这些记忆载体通过展示的方式向公众传播的职责。如果为了大区域的差异化布局而放弃上述的责任,是很不恰当的,不仅本地的基本观众失去了认识自己故乡的场所,外地观众失去了一个系统了解该地区历史文化的机会,而且在很大程度上否定了地方博物馆存在的合理性与必要性。

所以,无论从使命还是从资源特点的角度看,都应该建立一个反映本地区历史文化的基本陈列,既作为本地乡土教育的教室,也作为外地人了解本地文化的窗口。事实上,许多地区除了一般的历史外,通常会有一些特别重要的事件、现象、人物,也可能有一些特别重大的考古发现,可以将这些题材形成各具特色的常设性特展,作为基本陈列的补充。这样一来,就形成了"1＋nX"的模式,即一个反映本地历史文化的基本陈列,加若干个反映本地区发生过的重大事件、现象、人物或考古发掘的专题性特展。再加上临时展览,一个地方博物馆的基本布局就形成了。

在一些地区,如果曾经发生过具有全国甚至全球范围影响力的事件、现象,那就可以设立专题博物馆,这样,该地方博物馆的模式就变成"2＋nX"。这种格局随着人们对地方文化的重视变得越来越多,仅在我生活的省份,就有许多案例,如:作为世界小商品之都的浙江义乌,除了义乌本土的自然与历史文化的基本展览外,还有一个介绍中国商贸文化的常设展览;在毗邻的东阳,因东阳木雕在中国木雕界的崇高地位,添加了介绍中国木雕的常设展览;以五金文化闻名的永康,建立了介绍中国五金文化的博物馆。这种格局既很好地履行了地方博物馆的使命,使馆藏品得到充分的利用,同时也突出了地方文化的亮点,形成了地方博物馆的特色与号召力。

关于地方博物馆中地区历史文化展的组织,是一个长期困惑博物馆展览界的问题。从中国博物馆展览的实践看,大体上有两种模式:类型学的和叙事型的。

类型学的分类指标不尽相同,较早出现的是一种材质分类的,即将藏品按质地分类,再根据各类文物的时间先后进行排列。这种展览接近于古典艺术展的样式,主要突出器物本身的审美品质,同时将同一类型的物质文化做了梳理。也有按社会生活部类分类的,即将藏品按政治、经济和文化的社会属性分类,再按时间顺序排列。此外,还有一种按文化遗产形态分类的展览,展出一个地区的可移动文化遗产、不可移动文化遗产和非物质文化遗产。这种类型学的展览，有利之处是对某一类型有集中的表达，保持了形态的完整性，但这种展览由于将历史中紧密关联、互相影响的要素肢解分离，难以展示历史变迁的总体印象。所以，对观众相对系统地了解地区的总体历史演变，了解社会运动中政治、经济与文化的相互关联及影响，显然是不利的。

叙事型展览的特点是将时间轴提升到第一层次，起着主导的组织作用。物品按历史的先后时序进行摆放，但为了帮助观众更好地认知，通常会按区域历史发展的阶段性特征进行细分，形成相关的单元，然后再按社会生活的各个方面展开叙述。然而，这并非通史，因为博物馆材料的获得具有偶然的特质，无论是不同历史时期，还是不同的社会生活部类，分布都极不均衡，所以无法像史书或方志那样形成完整的系统。博物馆本质上要以物说话，通过对各时期的遗存物的阐释与解读来诉说历史，所以，这种展览并不要求形成完整的系统，而是根据藏品资源的特点来反映历史时期的生活。

2. 地方博物馆展览要素：多元混合系统

叙事型展览建设的一种担心是能否得到充分的材料支持，馆藏物品是否敷用。事实上，对于地方博物馆而言，当它要向观众讲叙述这片土地的故事时，所能利用的并不只有传统的可移动文化遗产。除了可移动文化遗产外，不可移动文化遗产、非物质文化遗产，以及可信的历史文献与档案，都是社会记忆的载体，都具有历史叙事能力。在杭州，作为不可移动文化遗产的六和塔告诉人们，在这个潮水汹涌的河口地区，人们是在怎样的自然环境中生存的。当肆虐的钱江潮卷走了沿岸的土地、家园和生命时，人们代复一代地祈求神明的佑助，于是建造起一座能够镇水的塔。这种关于人与自然的故事，一般的可移动文化遗产难以诉说，所以可以说，在许多场合，不可移动文化遗产因其建造的社会与集体性，更典型、更集中地反映了人们的愿望、诉求与智慧。非物质文化遗产亦是如此，它们是在漫长的历史演变的大浪淘沙过程中沉淀下来的，反映了最深层的精神世界，也是土地故事最好的叙述者。当然，这些文化遗产通常不像可移动文化遗产一样可以直接进入展厅，而是需要通过人为的方式进行展示，即通过造型与媒体的方式，将它们在展厅里呈现和再现出来。它们所扮演的是代理人的角色。

由此，地方博物馆的展览要素较为复杂，不像艺术博物馆，只有单一的可移动文化遗产类展品。随着作为不可移动文化遗产和非物质文化遗产替身的非实物展品的出现，展览要素开始由单一构造转变成多元混合的类型。

许多人担心非实物展品的出现破坏了传统博物馆的展品原则。但如果仔细地分析，情况并非人们设想的那样。这一点与我们对文化遗产本质的理解有关。当代各国政府、社会收藏保护文化遗产与个人收藏古董的目的不同，其主要动机是文化遗产蕴含着社会历史记忆，能为我们提供关于过去生活的信息。这些文化遗产将它存在的时代，无论是其制造信息、功能信息、使用信息、关联信息，还是社会背景与文化语境，都以明确直白的方式呈现出来，所以并不会产生理解上的问题。然而，随着岁月的流逝和历史的变迁，原先的生活方式与文化语境都随之消失。今天，我们只有通过跨学科的深入研究，才能了解和还原上述信息。这表明，文化遗产最本质的属性并非它们的物质构件（fabric），而是物质中所蕴含的意义（cultural significance），是历史积淀在其间的信息与记忆。然而，这些意义与文献中的符号不同，不是直接呈现的，而是深藏在物质的深处，普通观众无法理解。同时，物品所处时代的背景也早已消失，使物品身处在一个完全陌生的环境中，这也加剧了观众的陌生感。为了帮助观众理解，我们努力将器物中隐藏的信息用可视化的方式呈现出来，并且，如果有可能，将它置于重构性再现的原生活环境中。虽然这些可视化的材料都是为了展览阐释用人工的方式制作的，但只要所反映的现象是真实可信的，是符合历史真实的，那它们就不是外在于文化遗产的，而恰是文化遗产最本质的内涵。它们不是从外部强加的，而是文化遗产或实物展品本身的内在部分。

避开了这个认识论的误区，我们就不至于为地方博物馆的展品问题过于忧心。如果我们能利用可移动文化遗产的实物展品，能利用通过造型与媒体方式呈现的不可移动文化遗产及非物质文化遗产，能利用历史文献中记载的确凿无疑的史实，能利用对文化遗产内部所藏的信息的可视化，以及将它们置入原生活时代的情景再现，那么，我们不仅可以在一定程度上解决展品缺乏的问题，而且可以为观众提供一个更接近原生活的具体的历史画卷，真实可感且易于理解。美国华盛顿史密森尼历史博物馆中有一个反映美国交通史的展览，讲述了 1762 年到 2010 年间交通工具演变与美国社会生活关系的故事，340 件展品不是简单地按时间顺序排放，而是被嵌入 19 个再现情景中，这些交通工具展品在还原的历史生活中被活化了,物与现象融为一体,共同叙述 200 余年来美国社会生活各个方面因交通工具的发展而出现的变化。①

3.地方博物馆展览的建设程序

作为阐释与叙述工具出现的非实物展品的增长,以及多元混合的展览要素的出现,为展览的建设与制作带来了极大的挑战。展览要素单一的器物定位型展览的组织程序相对简单,但在以主题叙事为主的地方博物馆中,展览建设的程序变得复杂得多。在器物定位型的古典艺术博物馆,典藏人员将藏品清单交付设计人员,设计师将物品分门别类地安放在展柜里,再加上适宜的光,或再加上一个标签,工作就完成了。但对于多元混合的主题性展览来说,情况则复杂得多。展览建设者必须充分熟悉本地的历史文化,熟悉本地的各种文化遗产,包括可移动的、不可移动的、非物质的,以及各种历史文献,然后寻找一种适宜的方法将各种历史碎片整合成一个有意义的叙述,并将这一故事用空间的形态进行呈现、表达与讲述。在这种情况下,研究者就不能仅仅熟悉单件的器物,而要有系统性的考虑,不仅要考虑学术逻辑,也要考虑展览的视觉与空间体验。总之,它所要做的,不是将各种器物简单地安放在展柜里,而是通过空间经营向观众讲述一个真实生动、引人入胜的关于这片土地及其人民的故事。这意味着器物与空间的结缘不仅只有视觉,也需要学术与思想,需要策展人或策展团队的创意,也意味着地方博物馆主题展览的建设,需要有一个作为典藏研究与室内设计之间的策展环节。

随着包括造型与媒体在内的非实物展品的增加,展览建设工程的非标准化色彩也变得浓重。博物馆展品制作既要考虑科学的真实性,也要关注传播效益,是学术性很强的工作,没有一定的学术造诣,单凭审美或美术能力是无法完成的。同时,对非标准化项目的判断也是需要学术与传播学素养的工作,只有理解了展项的传播目的,才能对方案实现传播目的的能力做出中肯的判断。再有,标准化工程招投标中常见的低价中标也变得不合时宜,因为涉及艺术创作与传播创意,如果一味强调低价,很难吸引高水平的团队介入,无法保障展览的质量。所以,对地方博物馆基本展览建设来说,如何建立起一套完善的质量保障体系,是目前亟待解决的问题。

---

① 参见 http://americanhistory. si. edu/exhibitions/america-on-the-move。

4.开展展览评估检测观众的参观受益

在艺术馆的参观过程是一个审美过程,主观性很强,难以对观展收益做出客观的判断与检验。地方博物馆展览除审美外也负有传播的使命,观展是一个观众在参观中理解和学习的过程,也是一个接收新的知识与信息的过程,这就使得参观者的收益在一定程度上可以被检测,即可以通过开展展览评估与观众调查了解观众的参观收益。

如何开展地方博物馆的展览评估?从专业的角度看,有三个指标应该引起注意。其一是传播目的的正确与准确性,即我们在讲这片土地及其人民的故事时,某件事、某个现象或过程是否值得说,有无必要说。其二,传播目的的结构是否合理:这个故事是否应该用这种结构说?这件事是否应该在这个地方说?这样处理是否有利于更清晰和更深入的表达,是否更容易为观众所理解?其三,如果传播目的是准确和合理的,那么它是否被实现了,即观众是否明白了。如果观众获得的印象、所得出的结论与策展人的设定一致,表明传播目的已经实现,如果观众得到的与策展人所给予的不一致或不完全一致,表明传播目的并没有(完全)实现,我们应该分析反馈信息,探明传播目的没有实现的原因,然后对展览做出调整与改进。

然而,对博物馆展览质量的评价,更重要的来自社会,包括公众与专家。当一名观众认为参观给他带来了新的知识,使他对这片土地有了新的理解,这种收益是对博物馆展览质量最直接的反映。如果观众不爱看,或看不懂展览,那无论策展人的立意有多么深刻,无论设计师的创意多么巧妙,都没有实质性的意义。然而,观众认为好的展览,是否真的就是好的,观众认为获得了新的知识,这知识是否正确,对于这些观众自己并不能做出判断。从某种意义上说,地方博物馆是一个科普机构,虽然它在向观众讲一个关于土地与人民的故事,但这个故事是一个受真实性制约的故事,无论是对区域历史文化发展趋势的抽象与概括,还是各历史时期的具体事象,都应该尽可能符合真实。然而,这种真实性与准确性观众未必能够分辨,但深谙这片土地的专家则是能够对其做出中肯判断的。所以,地方博物馆的展览质量评估,既要倾听观众的反映,也要听地方专家的评估意见,只有同时达到了这两个群体的要求,才称得上是一座优秀的地方博物馆。

非物质文化遗产与博物馆展览

　　进入近代,随着民族国家和区域社会的形成,收藏的主体从原先的个人和家族扩大到社会与政府,收藏的视野及范畴也随之拓展。这一变化首先从可移动文化遗产开始,主要表现为收藏品的价值判断开始从经典走向日常,从精华走向平凡。除了传统的珍贵与美丽的精品外,藏品作为社会记忆载体及事件、现象见证物的价值得到越来越多的关注。与此同时,工业革命后行业及学科的拓展与细分,进一步强化了上述趋势,作为实证材料和标本的物品大量涌入藏品的领域,从而导致了人类收藏范畴的极大扩张。之后的一个重大变化是从可移动文化遗产走向不可移动文化遗产,其变化的加速与工业革命存在着密切的关联。工业革命后新的建筑材料、工艺与理念导致了大规模的旧城改造。法兰西第二帝国时期[①]曾出现野蛮的大拆大建、古迹损毁的现象,许多人们熟悉的景物骤然消失。面对这一现象,大文豪雨果首先发出抗议,提出为名胜古迹和大教堂这些体现父辈们智慧的作品立法的倡议。[②]在另一位著名作家梅里美的努力下,法国于1840年制定了人类历史上第一部《历史性建筑法案》[③],标志着文化遗产的概念延伸到了不可移动的领域。在文化遗产历史上同样具有里程碑意义的是,20世纪50年代日本在《文化财保护法》中提出了"无形文化财"(むけいぶんかざい)的概念。[④] 在这份文件中,文化遗产包含有形文化财和无形文化财,其中的无形文化财包含"戏曲、音乐、传统工艺技术及其他无形的文化资产中,历史价值较高者"。此外,文件

---

　　① 法兰西第二帝国(1852—1870年),是波拿巴家族的路易-拿破仑·波拿巴在法国建立的君主制政权。
　　② 雨果在《向文物的破坏者宣战》中写道:"为名胜古迹制定一项法律。为艺术立法,为法兰西的民族性立法,为怀念立法,为大教堂立法,为人类智慧最伟大的作品立法,为我们父辈集体的成果立法,为被毁坏后无法弥补的事物立法,为一个国家前途之外最神圣的东西立法……"
　　③ 顾军:《法国文化遗产保护运动的理论与实践》,《江西社会科学》2005年第3期。
　　④ 1950年日本政府综合《国宝保护法》《史迹名胜天然纪念物保存法》等法律内容形成《文化财保护法》,同年5月颁布,确立了有关文化财指定、管理、保护、利用、调查的制度体系,完善了保护的内容。

还将民俗文化财的概念又划分为有形与无形两部分,无形文化财包括舞台艺术、工艺技术、民俗舞台艺术等所需的制作、修理以及材料的生产、制造等技术。① 这一文件的出台,标志着文化遗产的概念开始从物质领域向非物质领域拓展。经由联合国教科文组织日本前任总干事松浦晃一郎的大力推广,文化遗产的概念受到世界各国的认同和重视,并得到广泛的国际响应。韩国随后提出"人类活瑰宝"体系②,表明文化遗产的这一分类在现实生活中具有普遍的必要性与紧迫性。随着国际博物馆协会将非物质文化写入最新一版的博物馆定义,保护和展示非物质文化遗产开始成为博物馆的分内工作之一。

非物质文化遗产也受到中国政府的高度重视。《中华人民共和国非物质文化遗产法》从 2011 年 6 月 1 日起施行,标志着中国非物质文化遗产进入了法律保护的新时代。2015 年 3 月 5 日,李克强总理在政府工作报告中指出:"要践行社会主义核心价值观,弘扬中华优秀传统文化……重视非物质文化遗产保护。"③然而在中国,由于制度与观念的问题,非物质文化遗产进入博物馆时遇到了一些独特的问题,同时,非物质文化遗产进入博物馆展览,也有许多需要通过探索与讨论来解决的技术问题。本文将在这一背景下提出分析与反思。

一、中国非物质文化遗产与博物馆

面对时代的变化,国际博物馆协会做出了适时的反应,于 2007 年 8 月 24 日在维也纳召开的全体大会上通过了经修改的《国际博物馆协会章程》,对博物馆定义进行了修订。修订后的定义是:"博物馆是一个为社会及其发展服务的、向公众开放的非营利性常设机构,为教育、研究、欣赏的目的征集、保

---

① 参见联合国教科文组织国家文化遗产法规数据库(http://www. unesco. org/culture/natlaws/media/pdf/japan/update_japan_actprotectionculturalproperties_jporof. pdf)。

② 1993 年,韩国向联合国教科文组织建议创立"人类活瑰宝"体系,联合国教科文组织执行局于第 142 届会议做出决议,鼓励其成员国在各自国家建立类似的保护体系。

③ 参见李克强 2015 年 3 月政府工作报告(http://www. gov. cn/guowuyuan/2015－03/16/content_2835101. htm)。

护、研究、传播并展出人类与人类环境的物质及非物质遗产。"①定义的一个重要变化是增加了非物质文化的内容。比较此前的定义,"见证物"的概念被具体地扩展为"物质及非物质遗产",这表明,非物质文化被正式纳入博物馆的社会职责范围,成为博物馆工作内涵的一部分。

然而在中国,人们发现一个现象,管理非物质文化遗产的并非国家文物局的博物馆司,而是文化部的非物质文化遗产司。我们不清楚这一现象产生的具体原因和背景,但却很明确地看到了由此带来的后果。由于出现了两个不同的管理口子,各地的博物馆建设出现了一种奇怪的现象:文物部门负责建设历史文化博物馆,处理物质文化遗产;文化部门的非遗机构负责处理非物质文化遗产,并组织建设非物质文化博物馆。在这种运作模式下,非物质文化遗产通常与历史的整体叙事及物质文化割裂开来,这既不利于人们对非物质文化产生背景与历史语境的理解,也不利于区域历史文化博物馆深入区域历史及物质文化的精神层面。

为什么会出现这种现象?究其原因,既有制度层面的,也有观念层面的。

从制度层面看,中华人民共和国成立伊始,保护中华民族历史上留存下来的大量文物以防损坏与流失成为十分紧迫的任务。为此,1949 年 11 月国家建立文物事业管理局来负责这一事务,1973 年又在此基础上成立国家文物局。在中国,"文物"一词被定义为"人类社会历史发展进程中遗留下来的、由人类创造或者与人类活动有关的一切有价值的物质遗存的总称"②。所以,文物局这一名称制约了其工作内涵,它所面对的必然是过往的事物,必然是具有三维空间和广延性属性的物品,必然是看得见、摸得着的东西。所以,长期以来,国家文物局习惯于把工作中心界定在处理历史上遗留下来的物质性遗产方面。与此同时,当时的中国,在数量上占绝大多数的博物馆是历史文物类的,为了方便工作,文物局下设置了博物馆司和博物馆处,负责全国的博物馆事业。这种做法在当时看来是顺理成章的,但却为日后的发展带来了一系

---

① A museum is a non-profit, permanent institution in the service of society and its development, open to the public, which acquires, conserves, researches, communicates and exhibits the tangible and intangible heritage of humanity and its environment for the purposes of education, study and enjoyment.

② 中国大百科全书总编辑委员会《文物·博物馆》编辑委员会、中国大百科全书出版社编辑部编:《中国大百科全书》,中国大百科全书出版社 1993 年版,第 2 页。

列的问题。从内涵上看,博物馆所处理的"博物馆物"是一个远较"文物"广泛得多的概念:它所涉及的展品,不仅包括过往的,也包括当代和现生的物品,如工业企业的产品、当代艺术作品等;不仅包括历史时期产生的各种人工制品,也包括自然科学各学科的标本和化石;不仅包括死去的东西,也包括各种活的东西——所有这些都远不是"文物"的概念所能包容的。这在实践中也产生了问题。比如,随着博物馆事业的发展,越来越多非文物类博物馆问世,如自然博物馆、科学博物馆、行业博物馆、当代美术馆等,它们在博物馆家族中占据着日益增大的比例,作为以文物为工作重点与特色的国家文物局博物馆司,难以承担对这些博物馆进行管理与指导的责任,所以在中国会出现从属于自然科学博物馆协会的自然科学博物馆协会,这意味着国家文物局并不负责自然科学类的博物馆。① 正因如此,中国的科技博物馆系统长期以来由于没有"文物藏品"而成为博物馆界的"孤岛"。非物质文化不同于物质文化,没有传统文化遗产的物质外壳,在这一背景下,其难以在文物局辖下的博物馆司中占据一席之地就变得不难理解了。

从观念层面看,长期以来,我们使用的是文物的概念。我们知道,文物必然是某个具体的物质,具有三维空间的物质属性。文化遗产的概念兴起后,其内涵与外延不断拓展,在很大程度上涵盖了传统的文物概念,所以一些人就以原先的文物概念来理解文化遗产。按照这种理解,文化遗产也应该由两部分构成:具有三维空间属性的"物质构件"和蕴含其间的"文化意义"。也就是说,文化遗产中的文化意义总是以一定的物质作为载体的。然而,这种观念并不能反映文化遗产的全部内涵,不能反映文化遗产观念的时代变化,也成为排斥非物质文化的重要依据。在我们看来,物质文化遗产与非物质文化遗产在信息与载体的关系方面具有一个重要的区别:物质文化遗产所呈现的是人的行动所造成的结果,是人的行为的物质性外化,并以产品或作品的形式保存下来,所以,物质化的产品就成为其文化意义的载体,其间的信息可称为"物载信息"。非物质文化所呈现的是人的行为本身,是包含着思想与行动的动态过程,也就是说,它的意义是以人的行为作为载体的,是在行为过程中

---

① 中国自然科学博物馆协会成立于 1980 年,下设自然历史博物馆专业委员会、科技馆专业委员会、天文馆专业委员会、专业科技博物馆委员会、水族馆专业委员会、国土资源博物馆专业委员会、湿地博物馆专业委员会、自然保护区专业委员会等 19 个分支机构。

体现的。这一过程如果留下了物化的产品,那就成了物质遗产;如果这一过程没有留下物化的产品,那它就永远消失了。无论是哪种情况,作为信息载体的人的行为过程都会消失,所以非物质文化并没有物质载体,我们可以将其间的信息称为"非物载信息"。比如,当我们面对一段音乐或传说,表演结束了,就什么也不存在了,它们并没有物质遗产的物质外壳。有一个不太恰当的比喻,如果说物质文化遗产是包含着"进行时"的"过去完成时",那么,非遗产物质文化遗产就是一个保留至今的"现在进行时"。这种观念与我们平时对文物的理解大相径庭。承认非物质文化遗产概念意味着认同文化遗产是可以不需要特定的物质为载体的,这种观念对于长期与文物打交道的人来说,的确不容易马上接受。

然而,不管我们是否能接受这一新的概念,这一概念都已经迅速而广泛地在全球范围被认同、重视,并且深入社会生活。在这种情形下,我们所能做的和所应该做的,不是站在旧观念的法庭上宣判它为非法,而是充满热情地拥抱它。为此,我们讨论这一概念时,对传统的文化遗产定义做了修改,将原先"具有三维空间的物质属性"转变成"可以被感官感知的现象"。从这个意义上讲,构成文化遗产的两个基本要素是:具有文化意义,且可以为我们的感官所感知。

从形态上看,非物质文化遗产有两种类型:空间型的与时间型的。空间型的非物质遗产,从外观看上去与物质文化并无二致,比如东阳木雕、惠山泥娃等,但与物质文化不同,它所强调的并不是产品本身,而是产品产生的过程,涉及原料、工具、工序、技艺及生产过程中的智慧与情感因素;时间型的非物质文化遗产,诸如戏剧表演、节庆游行、祭祀等,所呈现的是纯粹的非物载现象,它们在特定的时间出现,在过程结束后消失,不留下任何痕迹。

这种过程性的特征,使我们对它的感知方式与其他类型的文化遗产有所区别。对可移动文化遗产的感知,因为它的便携性特征,可以超越时间和空间。比如,我们可以在广州的博物馆观察一件宋代的龙泉窑作品,这一感知在时间上超越了宋代,在空间上则超越了龙泉。对不可移动的文化遗产的感知,由于其不可移动与搬迁的特征,我们的感知可以超越时间,却无法超越空间。如果我们要看一件西安的唐碑,在 21 世纪是完全做得到的,但我们不能在广州看,必须到西安的现场看。而对非物质文化遗产的感知,我们既不能超越时间,也不能超越空间,必须满足"在地"与"即时"两个条件。如果我们要参观杨柳青年画的制作,或者看乡村的节庆游行,我们必须赶往现场,在正在作业的作坊或广场上方能看到。

虽然有不同形态与感知方式,但具有"文化意义"是各类文化遗产共同的本质特征。正是这一特征,使得不具有物质外壳的非物质文化遗产可以名正言顺地进入文化遗产的殿堂,也得以进入博物馆展览。

二、非物质文化遗产为博物馆展览带来了什么?

不管人们在理论上如何争论不休,非物质文化遗产在现实中已经与博物馆发生了密切的关系,不仅如此,它还为博物馆展览建设带来了深刻的革命性变化。从目前的情景看,造成的变化至少表现在以下几个方面。

1.透过物质进入精神层面,提升博物馆展览反映社会生活的广度与深度

非物质文化的进入为博物馆反映社会生活的广度与深度带来重要的积极影响,也对传统的物质化展览体系构成巨大挑战。在此之前,人们可以满足于将展品呈现在展柜里,不管物品是否被阐释,是否被观众理解。如果是一座瓷器博物馆,我们只需将各种瓷器放置在展柜中,再加上一个标签,就可以宣布布展工作完成了。然而,当我们从非物质文化的角度来审视这个展览,情形就有很大的不同。在这种展览中,所呈现的瓷器仅仅是一个工艺过程的产品,其本身并不是展览的重点。观众真正希望了解的,是通过对这件产品的研究和分析所得出的相关结论,即它是怎样被制造出来的,包括:工匠怎样获取原料,采用何种工具,用怎样的方式拉坯,用怎样的窑炉焙烧;工匠为何要将它们制造成这样的形状,为什么要采用某种釉料并达到这种色彩效果,为什么要在器表上刻上或画上某种图案纹饰。不仅如此,展览还要回答这一切为什么会在这片土地上发生,反映了怎样的工艺、情感、智慧、审美与信仰。也就是说,展览的制作者必须向观众说明这件瓷器生产的工艺以及所承载的制造者、使用者的情感与智慧的内涵。展览中如果看不到这些内容,那它就不是一个真正意义上的非物质文化遗产展。这意味着,非物质文化遗产概念的引入,要求展览必须透过展品,进入产品制作的那个时代及工匠的

精神世界,如果展览中看不到这些内容,达不到这个深度,那它就没有很好地完成自己的任务,履行自己的使命。

　　2.改变观众参观期待,增加博物馆展览关注与致力于阐释的压力

　　任何一件器物都是人类观念与技术的产物,是制作者情感与智慧的表达。从这种意义上说,任何物质性展览,当我们的阐释深入到精神世界,都会接触到非物质的层面,因而都属于非物质文化展览。这一点,正如澳大利亚文化遗产学家劳拉简·史密斯所说:"所有的遗产都是无形的。"①她还以此为名写了一本小书。如果认同这个观点,那就必须承认,一个展览,无论是物质文化的还是非物质文化的展览,都应通过阐释帮助观众走进生产者的精神世界,了解他们的情感与智慧。也就是说,一个阐释到位、具有深度的物质文化展览同样也应该是一个非物质文化展览,两者之间既不存在着传统意义上的鸿沟,也没有认知上的本质区别。

　　长期以来,我们的博物馆满足于将展品放在展柜中,观众也习惯于简单地浏览,观察行为始终停留在器物的表面,学习收益不大。可是,当展览从物质的层面进入到精神的和观念的层面,当观众得以透过物质了解展品中所蕴含的意义及其背后所发生的故事,发现了器物制造者情感与智慧的精神世界时,至少对一部分观众来说,就很难再满足于传统的博古架式的展览了。他们会逐渐养成深度观察展品、寻找物质世界背后的精神世界的习惯。这样一来,传统的展览将面临巨大的挑战,也就是说,非物质文化遗产进入博物馆展览将给策展人与设计师带来巨大的压力。如果策展人与设计师长期不能通过深度阐释帮助观众进入物质的精神层面,那就有可能被观众,至少是一部分具有较强求知欲的观众所摒弃。相反,如果他们在这一压力下成功地应战,那必然会在博物馆掀起一场深化阐释的改革浪潮,大大提高文化遗产活化的能力,有助于博物馆更好地履行社会教育的使命。

　　为了能够对展品进行深入的解读与阐释,博物馆展览的设计与制作者就不能仅仅满足于让器物在展柜里显得珍贵、美丽与清晰,而必须沉下心来学习和研究器物的内涵及其关系,必须先让自己明白,如果策展人自己对欲阐

---

　　①　Laurajane Smith. *All Heritage Is Intangible*:*Critical Heritage Studies and Museums*. Reinwardt Academy,2012.

释的对象尚不明白,就不可能让观众通过观展理解展品的内涵。然而,仅仅让自己明白还不够,还要想方设法采用各种技术手段,把自己的明白转化为观众的明白。所以,策展人要努力掌握传播学、教育学和认知学的相关知识与技能。

3.增进展览对过程与现象的关注,使展览要素趋于复杂化

在劳拉简·史密斯看来,遗产是生动而鲜活的,是行动的时刻,而不是冻结的物质形态。这适用于所有的遗产,尤其适用于非物质文化遗产。在非物质文化遗产中,这种行动的过程不是物,而是现象。对展览而言,重要的不是物的呈现,而是现象的再现。这就提出了展览对表达过程性现象的特殊要求。如果做不到这一点,非物质文化的内涵就无法揭示,无法被观众观察与理解。

在传统精品型博物馆展览中,作为展品的实物通常是以独立的个体(件或套)为单位,以静态、瞬间的样式呈现在展柜中,展览中除了可移动文化遗产的实物展品外,基本不采用造型、媒体和装置等辅助展品,所以我们可以称之为"单一可移动文化遗产展览要素体系"。非物质文化的本质内涵不是有形的物,而是过程性的现象,要让观众得以观察与理解,就必须想方设法将现象再现出来。为此,它必然会考虑为展览专门制作相应的辅助展品,其类型包括造型、媒体和装置等。比如,我们要展示瓷器的制作工艺,不仅要呈现窑炉及各环节的工艺,还要将这些环节联结成一个完整的动态过程,为此,就会采用情景再现、视频录像、虚拟现实等多种方法,这些都属于非实物展品。非实物展品的进场,打破了单一可移动文化遗产展览要素一统天下的格局,它们和实物展品一起,构成了展览要素的完整概念。我们可以将这种类型称为"多元混合的展览要素体系"。

4.实证性研究和创意性表达使展览建设的组织与程序变得复杂

展览要素的多元化极大地提升了展览制作的复杂性与难度,并迫使展览建设的组织程序做出相应的变更。

在单一可移动文化遗产展览要素体系下,展览设计的主要工作内涵是使展品安全、清晰、珍贵和美丽,当然还有让观众感到舒适。但在多元混合展览要素体系中,情形要复杂得多,大量的展品是需要创意、设计与制作的。造型的准确与真实、影像的还原性与清晰度、展项之间是否存在互相干扰、空间的文化气氛营造,这些都是必须要考虑的。

这还只是技术层面的东西。在更深的层次上,非物质文化展还要带领观众进入制造者的精神世界,策展人必须对与制作过程相关的知识体系、技能、风习、情感、审美及信仰有充分的研究,这是一项需要耗费大量时间与精力的工作。

此外,还要考虑展览实际的传播效益:这样的表达观众是否看得懂?是否真的能理解其中的原理?是否看出了这种技艺中蕴含的智慧?

这些都使得展览的制作比普通的物质文化展览复杂得多,其非标准化的程度也要高得多。对于这种展览,那些普通的室内设计师或习惯于制作物质性展览的团队往往难以胜任;同时,用标准化工程的招投标方式也难以判断团队的研究与传播能力,遴选出适合的设计与布展队伍。从这个意义上讲,非物质文化遗产进入博物馆展览,将会成为改革展览组织方式——包括程序设定、品质判断、招投标内容等——的重要推动力量,从而为中国博物馆展览提升品质提供契机。

三、博物馆可以为展示非物质文化做些什么?

非物质文化遗产展览对博物馆展览界来说是一个相对陌生的领域,一直处于探索的过程中,至今尚未看见被广泛认同的样本,其难点正在于其非物质的、无形的和精神性的特点。与物质文化相比,非物质文化的展示遇到了诸多的难点。首先,它没有物质载体,是无形的,如何将无形的东西让观众能观察,这就需要采用"让看不见的东西看得见"的可视化创意及其实现技术,这与物质遗产简单地将载体置入容器的做法是完全不同的。其次,它是一个动态的过程,这又与物质遗产的展示大相径庭。物质遗产的展示通常呈现出静态、瞬间的样式,可以采用非耗时表达,只需在展柜里默默地接受观众的注视即可,但非物质文化并没有多少可以放置在容器中的展物,它的核心内容是显现工作或表演的过程,必须采用反映动态过程的耗时性表达,即通过一定的时间将过程与现象显示出来。最后,非物质文化遗产展览的主导动机是理解与学习,而物质遗产,尤其是物质遗产的精华部分,具有很强的审美价值,只要能满足欣赏的需求,就能被观众点赞。对一名非物质文化遗产展览的观众来说,他真正希望了解的,是这一行为的程序、过程、仪式与价值观,想看到的是人们怎样在生活的道路上用智慧来克服障碍,怎样表达自己的各种感情。今天的博物馆展览界,无论在室内还是在户外,都做出了一些努力,并取得了一定的经验,但探索的道路依然漫长而艰辛。

1.对行为过程进行现场录制,在博物馆展厅播放

如前所述,对非物质文化遗产的感知必须是"即时"与"在地"的,室内博物馆在展览中就面临着如何满足上述两项要求的问题。博物馆常见的做法是采用高保真记录设备在现场对真实的过程进行录制,然后在博物馆展厅播放。这样的做法相当于用摄像机代替观众前往现场观看,从而满足了对遗产感知的"现场"与"即时"的要求。日本国立历史民俗博物馆每年都会录制"民俗研究影像",真实记录各地依然传承的民俗文化。① 这种做法对我们颇有启发意义。如果各地非物质遗产中心及相关的研究与保护机构能系统和高质量地将本地非物质文化遗产的动态过程进行录像、录音,建立起相应的影像资料中心,将会为非物质文化遗产的展示提供极大的便利。

2.装置与媒体再现动态的过程

如果说调动耗时性表达手段对物质文化展览来说是为了深化阐释,属于锦上添花之举的话,那么,对非物质文化展览而言,则是展览表达必需的方法。非物质文化动态的过程性现象在很大程度上依赖耗时性表达。为此,一些博物馆通过制作能反映动态过程的装置、媒体进行再现与阐释。比如:日本横滨市历史博物馆为表现乡村的节日游行制作了一个同心圆的装置,通过围绕中心的几个圈层不同步的旋转,交代了各组人群在行进中所处的位置及其关系,反映了游行的整个过程;我国澳门海事博物馆采用了旋转式的景箱剧场来讲述海神妈祖的故事。此外,采用符合真实的虚拟现实技术或动漫片,也是一种有效的方法。中国畲族博物馆就采用数字媒体再现了畲族祖图所反映的民族诞生、迁徙与信仰。

3.在展厅中引入活态展演或建立活动展馆

另一种满足"现场"与"即时"要求的方法是将生产或演出直接搬进博物馆展览中,这就是我们通常所说的活态展演或展示。这可以说是一种表现非

---

①　参见日本国立历史民俗博物馆网站(https://www. rekihaku. ac. jp/researchlistjoint-eizou. html)。

物质文化直接和原真的方法。面对着生产或演出过程中的真实现象,观众可以用最直观的方式来接收相关信息,这不仅有助于理解,且具有强烈的现场感。为此,越来越多的非物质文化展览将传承人工作室和传统工艺生产线搬进展厅,也有一些博物馆建立了小型的剧场,为民间艺人提供表演的舞台。在杭州的运河河畔有一个反映传统工艺的博物馆群落,为了配合雨伞、扇和刀剑博物馆的展览,专门建立了一个活态展馆,请非遗传承人或相关的工厂、作坊建立工作室和生产流水线,提供让观众与生产者进行零距离接触的平台,使观众在现实操作的观摩中了解生产的工艺过程及相关技术。

4.引入角色扮演的模仿性操作与表演

理解过程性现象,观察固然是重要的途径,但参与会带来更真切的感受,而且有助于直接经验的获得。更重要的是,通过参与性操作,观众会不由自主地进入角色,从一个事件的观察者变身为事件的参与者,这不仅有助于理解,还会引发感情与态度上的变化。通过提供参与的平台与机会和观众建立伙伴关系,"让观众成为主动的参与者而不是被动的消费者",其意义就在于此。为此,许多博物馆都设置工作坊和小剧场,让观众可以根据传承人所介绍的方法与步骤,进行实地操作和表演。在模仿性操作的过程中,观众能够获得与实际操作者相似的经验,从而加深对遗产内涵的理解。因此,在以非物质文化为题材的博物馆,此类参与性项目应该进入策展人和设计师的考虑范畴。

5.借助生态博物馆与露天博物馆

除室内展览外,建立户外型博物馆也是展示非物质文化的一条有效途径。非物质文化遗产的保护应当注重其真实性、整体性和传承性。其中,整体性理念在生态博物馆模式中得到最大的彰显。在生态博物馆中,非物质文化是当地人民在原生态的环境下真实的生产与生活,是传统生活方式的自然呈现与流露;露天博物馆则是将传统的生产方式与生活方式在非原生态的场域中用一种严格遵循真实的方式进行再现。尽管两者对是否"在地"的态度有所不同,但都试图营造整体性的时代氛围,将物质的和非物质的、可移动的和不可移动的遗产融为一体。在这种场合下,非物质文化被置入到历史或现生语境中,以最原始、最本真的方式表现出来。总体而言,非物质文化在这两种场合都能很好地为观众所感知。

四、结语

由于非物质文化遗产的展示在很大程度上独立于文物部门所建的历史文化展览,在处理不当的情况下,会导致它与物质类遗产、历史语境相脱离,这会给物质文化、历史叙事及非物质文化展览都带来消极的影响。对区域博物馆的历史文化展览而言,非物质文化是人们生产及民俗生活的重要内容,将这一内容抽离开,展览难以达到阐述区域文化,尤其是精神文化的深度,使展览停留在物的表面;对于非物质文化来说,由于离开了物质背景与历史语境,观众通常只能看到依地域或级别罗列的现象,不能深入地理解产生现象的真实原因,从而无法真正认识物质后面的精神世界。

提升当代中国非物质文化展览品质涉及多方面的问题,有制度建设层面的,有观念认识层面的,也有技术实现层面的。为此,我们提出以下的建议:第一,更合理的顶层设计,使博物馆管理机构能够容纳包括自然与人文、过往与现生、物质与非物质、室内与户外等更广泛的类型,并对各类博物馆提供学术指导与组织支持;第二,博物馆界怀抱更包容的姿态,打破原先过分依赖器物的物质外壳的局面,增强对文化遗产中蕴含的文化意义的重视,把信息传播与现象再现置于更重要的地位;第三,积极探索有效的传播方式,尤其是寻找能够呈现、阐释过程性现象的技术手段,为非物质文化的博物馆展示提供更有力的技术支持。

论博物馆教育与陈列的地位

——与林荃同志商榷

看了林荃在《中国博物馆》1993 年第 3 期的文章《坚持三性，全面发展博物馆事业》，很高兴。科学史告诉我们，学科的健康发展总是建立在学术争论的基础上。林荃全面系统地阐述了自己对博物馆性质与职能的看法，其间洋溢着的批评精神，对博物馆学研究的深入是尤为珍贵的。正是在这种精神激励下，我写下这篇文章，希望能就林荃涉及的一些问题和林荃共同探索，以期进一步澄清与博物馆学有关的基本问题。

一

在我看来，林荃的文章，在使用有关的概念时，部分出现了混乱。从文章标题看，他要讨论的是博物馆教育在博物馆履行其社会职责方面所占地位的问题。针对博物馆学界一种将社会教育作为其中心职能的观点，提出了要"三性并重"，不要有所偏废。但文章似乎并没有从正面探讨博物馆的教育功能与保藏、科研功能之间的关系，而是在一个次一级的层次上讨论陈列、保管和科研之间的关系，并批评了"陈列中心论"的观点。在具体论证过程中，又将"陈列"与"陈列工作"看作两个互通的、在任何情况下都可以交换使用的同义语。事实上，林荃同志正是通过指出陈列工作并非起支配作用的事实来批评"陈列中心论"。这种概念上的混乱，影响了他的立论和论证。

我认为，"博物馆教育"、"博物馆陈列"和"博物馆陈列工作"是三个既具有内在联系，又在内涵和外延都不尽相同的概念。博物馆教育是一个较为广泛的概念，它是指通过陈列和其他视听手段向社会传播科学文化知识。这是博物馆承担的一种社会职责，体现了博物馆的社会功能和目的。与此相对应的是博物馆的收藏功能和科研功能。博物馆陈列指的是在一个相关主题下将具有某种内在联系的展品群组合成一个有机的整体,以反映自然生活和人类社会生活的某一过程或某种现象,从而为观众学习提供认识客体。如果说社会教育体现了博物馆的目的的话,那么,陈列就是达到这一目的的主要手段,并且最典型地体现了博物馆教育的特点。博物馆陈列工作则是建立博物馆陈列的一个业务环节,主要包括内容编辑、形式设计和制作布展。如果说博物馆是以物质形态体现的一种知识系统的话,陈列工作只是实施过程中一系列具体的操作。

二

搞清了上述概念的区别后,就可以正面讨论林荃同志提出的问题。由于我从被林荃同志混为一体的概念中剥离出三个不同的层次,因而,他所提出的问题,实际上就成了属于不同层次的三个问题。

第一个层次的问题是:在博物馆为社会承担的保藏、科研和教育三种职能中,三者的关系如何,是完全平行的,抑或有某个中心职能? 这是一个国内外博物馆学家普遍关注的问题。关于问题的重要性,正如林荃同志所说:正确地认识这三重性在博物馆这个综合体中的地位和作用,从而确定指导博物馆业务工作的恰当原则,对博物馆事业的全面协调发展具有重要的意义。① 在林荃同志看来,这三种社会职能对博物馆来说完全是同等重要的,必须一视同仁,全面协调地发展。反过来说,如果突出了其中的某一项,则会对博物馆的全面发展带来不利的影响。

关于林荃同志的观点,我有以下几方面的看法:

第一,从博物馆的功能分类来看,并非所有的博物馆都具有完整的三种职能。根据博物馆类型,一般把它区分成全功能型博物馆(curatorial museum)和非全功能型博物馆(non-curatorial museum)。后一类博物馆往往只具备三种职能中的某一种或某两种,并非三者并重。比如,有以保藏为基本功能的遗址博物馆,有以科学研究为基本功能的某些专业博物馆,以及以配合学校教育为基本任务的学校博物馆。所以,我们在讨论博物馆社会职能时应区别对

---

① 林荃:《坚持三性,全面发展博物馆事业》,《中国博物馆》1993 年第 3 期。

待,不能笼统地谈。

第二,从博物馆发展史的角度来看,博物馆的三种职能并非古已有之,而是人类文明漫长发展的结果。在不同的历史时期,博物馆的中心职能也不尽相同。在古代和中世纪,博物馆主要是私人、王室和宗教团体的收藏机构,对收藏品的征集和探究只是从个人的兴趣、经验和直觉出发,收藏品的欣赏也只限于收藏家的社交圈子,所以谈不上科学研究和社会教育。到 17 世纪,随着自然科学的兴起,至少是一部分博物馆,成为自然科学研究的重要场所,尤其是那些与自然史,动、植物分类相关的学科。林耐的分类法就是博物馆科学研究的成果。由此,就发展出博物馆的科学研究的功能。随着贵族社会向平民、大众社会的转化,教育成为社会广泛阶层的普遍要求,尤其在工业革命和世界博览会的推动下,博物馆逐渐清醒地意识到自己承担的社会教育的任务。到 20 世纪,博物馆越来越成为社会教育的基地,博物馆的教育功能有了特别突出的发展。正鉴于此,博物馆学家们将博物馆教育功能的产生和强化作为博物馆进入现代形态的标志。[1]

第三,从三种职能的关系来看,我们说,博物馆的三种职能各自具有独特的价值。但当我们进一步探究时,便可发现,这三种价值并非完全真正地独立,其间的联系实际上与博物馆的总目的有关。的确,博物馆应当担负起为社会保存作为人类及其环境见证物的文物和标本的责任。然而,我们为什么要保存这些见证物呢? 无论何种文物或标本,不管怎样妥善地保管,总不可能永远存在下去。如果它们总是静静地躺在库房,永不和人类的现实生活发生关系,那么,它们的价值就无从体现。我们搜集、保护这些物品,最终的目的是使用。其用途体现在两方面:作为科学认识的媒介和作为社会教育的媒介。我们所收藏和保管的物品载负着关于自然变迁和人类活动的各种信息,正是通过这些信息,我们了解了自然生活和人类历史生活的有关情况。而这种科学活动也不仅仅是满足科学家的求知欲望,除了探索人类的未知世界外,博物馆更重要的目的是让广大社会公众都能正确地了解自己及其环境。从这种意义上说,博物馆的最终目的就在于通过收藏、研究和展出人与环境

---

[1] 博物馆学界一般将德意志科技博物馆看作博物馆进入现代形态的标志,依据就是它承担社会教育的自觉意识及相应的设施。

的见证物,使人们更好地理解自己的世界。这样,我们看到,收藏和科研,除了它们自己独立的价值之外,还要为社会教育服务,为教育提供物质的和知识的材料。

第四,从各国博物馆在现代社会争取生存和发展的角度看,越来越多的博物馆自觉地将社会教育当作自己的主要任务。在现代社会,许多博物馆的经费都来自政府拨款和社会捐赠,其依据是博物馆的社会影响,而这种影响,首先取决于它对社会教育方面的贡献。如果一个博物馆在这方面没有在公众心目中建立良好的印象,往往难以争取到社会的支持。正是从这种现实生存的角度出发,博物馆纷纷开展各种观众调查和研究,以便制定出更好的教育计划,自觉配合社区的社会文化的发展。这一点也自然而然地影响到博物馆学界对博物馆基本属性的看法。美国在 20 世纪 70 年代关于博物馆定义的争论中强调,博物馆定义不能仅仅突出其保护文物、标本的特征,还要真正了解博物馆的真正目的。这个目的是什么呢? 美国博物馆协会认为,真正的目的应该是教育和审美,鉴于此,它为博物馆下的定义是:一个有组织的、保管并利用实物、定期向公众展出、以教育和审美为主要目的的永久性的非营利的机构。在日本,博物馆也被普遍视为教育机构。日本博物馆学界把博物馆看作“广泛搜集、整理、保管有关人类文化资料,并借以进行学术启蒙的一种教育机关”。同样,英国《简明不列颠百科全书》中为博物馆所下的定义也是“一种文化教育机构”。各国博物馆的实践表明,只有将中心职能转移到社会教育方面,才会同社会密切联系,赢得社会对博物馆的支持和帮助,不至于在激烈竞争的现代社会被淘汰。

第五,我还要强调,将社会教育作为博物馆的中心职能,不仅是各国博物馆的共识,而且已经在实践中改变了博物馆现实发展的趋势。从收藏政策及范围看,在古代和中世纪,收藏的目的在于满足收藏家的欣赏和炫耀愿望,收藏的对象大都是具有较高经济价值和艺术价值的东西,那些对科学认识及科学教育具有重要意义的东西并不特别引起收藏者的兴趣。在现代博物馆,不仅那些经济价值、艺术价值很高的精美物品得到收藏,而且那些反映人类日常劳作与生活的劳动工具和日用品也成为极受欢迎的收藏品。这种变化说明了什么呢? 这表明了收藏政策中藏珍动机向为教育服务动机的转变,这种转变又影响了人们对收藏与使用关系的看法。对于那些有很高经济价值或稀罕的物品，人们的态度偏重于保管而非使用，而对那些相对来说数量较多、主要帮助人们认识世界的藏品来说，人们考虑更多的是它们的使用而非保藏价值。与上述趋势相对应的，从博物馆类型发展来看，以收藏值钱古董为主的传统珍宝馆类型的博物馆在博物馆业的比例不断下降，而民俗馆、民族馆、科技馆的比例在上升。这些馆的许多藏品与传统博物馆有很大的区别，许多日用生活品和科技展品并非不可替换，博物馆征集这些物品主要的目的是科学教育，保存的重要性降到了次一级的地位，尤其是新崛起的科学中心，不仅其展品是批量生产的工业制品，而且通过陈列体现的科学知识也主要是对自然科学各学科知识和最新成果的现成利用，而非博物馆独特的研究。此外，我们还可以从现代博物馆建筑诸功能空间分配比例的变化来看。用于收藏的面积在总体比例中呈下降的趋势，而用于陈列及其他视听教育的空间比例则不断上升。国外许多博物馆，从教育的立场出发，力求向公众展示更多更好的藏品，所以不断提高展柜内小气候的质量，以保证展品在展出期间处于良好的保护状况。所以，在一些优秀的博物馆，展出的小气候甚至要超过库房，这就很好地消除了藏品保存与使用的矛盾。林荃同志说，展品占总藏品的十分之一或略多，并且珍贵的、价值高的文物用复制品代替。这指的只是当代中国的情况，形成这种现象的原因有：①中国历史悠久，藏品总量较大；②出于经济和技术的原因无法创造高质量的陈列柜气候；③观念上的滞后，保留了重保藏、轻教育的传统心态和珍宝馆的经营作风。从发展的观点看，这是一种迟早要改变的状况，我们不能用这种不合理的现状作为拒绝将最好的藏品展现给观众的理由。相反，改变观念，立足于社会教育，才能改变这种状况。

三

　　第二个层次的问题是陈列在博物馆中的地位，这是林荃同志文章中重点阐述的部分。在这里，他批评了"陈列中心论"，他的两个明确的观点是：①陈列并非衡量整个博物馆工作质量和学术水平的主要标志；②陈列并非博物馆各项工作的中心环节。

　　在这里，我们看到，陈列和陈列工作这两个概念被混为一谈了，后一个陈列概念实际上指的是陈列工作。明确起见,我们在这里仅仅讨论陈列,而非陈列工作。

第一,我们看看陈列在博物馆内的地位,它能否被看作衡量博物馆工作质量和学术水平的主要指标。我在上面说过,陈列是一种以物质形态表现的知识系统,更准确地说,一种知识传播系统。这个传播系统的建立有赖于两个方面,信息载体和被理解的信息。前者是作为人类与自然见证物的文物和标本,后者则是指通过对见证物的深入研究,在观念上将信息从载体中离析出来。同样,该传播系统的质量也直接与这两个方面有关。一方面,没有丰富和系统的信息载体,该传播系统就缺乏真正的物质基础——信源,会患上"先天不足症",所以,要保证该传播系统的质量,首先就要广泛系统地征集高质量的文物与标本。由于该传播系统是通过观察实物来完成的,离开具体的信息载体来接收信息就完全抹杀了该系统赖以存在的独特性,所以我们必须很好地保护它们,使它们更长时间地保存原状态。另一方面,因为该传播系统所反映的在很大程度上是不属于我们自己时代和文化的生活,对大多数观众来说,在非解释状态下仅仅通过观察很难理解。在这种情形下,博物馆的专家们要起一个"先行理解"的作用,陈列的编排和设计,正是以这种理解为依据。"先行理解"越深入,设计就越合理,"后行理解"也就越容易。所以传播系统的质量还取决于我们对展品的深入研究。在这里我们看到,一个陈列的构成必须具备三方面的条件:①一定量的展品;②对展品的科学认识;③对展品进行符合教育学和审美要求的布置。

这综合地概括了博物馆业务活动的各个环节,是其总工作流程的终极形态。一个陈列成功与否,与业务工作的每一个环节都密切相关,任何一个环节的质量出现问题都会影响总体的水平和质量。比如,没有丰富的高质量的藏品,或者对藏品的内涵和意义缺乏透彻的理解,该陈列的高水平和高质量就不可想象。在这个意义上,我们可以说,博物馆陈列即便不能成为衡量该馆工作质量、学术水平的唯一指标,至少是在相当程度上能反映这两点。的确,某一个陈列很难全面反映博物馆业务工作各环节的质量,但陈列是一个动态的概念,它永远处在不断的调节、改善和更新之中。通过动态的考察,我们是能够准确评估该博物馆的工作质量和学术水准的。

第二,我们再从博物馆与社会的关系以及由此决定的博物馆在社会上的地位来看。在当代商品社会中,如果说顾客即上帝的话,那么,观众就是博物馆的上帝。博物馆如何体现观众的意志呢? 如何根据观众的愿望及其变化来塑造自己的未来呢? 肯尼斯·赫德森说得好:"好的博物馆基本上是一个永不停歇的实验室,在这里,检验的结果使人能以更充实的知识去开始下一次的试验……这样,观众虽然也许并没有意识到,然而却在创造着他们自己的博物馆。"①这个实验室,就是博物馆陈列。陈列是博物馆的窗口,是博物馆与观众发生关系的主要媒介。

观众对博物馆的印象及评价主要是通过参观陈列获得的,意见和建议等反馈信息就是这些印象和评价的产物。正是这些反馈信息,不仅能指明我们陈列工作的成功与否,同样也指明藏品征集和研究的优劣得失,从而为博物馆各方面工作的调整与改善,为博物馆事业的健康发展提供了依据。陈列的这种作用是其他工作难以具备的。一个博物馆,征集了众多高质量的藏品,但这只能反映该馆的征集质量,而不能反映科研和陈列的质量。同样,高水准的科研工作也不必然地造成高质量的征集和陈列,只有陈列,能够全面地反映出该博物馆的总体水平和各环节的质量。正是由于这一点,博物馆以陈列为工作中心,不但不会影响其他业务工作的开展,相反,由于反馈信息向博物馆输入了社会压力和社会愿望,反而能对博物馆的征集和科学研究起积极的推动作用,由此全面地增强博物馆的活力。

四

我们再来看看第三个层次的问题:陈列工作。陈列工作不是陈列本身,而只是达到陈列的具体实施,即构成陈列的第三个条件:对展品做出符合教育学和审美要求的布置。它通过内容编辑、形式设计和制作布展等一系列操作,将藏品转化为有机的展品组合。如果说博物馆陈列是博物馆各业务部门协作的最终产品,那么,陈列工作只是该业务活动的一部分、一个环节。

当我们说博物馆应当"以陈列为中心"时,是否也因此可以说博物馆的工

---

① 肯尼斯·赫德森:《八十年代的博物馆——世界趋势综览》,王殿明、杨绮华、陈凤鸣译,紫禁城出版社 1986 年版,第 353 页。

作应当以陈列工作为中心,它在博物馆的业务活动中起着支配的作用,因而其他诸如征集、保管和科学研究工作应当围绕着它展开呢? 如果我们能正确地区分陈列与陈列工作,我们就不难回答这个问题。陈列工作只是一个具体的业务环节,它只有和藏品征集保护工作及科学研究工作共同协作,密切配合,才能建立起陈列,在这一过程中,各业务部门都有自己的任务、自己的职责,征集活动和科研工作并没有义务要服从陈列工作,反过来也是这样。所以,如果把林荃同志上述观点,即陈列并非博物馆各项工作的中心环节,理解成陈列工作并非博物馆的中心环节,那就很容易让人接受。关于三者间的关系,林荃同志正确地指出:"在博物馆的各项工作中,哪一项工作在什么时候、在什么条件下居于中心环节,要看博物馆工作客观发展过程的具体情况而定……这里不存在一项不分时间、地点、条件永远处于中心环节的工作,在这里,没有一个永恒不变的程式。"[①]从博物馆工作的实际情形看,情况正是这样。在博物馆的筹建以及陈列的扩大与更新时,首要的、压倒一切的任务无疑是征集,否则便成了"巧妇难为无米之炊",陈列永远摆脱不了"贫血症"。随着新材料、新方法和新观念的产生,对藏品更合理、更深入的研究就会成为中心工作,因为陈列在知识上的滞后会严重影响博物馆这个科学教育机构的威望。同样,在设计新的陈列时,藏品的征集和研究人员也会暂时地服从这个中心环节,在各方面为举办陈列提供方便。

事实上,当我们讨论以何种业务活动为中心环节时,是以我国博物馆目前的业务分类为前提的。我国传统的业务分类是功能型的,保管、科研与陈列被作为几个各自独立的职能部门,这种业务分类往往会导致各部门各自强调自己工作的重要性,容易产生藏品在保护和使用上的矛盾。从发展的趋势看,专业学科的分类会逐步取代功能性分类。在这种分类中,业务人员不是分属于不同的职能部门,而是分属于不同学科。这样,在一个学科中,藏品的征集、研究乃至陈列都是由该学科部来承担的。在这种业务分类中,原先各业务环节的界线变得模糊,在某一阶段将某一工作确定为中心环节完全从学科部的工作实际出发,这样,就更不能笼统地谈以何种职能部门作为中心的工作环节了。

---

① 林荃:《坚持三性,全面发展博物馆事业》,《中国博物馆》1993 年第 3 期。

五

　　本文首先从博物馆的历史发展、现实生存和未来走向考察了社会教育在博物馆职能中的地位，指出应当将社会教育作为博物馆的中心职能，这不仅不会影响博物馆的全面发展，反而对收藏、科研提出更高的要求，从而增添了博物馆生存与发展的活力；其次探讨了陈列在博物馆工作中的地位，由于我区分了陈列与陈列工作，将陈列看作各业务活动共同协作的终极产品，因而其能够被作为判断和评估博物馆工作质量及学术水平的重要标志；最后论证了博物馆不应以陈列工作为中心环节，但强调，这一点并不能作为否定"陈列中心论"的依据。

展览阐释与博物馆学习

作为公共媒体的博物馆

——博物馆观众认知特征及传播策略初探

观众的观展受益状况是判断博物馆传播质量的核心要素,受到多个方面的制约。从目前存在的问题看,是否真正了解观众在博物馆学习中的认知过程及其特点,并在展览建设中据此制定相应的传播策略,是一个带有根本性的问题。

虽然在博物馆展览建设中也运用教育学、认知学和传播学理论,并起到了一定作用,但现有理论鲜有专门针对博物馆学习展开的。所以,我们对博物馆观众学习过程认知特征的了解在系统性及深度方面,都不尽如人意,这必然影响展览的传播效果和观众获益情况。博物馆学界有必要也有责任开展以提升博物馆传播效率为目标的研究,其基础就是博物馆学习的认知过程及其特点。

一、博物馆观众学习与认知的特征

参观博物馆是一种独特的经历,其学习过程与我们日常熟悉的方式有很大不同。为了说明博物馆学习的认知特点,我们在这里将博物馆与其他的媒体做一个比较,包括纸媒、声媒和影媒。

1.大众媒体的传播过程、方式与特征

纸媒的传播介质是文字与图像,其传播过程是传播者通过书写与绘图将信息传送出去,读者通过阅读获取信息。这种传播方式在个人化的学习中很大程度上是可反复的,表达方式比较单一,仅限于文字与图像。

声媒的传播介质是言语和音响,传播者通过讲或唱,将意思表达出来,听众则通过聆听获得信息。这种传播方式在个人化的情景下也是可反复的,其表达方式限于语音与乐音。

影媒的传播介质是动态的二维画面,其传播过程是,传播方根据脚本和导演意图进行拍摄,观众则通过观看动态的画面获取信息。相比较于纸媒和声媒,影媒的表达方式相对丰富:从单纯的画面,到有声电影,后来又增加了字幕。

上述媒体的传播过程及认知特征具有以下几个共同点:

第一,采用符号与图像(包括静态的和动态的)作为传播介质。这类介质是我们在日常生活中所熟悉的。由于教育普及化,绝大多数人都接受过识字、阅读和看图的训练,通常能够自行解读,即使在阅读中遇到障碍,也可通过自我学习的方式,如查阅字典或参考书等来克服。

第二,空间只是保障学习进行的身体庇护所,其本身不属于学习要素的构成部分,学习过程与特定的空间无关,可易地进行。

第三,媒介与受众的空间关系相对确定,受众多为坐姿,既不需要进行身体位移,也不需要进行感官运动,没有额外的体能耗费,时间稍长也不至于很累。

第四,传播者对受众的行为与注意力有较强的控制力。图书以页码指示阅读顺序,讲演的时间与节奏由施讲者决定。在影院,我们的眼睛被导演用摄影机镜头绑架,应该看什么、从怎样的视角看、重点是什么,全由导演决定,观众没有选择的自由,完全遵循传播者的意志行动。

第五,它们都属于基于时间的媒体(time-based media),其传播是一个耗时过程,具有先后次序与连续性,能对过程与动态展开不间断叙述,其时序、表达过程与逻辑可具有一致性,这是日常表达中最常态的现象,容易被理解,而且连续的耗时性表达可以介绍情节,容易通过情节打动人。

第六,学习中遇到不理解处可反复,通常可中断再适时继续。声媒或影媒,如果是集体传播,其过程通常不重复,但个人观看,可任意停止与重启。一项学习任务,在较大程度上可由多次学习行为拼合起来,学习者对单次接受的信息量不敏感。

第七,作用感官的方式相对单一,仅影媒具有图像、声音和文字。媒体之间互相融合度不高。

2.博物馆学习过程与认知特点

我们再来看看博物馆的传播与学习过程,并与上述媒体进行比较。

（1）传播介质：以实物展品为核心

与纸媒、声媒及影媒不同，博物馆传播介质的主体不是符号或图像，而是物，是以物为核心的三维形象系统。这种以物为主的学习介质，一方面具有信息隐性的特点，其信息与符号及图像等显性信息不同，深藏在物质内部，没有受过专门训练的人无法释读，必须辅以阐释。另一方面，以物为主体的学习介质是以独立个体的形态被放置在特定空间中的，具有非连续的特性，在表述连续的动态过程方面具有局限。

（2）传播过程：从布展到参观

博物馆的传播过程是"布展"与"参观"。从传播的角度看，其工作核心是展览建设，即通过策划与设计，将展物根据教育计划和传播目的进行安置，呈放在特定的空间中；从学习的角度看，博物馆的传播过程是一个观众在这一特定空间中观察（操作）展物的过程。

（3）学习方式：在特定空间中自主观察与操作

与上述学习者采用坐姿接受信息的方式不同，参观博物馆是观众在于特定空间的行走和站立的交替运动中进行的。作为具有自由意志的行为者，他们的行动是自主的，可根据自己的意愿选择路径与展项。如果说那些能够用摄像机镜头绑架观众眼睛的电影导演因其对受众强大的控制力而成为叙事王国的专制君主的话，那么，博物馆的策展人就是叙事王国的民主主义者，展览建成后策展人就只能退到幕后，不加干涉地、默默地看着观众在展览里自由行动。策展人难以对观众施加相应的影响及控制力，难以让观众按自己的设想行动与理解。布展时设定的线路及其所确定的重点是否能被遵循与理会，具有不确定性。

（4）学习环境：空间即媒介

如果说在其他媒体的传播过程中，空间扮演着教室的角色，其物理空间并没有特别的意义，是可以改换的，那么，对博物馆观展来说，空间不是教室，而是课本本身，所有的信息与知识都是镶嵌在展厅空间中的，我们是通过穿梭在这个知识空间中来进行学习的。一切与这一空间有关的物理环境，包括方向、位置、路线、距离、体量、形态、光照、色彩甚至新风量等，都会影响学习的效率和质量，不仅如此，这些作用还会通过物理环境对心理产生的影响而加强。

(5)学习行为:在站立与行走中进行

作为一种自助性场馆型学习,博物馆观展过程是在特定空间中通过站立与行走的交替运动进行的,不仅有身体位移,还有观察与操作中出现的器官运动。这是一个耗费较大体能的过程,容易引发生理上的疲劳,并导致学习效益的递减效应。在博物馆中的学习,靠近入口处效益较好,越接近出口效益越差,这种斜坡效应就是上述效益递减的产物。

(6)学习过程:非片断化的连续性

参观博物馆不是日常生活中常见的行为,是一种比看电影更为稀罕的休闲行为,而且博物馆通常不像影院那么多,一般相距较远。所以参观博物馆是日常生活中偶发的行为,机会成本相对较大,许多观众会把和家庭或朋友一起参观博物馆当作生活中较大的事。他们进入博物馆后,通常会把一座博物馆作为一个完整的浏览单元,只要有可能会参观其中的各个展厅,这就导致了总体时间的分配问题,如果是团队参观,还涉及团队的协调问题。这些都使他们不能长时间停留在一个自己特别感兴趣的项目前进行观察与思考,如果一下子没看明白,他们也很少会像图书阅读者一样将书页翻回去重新读一遍。在这种情况下,展览层次不够分明,逻辑不够清晰,文字不够直白,抽象度太高,都会影响学习效果。由于观众一般不会走回去重新再看一遍,一个不清楚的环节可能会影响下一步的理解。

(7)传播优势:可采用多种媒体表达,实现多感官认知

尽管博物馆在传播方面有诸多的局限性,需要传播者花费更多的精力和智慧,但它也有其他媒体所不具备的优势。大多数媒体的表达形式比较单一;电影稍有不同,它逐渐从无声发展到有声,再发展到配有字幕,属于综合性较强的媒体。然而,相比之下,博物馆使用媒体的综合化程度要高得多。场所性的博物馆所具有的空间形态使它像一个巨大的篮子,能够引进和装入几乎所有其他媒体,包括纸媒、声媒、影媒,甚至多媒体,以及各种各样的装置,如果它愿意,还可以引进一条生产流水线,或者一座剧场或影院。这就给了博物馆设计师其他传播者不可能享受到的传播条件,使博物馆拥有一切可以帮助它实现传播目的的技术手段与设备,得以利用各种媒体实施多元叙述与阐释,并共同作用于观众的多种感官,提升认知的效益。

综合上述分析,我们可将博物馆与其他媒体的区别归结于两个方面:学

习对象的"物"的属性,以及学习场所的"空间"的属性。这些特点极大影响了博物馆的传播与观众的认知,传播者必须采用与其他媒体不同的策略和方法来适应这种学习方式。

二、相关传播策略的初步思考

如果要对博物馆观众学习行为做一个最简单的描述,那就是:在特定空间里,在站立与行走的过程中观察呈现在空间中的各种展品。为了更准确、清晰地表达我们对传播策略与方法的思考,我们对上述博物馆观众学习的两个基本方面——学习介质的物的属性及学习场所的空间属性——分别展开讨论。

1.面对传播介质的物的属性,如何帮助观众学习?

以物为介质的学习会遇到借助纸媒、声媒、影媒等媒体的学习所不存在的两个问题:一是隐性信息带来理解上的门槛,二是物在空间中呈现的非连续性提升了表述动态过程的难度。为此,博物馆要通过对物的阐释帮助观众理解其间的意义,同时,利用适宜的技术弥补表述的非连续性的缺陷,增强展览的叙事能力。

(1)通过阐释帮助观众理解隐藏在物中的信息

与纸媒、声媒及影媒不同,博物馆传播介质的主体是物,而不是符号或图像。这一点造成了认知上的重大区别。为说明这种区别,我们以纸媒为例,比较一下读者借阅图书与观众参观博物馆的过程。

图书是由文字和图像构成的。文字属于常规性语词符号,其信息是显性的,绝大多数人都受过识字与阅读训练,基本不会有理解障碍。我们可将写作与阅读理解成一个通信过程。在这个过程中,作者采用一种读者熟知的符号系统(文字),根据约定的规则(语法)进行编码,由于读者事先受过专门的识字与阅读训练,能够自行解码,解读与理解其间的内容。

系统 A(作者)──→信息通道(图书)──→系统 R(读者)

正因为读者具有自行解读能力,所以,当他从图书馆馆员手中获得图书后,并不会要求图书馆馆员对书中的内容做出解释。如果有不明白的地方,他会查询字典或相关的参考书。由此可见,这一通信过程是由作家(发信人)和读者(收信人)独自完成的,图书馆不承担解释的责任,因而并没有介入或干预这一学习过程。

在以物为主要介质的博物馆中,情况则不同。作为文化遗产的博物馆物是过去记忆的载体,但关于过去生存状态的信息是深藏在物质中的,没有受过专门训练的观众难以自行解读。当观众在博物馆观察一块古人类的化石时,他所看到的只是物的外观,包括形态、体量、质地和色彩等,至于物包含怎样的意义,蕴含怎样的故事,没有适当的阐释,观众是无法了解的。

正如视作者写作如同发信,我们也可以把产生遗存物的自然或文明视为一个信息发送者,其信息载体是遗存物。

系统 N(自然或文明)───▶信息通道(遗存物)───▶系统 V(观众)

区别在于信息通道。这一通信过程的信息通道是自然与文明的各种遗存物,它们承载着有关自然与文明的各种信息,比如,一件人工制造物可能包含着制造信息、功能信息、使用信息、关联信息等,这些信息从多方面反映了生产者、使用者的生产与生活状态。但由于绝大多数观众并没有接受过解读实物的训练,无法通过对物的观察直接释读蕴藏在其间的意义,这就决定了该通信过程无法仅由发信人与收信人实现,而必须有一个解码释读的中间环节。这个中间环节就是博物馆。博物馆的专家们受过专门的训练,具有良好的解码能力,当他们通过科学研究探明隐藏在物中的意义,成功地获取了其间的信息时,这个通信过程就完成了。

系统 N(发信人)───▶信息通道(博物馆物)───▶系统 M(收信人)

如果事情到此结束,那这个机构(发信人)就不是博物馆,而是研究所了。作为公共社会教育机构,博物馆的任务不仅限于研究信息,还必须努力将其研究的成果传达给社会公众。为此,它必须启动第二个通信过程(反馈)。

在这个通信过程中,博物馆的角色发生了变化,由原先的收信人变成了发信人。为了让观众理解蕴藏在物中的信息,博物馆必须重新编码,这就是展览建设中的阐释工作。只有成功地重新编码,使观众能理解物中所包含的信息,整个通信过程才真正完成。如果说图书的写作与阅读是一个单一的通信过程,那么,有效的博物馆观展则是由两个通信过程结合而成的复合型通信过程。

从两个通信模型的比较可见,由于学习介质不同,博物馆与图书馆在学习过程中扮演了不同的角色。图书馆并不介入读者的学习过程,整个传播过程是在作者与读者之间进行的,图书馆只是扮演了信息流通管理与服务的角色;博物馆则不同,由于观众无法自行解读博物馆物,博物馆必须承担阐释的责任,帮助观众理解。为此,它必须扮演收信人与发信人的双重角色,并通过发信进行二次编码,使信息载体变得易于理解。这个二次编码的工作就是博物馆的展览建设,通过策展、设计与布展,博物馆构建了信息通道Ⅱ,将自己的研究成果转化为展览中的阐释性材料。如果这一努力获得成功,观众就能顺利释读介质,由此与自然及历史对话,博物馆也因此成为联结"过去"与"今天"的桥梁。

在这里,阐释是指帮助观众对博物馆物进行解读,使观众理解包含在物中的意义。对一件物的解读,其本质是向观众讲述一个以物作为表征的小故事,这是博物馆对观众学习所施加的必不可少的干预。缺乏这种干预,博物馆就放弃了桥梁功能,无法履行帮助观众与博物馆物沟通、对话的职责,其传播和学习的效益将是低下的。

阐释途径主要包括视觉、参与和符号。视觉是指将展品,包括实物展品与非实物的辅助展品,按照易于理解的方式陈列在展览空间中,观众通过对展品的观察理解其间的意义;参与是指在展厅中安排装置,观众通过体验与操作获得相关的知识和感受;符号则是指采用常规的语词符号,观众通过对解说性图文的阅读及对解说性声讯的聆听,理解展品的意义。与此相应,观众的学习行为主要包括观察、操作、体验、聆听与阅读。

视觉	实物展品(观察)
	辅助展品(观察)
参与	体验装置(操作或体验)
	操作装置(操作或体验)
符号	言语(聆听)
	文字(阅读)

A. 视觉:构建易于理解的观察平台

博物馆是一种以视觉传达为主的传播媒体。在大多数博物馆中,观察是观众学习的主要方式。阐释能否成功,或观察是否有效,关键在于博物馆是否能为观众构建一个易于理解的观察平台。

既然以物作为学习介质的理解难点在于信息的隐蔽性,那么,阐释的重要任务之一就是将其可视化与显性化,即通过可视化的展示方法将隐含在物中的信息转化为可以被观察的现象。在日本横滨历史博物馆有一件陶器,背后有一幅制陶的画面,陶器里是正在烧煮的蛤蜊,陶器下是卵石垒砌的灶以及燃烧的树枝。通过这样的处理,一个帮助观众理解的观察平台被构建起来。通过对这个平台的观察,观众可以得知这件陶器是用什么方法制作的(制造信息),是干什么用的(功能信息和使用信息),也可以知道它与遗址中卵石及灰烬的关系(关联信息)。观众通过对展项的观察,获得了关于这件陶器从制作到使用的各个方面的信息。当这种理解达成后,这一展品就不再是我们之前所看到的单纯的"物",因为我们透过它看到了它的生产者与使用者的情感、智慧和生存状态。这意味着,这件被理解的博物馆物已经变成了我们与历史对话的桥梁或媒介。

煮蛤蜊的陶器（日本横滨历史博物馆）

可视化也会使物品之间的关系变得可视。完全不了解中国货币史的观众，如果看到了一批先秦时期的钱币，是无法弄清它们之间的关系的。在这种情形下，展览要回答观众的两个问题：一，这些钱币原来属于哪一国？二，它们在秦统一货币的过程中结局如何？采用可视化的方法很容易回答这两个问题：设计者将这些钱币放置在地图中各自属国的位置上，观众就明白其是哪一个国家的钱币；而它们被以秦国圜钱为中心的放射形线条组织起来，就表明在秦统一六国的过程中，原先各国的钱币被统一为秦国圜钱的形制。经过这样的处理，原先看不到的关系显现出来，它们之间的关系也就被理解了。

六国货币被秦帝国的圜钱统一

如果不借助于其他手段,仅凭对以实物为核心的三维形象体系的观察就理解了其中的意义,那就达到了物的自我表达,即我们所说的"陈列语言"。陈列语言是博物馆最具典型意义的表达方式,也是观众理解展品最理想的平台。在日本琵琶湖博物馆,策展人试图告诉观众,人类活动对湖水造成污染的主要渠道有三条,即厕所、厨房和盥洗室,通过每一条渠道,各种污染物经由下水道进入湖中。设计师将各种导致湖水污染的材料堆置在由透明材料制成的旋涡中,其下是抽水马桶、洗碗池和盥洗盆的水槽或水管剖面。观众通过观察就能对上述命题得出中肯的结论。在这个观展过程中,观众是在没有符号与言语介入的情况下,完全通过自己的观察得到结论的。这表明,这一认知过程是由陈列语言实现的,本质上属于视觉传达。

人类活动污染琵琶湖湖水的三条渠道(日本琵琶湖博物馆)

通常而言,视觉观察是认知的前提。然而在现实生活中,在一些极端的情况下,观众甚至无法对现象做出观察。比如,我们看到飞机在天上飞,船在海里航行,但我们无法观察其在运动中的受力情况。在这种情况下,我们的认知是无法发生的。然而,博物馆能够通过自己的努力,提供比自然界本身更好的观察平台。其奥秘就在于,它可以采用特定的技术手段让原先看不见的东西变得可以被观察,从而提供一个易于理解的观察平台。例如,美国明尼苏达科学中心配制了一种溶液,将悬浮颗粒分布在溶液中,由此,运动的物体与透明介质之间的关系变得清晰可见,通过对悬浮颗粒运动轨迹的观察,我们就可以理解物体在空气或水流中运动时,不同形态造成的影响。

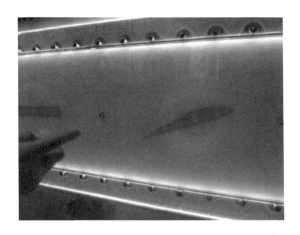

流体动力学（美国明尼苏达科学中心）

B. 参与：操作与体验装置

阐释的另一途径是为观众提供参与的机会。利用操作与体验装置，让观众在参与活动中学习与理解，成为科学类博物馆常见的传播手段。这种学习与直接经验联系在一起，使观众不仅因获得自主性而产生成就感，而且对获得的知识有更深的印象。在关于静电的展项中，当观众将手放在相应装置上时，会发现自己的头发随之竖起，从而迅速意识到静电的特征——向事物的末梢运动，因为头发正是其身体的末梢。

通过体验理解静电的特性：向事物的末稍运动

　　中国扬州佛教文化博物馆有一个介绍"八正道"的展项。佛祖指出,过分纵欲和过分苦修都无法摆脱苦难,只有避免极端,沿中正之道前行,才会拥有幸福。为了阐释这一观念,博物馆安排了一把曼陀林琴,内侧两根粗弦因绷得过紧而断裂,外侧两根过松不成调,中间四根松紧适度,观众可以根据指示牌弹拨琴弦。当观众看见绷断的琴弦时,知道那是过于用力导致的;当观众拨弄外侧的琴弦时,发现弦太松就不成调子;可当观众弹拨中间四根松紧适宜的琴弦时,美妙的乐音从指缝流出,观众开始体悟到在生活中不能走极端,只有不松不紧,张弛有度,才能规避苦难。由此,观众了解了八正道的含义。

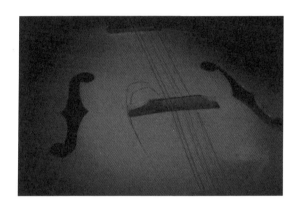

弹拨琴弦理解佛祖的八正道(中国扬州佛教文化博物馆)

C. 符号:图像与声音系统

　　符号也是我们进行阐释的重要途径。虽然我们强调视觉传达的重要性,但要对物与现象做出更深入的阐释,依然离不开诸如文字等常规的语词符号。乔治·E. 海因与玛丽·亚历山大在《博物馆教育与学习》中指出,有文字说明牌与没有文字说明牌相比,更能对观众注意力产生巨大影响。他们援引了佩尔特1984年的调查结论,根据这项调查,在给动物展增添了文字说明和声音后,观众的参观时间和所得到的知识均增加了一倍。[①]

　　美国国立自然史博物馆的哺乳动物展厅采用了两幅画面及一个公式来说明哺乳动物的特性。这种生动活泼的图文系统对观众了解哺乳动物具有

―――――――――――――

① 乔治·E.海因、玛丽·亚历山大:《博物馆教育与学习》,中国博物馆学会译,外文出版社,2014年,第50页。

极大的助益。

哺乳动物的本质(美国国立自然史博物馆)

文字能够概括介绍展品的背景资料,深入细腻地介绍深层次的信息,而且可以通过恰当的修辞,激发观众的诧异和惊喜的情绪。美国国立自然史博物馆海洋展厅展示腔棘鱼的说明是这样写的:

起死回生? 如果一只霸王龙突然出现,你会有怎样的感受? 惊讶? 兴奋? 这就是当 1938 年一条腔棘鱼被捕获时,海洋生物学家们的感受。科学家们在很长一段时间内都认为腔棘鱼同恐龙一样在 6500 万年前就已经灭绝了。

用我们突然面对恐龙的震惊来类比科学家发现腔棘鱼的心情,使得观众可以切身感受这种鱼类对于科学家研究古生物史的意义。这种感觉仅凭对物的观察是无法获得的。

(2)如何应对空间叙述的非连续性特点

以实物作为介质的学习材料具有三维空间的属性,每一份材料都占据着一定的空间,呈现出独立与静止的状态,很难像文字或声音那样流畅连续地表达动态的过程。这使得博物馆传播面临着与纸媒、声媒不同的挑战。使观众在观察间歇性呈现的展品时产生连续动态的印象,是传播者应该努力的方向。

A.成组相关器物的有序排列

将相关物品以成组的方式按特定分类原则进行集中并进行紧密和合乎逻辑的摆放,这种处理会使观众看出它们之间的关联性和逻辑性,并在完形心理学的作用下形成动态的过程概念。

B.四维模型或连续系列模型

将连续变化中典型瞬间的定格制成模型，成组放置，形成连续系列，或者利用模型表现出变化的时间维度，形成四维的模型，反映事物的变化。在美国国立自然史博物馆，不同时代耕作技术与植被之间连续变化的关系在一个融入时间概念的模型中进行展示。

耕作技术与植被世界（美国国立自然史博物馆）

C.视听系统

影像是用动态的画面来表达的，借助视听系统，将物的具体使用过程呈现出来，能够有效克服静态的物的刻板性，使物进入可视的动态过程中。

D.符号化的图文系统

符号化的连接线、有机的框架与图表，以及类似连环画的翻阅装置，都有助于强化物之间的联系，并使静态的物在观众的印象中"活动"起来。

2.面对学习场所的空间属性，如何帮助观众学习？

博物馆学习的另一重要特征是学习场域的空间性。当观众从博物馆入口走进展厅，许多其他媒体不会遇到的问题接踵而来：方向、位置、体量、色彩、照度、运动等，这些要素都参与到观众的认知活动中，并对认知效益产生着重要的影响。

（1）适应自由行动的学习者

与其他媒体的受众不同,行走在展厅中的博物馆观众的选择权较大,有权选择行走路径和所观看的展项。如果展览中陈列的是无逻辑关系的物品,这种自由选择不会对参观产生特别的影响。如果整个展览(系统)具有逻辑结构,但观众对系统本身不感兴趣,只对其中的某些展项有兴趣,径直走向他想看的展项,传播者也无须为此努力。然而,如果观众希望系统了解展览内容,比如,他想了解一座城市的历史,或想了解某件物品生产的工序,那么,他能否依据展览所规定的路线行走,将会对他的认知产生重大影响。在这种情况下,传播者的任务就是采用相关的技术帮助观众根据展览的逻辑行走。

许多博物馆会为观众提供展览空间的平面导览图,并注明各展厅与展项,观众可以根据自己的需求决定行走的路线。也有一些博物馆安排了前置性导览,比如一段影片,就像美国新闻博物馆那样,片中的导览员告诉观众展览内容的分布以及合理的路线。还有一种导览设在展览开始或单元开始的节点上,用图标告知观众展览的整体布局,以及其目前的位置。这些导览方式能很好地帮助观众进行空间定位,并走向正确的方向。

要使观众能遵循故事线的逻辑行走,关键是引导与控制他们的注意力。如果展览的逻辑线索混乱或层次不明确,就会造成理解上的混乱,观众就无从理解内容之间的关系。关于影响观众注意力的因素,比特古德和帕特松做出过详尽的分析,认为文字标题起着重要作用。[①] 文字的字体、字号吸引注意力的能力不同,它们利用差异性来构造信息的等级序列,使观众根据等级高低与重要程度不同对注意力进行分配,从而将观众的行走引向预设的路径;光照也是引导注意力的重要因素,发光的标题、追加在重点展品上的光,会吸引观众额外的注意力。

展线安排在多大程度上规定观众的路径,抑或听任观众自由选择,是一个值得讨论的话题。长期以来,许多博物馆,尤其是西方的博物馆,把保障观众的自由视作首要的任务,所以展线多呈现多路径、首尾不分的样式,不同展览间也不设标识,这种做法确实使观众有更多样的选择,也感到自由和自主,

① 弗德利希·瓦达荷西:《博物馆学:德语系世界的观点》,曾于珍等编译,五观艺术管理公司出版社,2004 年,第 128 页。

但认知与学习的效益可能会受到很大的影响。从学习效益的角度看,明确和单纯的方向与路线会更好,从这种观点出发,可以排除不必要的选择。

简单的双线展览会使观众感到困惑,甚至无所适从,如果两边的内容都和故事线关系密切,为了路线顺畅而出现的遗漏将会使理解变得困难。

为了使观众的行走路线更加合理,还要特别关照那些方向感差的观众。有些展览的布局形式感很好,但很容易造成路线折返和重复的现象,这种重复也会增加理解上的混乱。

在这里,如何取得自由与理解的平衡是重要的。对观众的引导不应该是生硬和强制的,而应该是暗示与自然的,不会使观众产生受控的感觉。同时,也要尊重观众放弃参观的选择,为此,在展厅的平面布局中要考虑到便利的退场机制。

(2)适应以观察与操作为主的学习行为

学习介质分布在空间中,观众在于此空间中的行走和观察中学习,其认知效益强烈受到展品空间状态的影响,包括展品的位置、方向、体量、组合方式、照度与光色等。要适应这种学习方式,营造流线清晰、层次分明、目标明确、重点突出的信息空间变得十分必要:在总体设计上要保证展览流线清晰、无人流交错、不重复、不漏缺;在立面设计上要关注陈列带,保证观众能以自然舒适的角度与方向观察,保持适中的陈列密度与疏密有致的空间布局。

观众在展厅中行走和观察,伴随着两类活动:步移运动与视运动。流线与展品的安排要符合这两类运动的需要,重点是符合行走与观察的日常习惯,即在日常生活中形成的优先原则。根据一些实验性的研究:在行走中,绝大多数人在无意识情况下会遵循右手优先原则,即首先考虑按逆时针方向走;但在观察行为中,由于文字通常以从左向右的方向排列,所以,顺时针方向更符合日常的阅读习惯。根据建筑的实际情况来协调两者的关系,是保障观众能更合理、更自然地行走与观察的关键。

对策展人和设计师而言,展品放置的位置及其与其他展品的组合方式是阐释物品、表达观念的一种手段。比如,把两件具有内在联系的物品共同放置在一个展台上,就是在向观众说明它们之间的关系。在美国历史博物馆的"车轮上的美国"展览中,两位候车者——一位黑人女子与一位白人男子——之间隔着很远的距离,设计师是在用这种空间的距离来反映当时种族隔阂与

在候车室的黑人与白人

歧视的社会现实。

　　展品的体量也会影响观众对物品重要性的判断，所以，重要展品应该占据较大的空间。如果重点展品的体量很小，无法引起必要的重视，设计师应当想方设法增加其体量感，吸引观众的注意。美国的一家博物馆曾经展出一件印第安人的烟斗，虽然它是表现主题的关键展品，但由于体量太小，难以引起观众的特殊关注。于是，设计师将一张从屋顶到地面的大照片放在展柜的背后，从而使观众意识到它的重要性。

　　认知效益还与展厅的光环境有关，这主要涉及展览的照度及其分布。如果照度分布不合理，会造成眩光和光污染，将严重地影响观察的效果。光对认知的作用，更重要地表现在对强调的提示，它担负着将注意力引导到重点展品与重点信息上去的任务，而且局部追加光照的方式可以告诉观众哪些展品是更重要的。

　　为了突出重点展品，还可让它们动起来，在静态环境中的动态目标，会吸引更多的注意力；要突出展板上的重点信息，亦可采用加粗、加底线及提高明度、饱和度、对比度的方法。

　　对于操作性项目，遵循人体工学是设计的基本原则，要根据以基本观众为基准的尺度，设计出观众以自然的方式可以操作的装置与设施。

　　（3）如何适应在站立和行走中学习

　　在博物馆里通过行走与观察进行学习，是一个耗费体能的过程，容易使人疲劳，从而导致学习效益降低，这是博物馆传播要努力解决的问题。其主要的解决方法是缓解疲劳、恢复体能、防止斜坡效应。

缓解疲劳的方法是以体弱者为基准设置休息场所，使他们在感觉累的时候能找到休息的地方。一种更积极的方法是，交替使用立姿展项与坐姿展项，让观众在参观坐姿展项时得到休息。

还要考虑到观众行走的方式。在大多数情形下，观众在参观时会像螃蟹那样横行，那肯定不是令人愉快的体验。贴心的设计师应该尽可能地改变这种情况，创造机会让观众以自然的方式直面展品。

说明文字的撰写者也必须要考虑到观众是在站立中阅读的，其态度和耐心与坐着阅读有很大的区别，如果不顾及单位文字量，只会导致观众放弃阅读。所以，展板上的单位文字量必须受到严格的控制。在加拿大和德国，单位文字量的上限不约而同都是75个单词。除此之外，对于在站立中阅读的人来说，阅读材料必须是直白、有趣的，而不应该是抽象、晦涩的，因为站着阅读思考与坐着阅读思考，允许耗费的时间是不同的，难度或抽象度过高的内容，对站立的观众来说是不适宜的。

随着行走的进行，疲劳不可避免地产生了，这无疑会严重地影响认知的效果。如何让观众保持持续的新鲜感和兴奋感，延缓疲劳发生，是设计者必须考虑的。在琵琶湖博物馆，设计师将芦苇、湖水、船、网和湖中的鱼构成的景色进行间歇性重复，使之形成独特的节奏和韵律，让观众产生置身湖畔的感觉，大大缓解了参观的疲劳。一种更积极的避免疲劳的方法是激发观众的自主意识与参与感：在隆平水稻博物馆，观众可以选择"成为"方舟子或崔永元，参与到支持转基因和反对转基因的阵营中；另一个在建的中国商贸博物馆中，则有马云与王健林关于电商比例的赌局，观众也可以根据自己的观点参与讨论——在讨论中，观众的主体意识被激发起来，对抑制疲劳具有积极意义。

我们虽然可以用上述方法对展品进行阐释，也可利用一些技术弥补空间的非连续性缺陷以加强叙事能力，但必须意识到，这种以行走和观察为主的学习，既受体力与时间的制约，又受传播者控制力弱、学习过程不重复、信息量限制等局限，难以像其他学习一样进行层层递进的深入阐释和流畅连贯的系统叙述。这决定了博物馆学习是一种相对粗放的学习类型，在确定主题和安排项目时不宜过于强调精细化,也不要选择过于复杂的动态过程或过于抽象的学习内容。

3.如何利用学习场所的空间性发挥多种媒体综合作用的优势?

然而,我们也要考虑到博物馆学习场所的空间性为传播带来的优势。正是这种空间性,使我们得以引入其他各种媒体,实现多种媒体综合作用,并能使之同时共同作用于观众的不同感官,使观众的受益超越智性的层面。

(1)发挥多元综合表达与阐释的优势

博物馆学习场所的空间性使它像一个篮子,可以装入现有的所有其他媒体,从而使博物馆成为无所不包的媒体综合体,并使多元叙述与多样化表达成为可能,极大地增强了反映、表现自然与人类生活各种现象的能力。

我们在前面讨论了纸媒、声媒和影媒的特点与优势,但对于博物馆这个大篮子来说,这些媒体是可以为之所用的。如前所述,我们在展品阐释的过程中经常借助于文字与言语,也时不时穿插一些视频,它们的介入大大拓展了展览的阐释深度与叙事能力。

在隆平水稻博物馆,我们就采用了四种方式共同阐释"水稻的生长"这一主题:事先构筑的一个透明的部分将馆外广场上的水稻梯田借景到户内展览中,反映水稻在真实的自然界中生长的情况;在一个大约20平方米的全人工控制的空间中,根据水稻生长的五个阶段分别依次设计,使观众在任何时间都能看到水稻生长不同阶段的状况;将从幼苗到成熟植株的标本装入透明水晶体中;悬置的屏幕播放着从种子到谷子的延时影片,从动态的角度描述这一过程。

我们不仅可以采用各种不同的传播方式,还可将影院、剧场、教室、图书馆、实验室、作坊、生产流水线等整体搬进展览中,这在当代博物馆展览中已是司空见惯的做法。各种媒体的介入,使得博物馆成为最具综合特征、最完备,因而也是具有特别强大的表达与表现能力的媒体之王。

(2)利用多感官认知的可能性

各种媒体的进入不仅使多样的表达成为可能,也为多途径共同作用于观众的感官创造了条件。当代博物馆一个引人注目的变化是,博物馆不再是一个仅仅呈现物的空间,而且要将隐藏在物中的信息可视化,要为物提供具有解读功能的历史语境,要通过情景再现与反映历史上消失的事件和人物,这些都使策展人将目光转向对现象的再现,呈现出物与现象共舞的局面。与对物的观察仅依赖视觉不同,现象是生活本身的再现,是一个色彩缤纷的世界,对这个世界的理解需要各种感官的共同作用。随着具身认知的发展,博物馆也越来越关注多种感官共同作用的问题。空间形态的学习场所,以及多种媒体手段的引入,使还原历史与自然现象的情景得以实现,从而为观众提供可以穿越时空的现场体验,以及可以实际参与操作的场所。在台州博物馆的民俗展中,关于海岛渔村的展示就采用了多种感官共同作用的方式:视野所及是大海、小岛和村庄,海浪的涛声与海鸟的鸣叫声混杂在一起,拟风装置带来了清凉的海风,并夹杂着淡淡的鱼腥味;在一个小型装置中,观众可以获得渔村生产的即食的海产品,从而使得视觉、听觉、触觉、嗅觉和味觉共同作用,观众由此获得了关于海岛渔村更真实可感的印象。在这种参观中,认知不再仅仅局限在大脑,而与全身多种器官发生关系,从而也使博物馆展览成为实现具身认知的理想场域。

三、结语

与其他媒体相比,博物馆在传播过程中既有劣势,也有独特的优势。传播策略制定者应认真探讨这些特征,对传播的难点与优势进行中肯的分析,使传播更具针对性和有效性,以提升观众的学习效益。这是一项庞杂的工作,这里仅限于提出问题,并进行最初级的分析,旨在引起学界的重视,以利共同开展研究。对这一问题的探讨不仅能丰富与深化博物馆学的研究,更是在呼吁切实提升博物馆的传播能力。

论博物馆的传播与学习

从世界博物馆史的角度看，博物馆越来越被视作一种学习的场所，即便一些博物馆具有某种娱乐和休闲的色彩，它们仍有强烈的智性特质，参观它们被称为"智能休闲"。在当代世界走向学习型社会的过程中，博物馆扮演了重要的角色，具有不可替代的作用。

然而，和大多数教育机构相比，博物馆具有明显的独特性。这种独特性使它在遵循教育学相关原则与方法的同时，还需要开展专门的研究。[①] 明确博物馆学习的特殊性质，并努力发现具有针对性的教育方法与技术，是当代博物馆学研究的重要内容。从某种意义上讲，在当今中国博物馆迅速发展的形势下，这种研究对增强博物馆展览的传播效应，改变当前博物馆品质提高与数量增长不匹配的现状，具有重要的现实意义。虽然这方面的研究尚没有取得足够的学术积累，但如果我们重视，相信能取得长足的进步。本文就是基于这种信念所做的一种努力，希望能引起博物馆学者的兴趣，起到抛砖引玉的作用。

一、博物馆是一种怎样的传播机构？

明确博物馆作为一种传播机构的独特性，是我们研究博物馆学习的前提。那么，博物馆到底是一种怎样的传播机构，它与其他传播机构的区别又在哪里呢？

在我们看来，博物馆作为一种传播机构，最明显的属性有两方面。首先，它是一种非正式教育机构；其次，它是以空间形态为特征的视觉文化传播机

[①] 教育心理学可以给博物馆传播提供许多重要的建议，为博物馆学习的研究指引一条专业性的道路，同时，又必须结合博物馆学习的具体情况来进行，正如 B. N. 路易斯在《陈列展览的教育心理学分析》一书中所做的那样。

构。抓住这两个属性,对我们理解博物馆传播与学习的特征大有裨益。

所谓非正式教育机构,是相对于正式教育机构而言的。在正式教育机构中,教学活动的实施具有明确的目的性、计划性及强制性。当一个人进入这样的机构中,必须遵守相应的规则,包括教学的空间、时间安排及考试环节。教学目标的实现与计划的落实,是通过学生的考试成绩及毕(结)业文凭来体现的。良好的考试成绩和毕业文凭的获得通常是学习的主要目的和驱动力,即使你对这门课程没有兴趣,但只要你出于某种目的报名注册了,你就必须按照一定的教学计划和要求进行学习。然而,这一切在作为非正式教育机构的博物馆中是不存在的。博物馆向任何一个有意愿利用博物馆资源的人开放,但却对任何人都不具有约束力。观众是否愿意进入博物馆,是否愿意参观某个展览,完全取决于他本人的兴趣和愿望。换言之,兴趣是观众入馆参观的主要动机。这意味着,博物馆作为一种教育机构,主要依赖于对公众兴趣的激发能力,只有不断保持观众的兴趣,观众的学习活动才能持续进行。

那么,以空间形态为特征的视觉文化传播机构又指什么呢?国际科学院将博物馆学纳入形态科学的视听文献专业。该专业中有两个学科,一是电影学,一是博物馆学。电影和博物馆都属于采用视听方式进行传播的媒介,都是以视觉形象作为传播载体的。所不同的是,电影主要采用运动的画面来实现传播,而博物馆在通常的情形下是以所经营的视觉形象作为传播载体的。这种以视觉形象作为传播媒体的方式与大多数教育机构不同。在许多教育机构中,教学过程主要借助于抽象的和规范化的语词符号,是采用"文字-阅读"和"言语-听讲"的方式展开的。而在博物馆的展示空间,虽然也有聆听讲解和阅读文字说明,但它们并不构成博物馆信息传播最本质的方面。对观众而言,如果只是听讲解和阅读文字,那并非一定要到博物馆去。对他们来说,博物馆展览真正吸引他们的,是观看所陈列的各种展品,以及由这些展品形成的形象体系。这个形象体系具有明确的空间广延性,是一种三维的、具有深度感的视觉形象。在博物馆,不仅信息传播载体具有空间的形态,博物馆学习的活动也是在一个特定的空间中展开的。博物馆可能是唯一需要学习者在站立与行走的交替活动中进行学习的场所。这是一种特别消耗体能的学习活动,这一特点也明显影响了博物馆学习。

二、博物馆传播与学习的主要途径与方式

有效的博物馆学习意味着，当观众离馆时，对某一相关的主题有了比进馆时更多的知识和更深的理解。那么，这种认知过程是怎样发生和实现的呢？

与其他教育方式相比，博物馆具有更加综合性的特点。在今天的博物馆展览中，展览要素丰富多样，它们都以各自独特的方式，履行着信息传播的使命。这一点深刻地影响了博物馆学习，使其带有明显的综合性特点。

当一名观众进入展示空间，他的学习活动主要包括阅读文字、聆听讲解、观察展品、观看视频材料、亲身体验和操作等。但正如前所述，阅读和听讲虽然是博物馆教育中重要的辅助手段，但不能独立构成博物馆学习，也不能体现博物馆学习的特征与本质。真正能体现博物馆学习本质的，是对展品的观察与体验。展品既是吸引观众来馆参观的主要因素，也是实现博物馆传播的主要途径。博物馆传播是通过将展品陈列在一定的空间中展开的，博物馆学习也正是通过对这一空间形态的观察来实现的。

那么，这一认知过程是怎样实现的呢？观众是通过怎样的途径和方式来获得相关的信息与知识的呢？

我们知道，当代博物馆的展品，包括两个大的方面：实物展品与非实物展品。前者是指博物馆收藏的自然界和人类社会中各种历史的与现实的物品，包括化石、标本和人工制品。它们由于蕴含着反映自然生活和人类生活的信息而成为博物馆的收藏品。它们是人类活动及人类与自然关系的见证物，是我们理解自然生活与人类生活最重要的信息载体，在博物馆展览中扮演着叙述自然及人类生活故事的主角。非实物展品是指为了更完整、更系统、更形象、更深入地展现由实物展品所叙述的故事而专门制作的展品，包括各种造型物、情景再现和信息传达装置等，在博物馆学中它们通常被称为"辅助展品"。这个由实物展品与非实物展品共同构筑的空间形态就是博物馆教育的知识载体，是博物馆认知发生的源泉。具体地说，它有以下两种类型。

第一种是由实物展品及其组合所形成的空间形态实现的。这意味着，如果对实物展品的位置设计得法，这些展品本身就具有一定的表达和解释的能力，从而向观众提供信息，使观众获得新的知识。这种类型根据其解读方式

可以分成两种不同的形式。

一种形式是"语境化解读",即将实物展品有机嵌入特定的故事线中,嵌进由单元、组分构成的分类框架中,扮演证人的角色。在信息定位型博物馆中,每一个单元和组分都是故事叙述的一个有机部分,都承载一定的传播目的,它们构成了理解实物的特定"语境"(context)。当一件实物展品处在特定的分类序列中,便会与某一传播目的联系在一起,它所蕴含的与这一传播目的相关的意义就被揭示出来。我们可以将这种"传播-学习"的途径称为"语境化解读"。比如,一枚扬州博物馆的唐代打马球图案铜镜,观众将如何了解其间蕴藏的文化内涵呢? 我们知道,扬州是中国唐代重要的铜镜产地,如果我们将这枚铜镜放在反映扬州唐代手工业的单元中,又将它放置在反映唐代扬州金属加工的组分中,再把它放在反映扬州唐代铜镜制造的小节中,在这样的语境下,这枚铜镜成为证明扬州唐代制镜业水平的一个物证,所反映的是扬州唐代发达的手工业的主题。但是,如果我们将这枚铜镜放在叙述扬州唐代对外文化交流的组分中,它所反映的是唐代扬州是中国与世界各国文化交流窗口的主题,它变身成为证明唐代扬州活跃的中外文化交流的物证。这表明,观众学习和释读方式与展览分类框架所形成的语境息息相关。展品处于不同的分类框架的不同位置,所给出的语境就不同,观众所获得的信息、所得到的知识点也不同。当一件实物恰如其分地放置在一定的分类框架中,成为类概念中的一个个案时,它就被解释了,也就被理解了。[①]

另一种形式我们可称为"组合化解读",即通过实物展品在展览空间放置的序列、情态等,使观众获得相关的信息。比如,当我们将一批古代钱币无序放置,观众所看到的,只是一些钱币的具体形象,但如果把它们按照历史年表的序列排放,观众就能获得关于古代钱币发展的一般印象,从而得到新的知识。还有一个常见的案例是,在叙述秦帝国统一中国后实行统一的货币政策,原先各国不同的钱币都由统一的秦国钱币取代时,设计师以秦国钱币为中心,将各国钱币围绕着秦国钱币进行放射型的布置。在这些情境中,只需借助极少的辅助手段,甚至不用辅助手段,展品就具有了叙述和解释的能

---

① 关于"分类"的意义,Eilean Hooper-Greenhill 在 *Museums and the Shaping of Knowledge* 一书中提出了相关的争论,此书已由徐纯教授译成中文。

力。① 当它们被观众所观察,认知活动便发生了。

第二种类型是由非实物展品及其组合所形成的空间形态实现的。虽然非实物展品不是博物馆展览的主角,但由于它是为实现特定的传播目的专门制作的,带有明确的辅助学习的特点,如果处理得好,会有很好的传播效应,成为博物馆学习的重要途径。

非实物展品主要包括各种情景再现、模型、视频材料和互动装置等。随着当代博物馆社会功能的拓展、博物馆展示理念的更新以及展示技术的进步,其种类和手段更加丰富多样,在博物馆学习中所起的作用也越来越重要。

那么,这些非实物展品又是怎样作用于观众的学习,使观众获得新的知识与新的理解的呢?

第一,借助于"情景再现"进行"现象还原"。作为历史遗留物的实物展品,其发现与收藏往往带有偶然的性质,与它们所指代的那个真实的世界,那个动态的历史进程,并不具有严格意义上的对应关系。事实上,一个地区发生过的重要事件和出现过的人物,尤其在历史早期,常常没有遗留下任何实物,而这些内容却是构成历史叙述不可或缺的。信息定位型展览在故事叙述中,常常会采用非实物展品使故事叙述更完整和更深入。借助于"情景再现"的"现象还原"是其重要手段之一。从一个宽泛的角度看,情景再现的形式是多种多样的,可以是等比的场景,可以是微缩的景观,可以是二维的绘画,也可以是建立在数字技术基础上的虚拟现实。

如果说器物定位型展览中"器物的真实"是至关重要的话,那么,在信息定位型展览的情景再现中,所强调的是"现象的真实"。建立在科学实证基础上的"情景再现",其本质是对已消失的或无法直接在场的现象进行形象的和逻辑的重构。在这个重构的世界里,过去时代的或不在场的人、事和景观,以最直观和形象的方式呈现在观众眼前。观众可以看到那个时代人们的服饰、发式、用具,以及他们的生存状态。这种直观的观察,比阅读图书或论文更易于理解,也更生动有趣。与此同时,我们也要看到,在一个展览中,哪些东西要进行情景再现并不是随意的,通常会选取最重要和最具有典型意义的内容,这种重要性是经过严格的学术研究和统计分析得出的。所以,情景再现虽然以感性的方式

---

① 严建强:《关于陈列语言的探讨》,《中国博物馆》1993 年第 3 期。

呈现,却是理性分析的产物,在知识传播上具有典型化的意义。

第二,借助于"教具化模型"进行分析与阐释。要揭示发明物中蕴含的智慧,仅有实物的直接呈现是不够的,人们无法通过对内部结构及其运动方式的观察来理解其原理。在这种场合,制作带有说明性的剖面模型,能有效地显示器物内在的结构,帮助人们更深入地理解。比如:局部剖面的建筑模型不仅呈现出建筑的外观,也表现了梁架结构等内部构造;"蚁穴"或"地道战"的剖面模型,则让我们看到了无法直接观察到的内部结构。这对我们深入理解主题的内容具有难以取代的重要性。还有一种连续序列式的模型,通过一系列同类模型的陈式化排列,叙述事物在时间进程中的演变。这类模型具有明显的教学意图,能很好地贯彻策划动机,实现传播目的。它们是展览中最接近于教室教学的部分,所以我们可称之为"教具化模型"。

第三,借助于视频影像进行连续和深度的叙述。展览中的实物展品通常呈现出静态和瞬间的样式,仅靠它们自己很难反映其在日常使用中的情形,也无法揭示围绕物品所发生的故事。为了帮助观众更深入地理解实物展品,博物馆经常采用视频影像作为辅助手段。这种视频可分为展厅型、图书馆型和影院型,其具体的样式层出不穷。这种信息传播方式本质上属于电影的运动画面,但由于其翔实深入的叙述能力,得到了广泛的运用,成为博物馆展览中弥补静态瞬间局限的重要手段,也充分体现了博物馆传播的综合特征。视频和音频的采用,大大地增强了博物馆的故事叙述能力,也大大地增加了信息传播的容量。这种学习的方式是观众熟悉的,成为博物馆学习的重要的补充手段。

第四,借助于互动装置进行操作与体验。博物馆是极少数能为学习者提供直接经验的场所。这种由亲身操作而产生的直接经验是奇妙而有趣的,而且极大地丰富了博物馆学习的内涵。有许多知识,仅靠间接的传授是无法获得的。博物馆将展览中的相关内容转化为互动装置或实践教室,让观众在操作中掌握相关的知识,加强对事物和现象的理解。在亲身操作的实践活动中,观众身体的各种器官协同作用,自主性得到最好的发挥。当观众按照规定的方法和程序达到预期的结果,他就理解了相关的原理和知识。这种学习过程始终伴随着"发现与探索"的快乐,而不是简单的"被教育"。

除了上述这些典型的博物馆传播方式外,阅读说明文字和聆听讲解也是博物馆学习的重要途径。虽然博物馆界曾就文字的合法性问题展开过讨论，但各国博物馆的实践充分表明，必要和适当的文字对观众理解展览具有无可替代的重要性。同样，讲解员和语音导览系统也在博物馆学习中扮演了重要的角色。阅读和听讲是我们自幼就熟悉的学习方式，它们在学习中是怎样发生作用的，我们就不再赘述。文字与言语进入博物馆，表明单纯依赖视觉传达，博物馆无法充分完成传播的任务，还需要借助于人们熟悉的常规语词符号系统。

从上述分析可见，博物馆传播具有多维度和高度综合化的特征，既有感性的方面，又有理性的方面，既有视觉的，也有符号的，既有间接经验，也有直接经验，它们共同作用于人的多种感官，博物馆成为人们理想的学习场所。

三、博物馆传播与学习的特征

了解了博物馆的教育性质与学习的途径，我们就可以明确博物馆学习的特点，并根据这些特点来寻找提高博物馆学习有效性的方法。我们在这里把博物馆传播与学习的特征主要归纳成以下几方面。

1.非专业性特征

公共博物馆并不讨论学术或生产领域的前沿和尖端的问题，而是服务于普及教育的目的，所以，严格地说，它不是为那些相关领域的专家办的，而是为普通大众服务的。进入工业社会以来，随着社会分工的日益细密化，一个人的一生通常局限在极其有限的专业空间，造成了认知结构的狭窄化，各种专家对自己从事的领域之外的世界知之甚少，所以有"隔行如隔山"之说。从某种意义上可以说，这种知识狭窄化是人类文明进步的一种代价，世界博物馆运动正是对这种文明病的一种纠偏。在当今世界上，几乎所有的学术领域，所有的行业及社会生活的各个方面，都有相应的博物馆。参观博物馆，有助于人们从社会分工造成的偏狭中走出来。从这种意义上讲，博物馆是各学科、各行业与外部世界沟通与交往的窗口，肩负着让社会了解本学科、本行业的责任。对于绝大多数观众而言，进入博物馆意味着进入了一个新的领域，即便他们在自己所从事的领域里是杰出的，但在这里，他们却是缺乏专业训练的门外汉。面对这样的观众，博物馆如果依然采用本专业内部使用的语言与方法,那就不可能将这些门外汉吸引到馆里来,即使来了,也会因为看不懂而扫兴而归。所以,对于博物馆来说,如何用非专业人士能理解的方式进行传播,使他们兴致盎然地参观展览并获得对该领域的理解是最关键的。只有那些能将专业知识用非专业的方式进行阐释的博物馆,才有可能获得传播上的成功。

2.科学教育的特征

博物馆的工作目的之一是在广大人民中进行科学教育,提高民族的科学文化水平。博物馆所从事的科学普及工作虽然需要用非专业人士都能听懂的方式,但其内容必须具有严格的科学性和真实性,这是任何一个科学教育机构都必须遵循的原则。在许多人的眼里,博物馆属于最具科学权威的机构之一,观众在博物馆所接受的教育可能会伴随他的一生,所以博物馆必须以最严肃最真诚的方式对待自己的观众,向观众提供准确的科学知识。这是博物馆应恪守的最重要的道德原则,无论是传播效应,还是审美品质,都不能凌居其上。这一特征要求博物馆在举办展览时,尽可能保证所传播知识的准确性、真实性和科学性。这一点在当代信息定位展览的情景再现中尤其值得注意,绝不能将臆想的、经不起实证检验的现象呈现在观众面前,每一个细节都要有事实依据,否则将误导观众,使博物馆的科学权威性荡然无存。

3.大众传播的特征

博物馆不是小众传媒,更不是个人行为,而是属于社会公共文化中的大众传播媒体,即使是个人出资的私人博物馆,性质也是如此。所以,对于博物馆而言,它又必须遵守大众传播媒体的相关规则。这要求博物馆作为传播者,必须从大众传播的角度出发。我们向观众进行传播时所采取的理论或学术观点,不能完全根据自己的理解或主张,而应该根据学术界公认的、具有稳定性和先进性的知识体系。在涉及学术争论时,应该选择最广泛、最具代表性的理论。在一些场合,也可以将不同的观点都予以介绍,由观众自己做出判断。

4.审美特征

如前所说,博物馆是一个非正式教育机构,没有任何强制性措施,完全依赖对公众兴趣的激发来吸引观众。要使观众具有参观驱动,博物馆必须是一个具有良好审美品格的地方,博物馆或许是唯一一种具有这类要求的教育机构。为此,博物馆的展览应该是美的,具有良好的视觉效果,只有这样,才能吸引观众前往。当然,博物馆审美是有自己的独特品质的,审美风格也应当与展览的内容相呼应,绝不能因为美而伤害展览的科学性和传播性,相反,如果展览的美、展览的视觉外观、展览所营造的气氛与展示内容互为表里,审美不仅有利于观众理解展览内容,甚至美本身就成为参观学习的动机。

5.视觉文化特征

博物馆传播的核心载体就是由实物展品和非实物展品在一定空间形态中构成的视觉形象,因而具有强烈的视觉文化色彩。一些能用文字方式或视频方式表达的内容,如果无法转化为能以空间表达形式呈现的内容,就很难成为博物馆的项目。在一个展览中,如果我们仅用文字来强调某个内容的重要性,观众未必能真正意识到,只有通过一定的体量、照度和色彩,观众才会将更多的注意力投射到这个内容上。根据这一特征,我们一定要特别关注展览的空间形态和视觉效果,要善于将展示内容用视觉的和空间的形式呈现出来。① 如果展览中大量采用文字和平面材料,那它就成为一本站着的书,失去了博物馆传播的特点和意义。

6.高度综合性特征

从上述对博物馆学习途径的分析得知,博物馆传播是一种具有高度综合性的传播方式。这种综合性特点,不仅能调动学习者的各种感官,有助于对内容的理解,而且能用其构成的丰富性克服单一媒体的单调性,使观众得到更丰富和多样化的体验。为此,我们若想获得良好的传播效应,就应该采用丰富多样的媒体,将它们有机地组合成共同实现传播目的的视听系统,通过它们的综合作用,使展览更易于理解,更受观众的欢迎。

四、小结

根据上述对博物馆传播与学习的理解,结合当代中国博物馆的实际情

---

① 宋向光:《知识视觉化:陈列内容设计及文本编写》,载《物与识——当代中国博物馆理论与实践辨析》,科学出版社 2009 年版。

况,我们对当前博物馆的发展与博物馆学的研究,提出以下几点看法:

第一,充分认识博物馆科学教育机构的特点。其科学的性质要求我们加强对展览与展品的科学实证研究,保证所传达信息的科学性、真实性和准确性;而其教育性质则要求我们遵循学习心理学和教育方法论的原则安排展览的内容,设定传播方式。

第二,充分认识博物馆非正式教育机构的特点,坚持采用非专业的表达方式,使展览更通俗易懂,更吸引人,真正做到使观众喜欢看、看得懂。

第三,充分认识博物馆视觉文化的特点,坚持采用以空间形态为主的视觉形象作为传播的主要载体,防止展览过分符号化和平面化而削弱博物馆传播的特色。

第四,充分认识博物馆多种媒体综合作用的特点,善于利用各种媒体共同作用于人们认知过程的优势,有效提高观众学习的兴趣与成效,使博物馆真正成为人们在丰富多样的娱乐和体验中学习的良好场所。

第五,充分认识博物馆自主性操作平台的优势,强调知识传播中"发现与探索"的乐趣。

总而言之,我们呼吁博物馆学界进一步加强对博物馆学习的认知过程及特点的研究,对博物馆传播中取得积极效应的案例进行归纳和总结,将其上升到理论层面,提出更系统的学习理论,指导博物馆传播的实践,使我国的博物馆在数量迅速增长的同时,不断出现质的飞跃,不辜负时代对博物馆文化的殷切期望。

传播目的

——当代博物馆展览建设中的一个核心概念

虽然并非所有的博物馆都自觉承担传播的使命，但通过展览进行有目的的传播，无疑已是越来越多博物馆的自觉行动，并成为 20 世纪 80 年代以来世界博物馆界发展的主流。博物馆学对教育型展览或信息定位型展览表现出前所未有的兴趣，正是这一变化在理论方面的反映。

如果这一判断无误的话，我们就有必要对当代展览建设所涉及的相关问题，包括展览的规划和策划、展览的设计与布展，以及展览质量的判断与评估，进行新的审视。在我们看来，构成这一新视角的核心概念是"传播目的"。在以传播为宗旨的博物馆展览中，"传播目的"是展览的灵魂，它的确立与实现是贯穿展览建设始终的最强大的制约要素和指导思想。

从实践的角度看，虽然许多博物馆展览都自认为属于信息定位型展览，有明确的展览主题，但许多观众看完后不知所云。出现这种现象，在很大程度上是因为展览策划与设计中没有明确地设定传播目的，缺乏有序的传播目的构造，从而使展览缺乏认知学的引导，缺乏有效的检验系统，沦为各种展览要素的随意混合。

那么，怎样才能将"传播目的"这一概念引入博物馆展览建设中，从而保证展览的传播质量呢？我们认为，要建设一个具有良好传播效应的博物馆展览，必须围绕着传播目的做好以下几方面的工作。

1. 树立把"传播目的"作为展览建设核心的理念

与普通的室内建筑不同，博物馆不是单纯的审美场所，而是一个科普教育机构，两者间的区别就是博物馆承担着向观众传播科学知识的使命。既然负有传播的使命，就会涉及传播的目的问题，其本质是：在这个展览中，我们究竟向观众传播些什么，要达到什么样的目的？这个目的不仅是我们为自己设定的目标，是判断我们工作成效的依据，更是展览建设工作中每一个环节的依据和目标:当判断展览策划的质量时,我们会考察它的传播目的的设定是否中肯准确;当判断设计方案的优劣时,我们会考察它是否忠实地表达了传播目的;当开展展览评估时,我们会考察展览是否有效地实现了传播目的。可以说,有了传播目的,我们的各项工作就有了统一的目标和标准。从受众的角度看,由于具有明确的传播目的,展览所欲传播的信息将以一种清晰与自觉的方式组织起来,展览的各项目也以一种有序的方式得到整合,从而有利于观众对展览的理解。同时,通过比较展览的传播目的与观众实际获得的印象和信息,我们就能对观众的实际受益情况,对展览的传播效应,形成中肯的判断。

2. 用"传播目的"的概念指导展览策划,建立准确系统的传播目的结构

一个优秀的展览,必然是由一系列不同层次的传播目的组织起来的。博物馆展览的规划与策划,就是要建立这样的系统。

首先是展览的总传播目的。总传播目的是关乎展览性质与基本任务的总目标,其设定的准确与否,会从根本上影响展览的方向和质量。从程序上讲,总传播目的的设定是展览规划要解决的问题,是通过前置评估产生的,以资源分析与市场分析为基础。在前置评估中,如果能建立集思广益的程序,开展对资源与市场的深入分析,就能保证总传播目的与资源及市场的契合性。

除了总传播目的外,还应建立一级传播目的。一级传播目的是在总传播目的统辖下所给出的展览最重要的传播目的清单,它由为数不多的核心传播目的构成,旨在保证展览能抓住资源的重点与特征,保证观众能识别和获取最重要的信息。在理想的状态下,一级传播目的清单应该是专家和观众共同作用的产物:由各方面的专家从本专业角度提出传播的重点,再由观众代表根据自己的兴趣与意愿进行选择和排序。如果一级传播目的的设定是准确的,就能够保证展览能有效地抓住重点。

在这之下,就是展览中具体的传播目的,一些博物馆将它们分为二级传播目的和三级传播目的,它们是紧紧围绕总传播目的和一级传播目的展开的,目的是保证总传播目的的实现。

可见,展览的每一层次和部分都肩负着传播的使命,都是实现总传播目的不可或缺的组成部分。也就是说,一个展览是由许多组围绕着总传播目的,但内涵和层次不同的传播目的组成的,由此形成了一个由不同等级传播

目的构成的系统。这个系统构造的合理性,以及不同部分和层次的传播目的之间的相关性和支持度,会直接影响传播的效果。展览策划的任务之一,就是建立一个与资源及认知匹配的框架,在这个框架中,各组传播目的各得其所,形成一个层次分明、条理清晰、井然有序又互相支持的信息分布结构,使观众能清晰地知道各组传播目的与总传播目的的关系,了解各传播目的之间的关系,从而对展览的系统和重点都能很好地把握。

3. 以传播目的为依据组织设计布展,保证展览具有良好的传播效应

在形成准确和系统的传播目的的结构后,展览建设就可以进入设计布展的环节。在这一个环节中,传播目的的实现进入到实质性实施的阶段。

(1)设计师对传播目的的理解

博物馆展览设计的本质是将策展人用文字表达的传播目的转化为空间的视觉形态,转化为具体的展览项目。要完成这样一个任务,设计师首先必须深入和充分地理解策展人的传播目的和意图,然后将这种理解用空间和视觉的形式表达出来。为此,设计师必须将大量的时间和精力花费在策划文本及相关文献的阅读、理解上。从某种意义上可以说,设计师工作的本质并不是自由地创作,而必须受到传播目的实现这一目标的制约。只有当设计师深入地理解了展项的传播目的,并将其有效地转换为空间的视觉形态,观众才可能通过观察理解展览的传播内容。

(2)表达方式的选择

在充分理解传播目的后,设计师就要面对表达方式的选择。只有选择了恰当的表达方式,传播目的才能实现。反过来说,表达方式的选择必须服务于传播目的的实现。是否有助于传播目的的实现应该成为判断设计方案质量最核心的标准。

当代博物馆展览建设中存在着是否采用新媒体和情景再现等技术手段的争论。我们认为,单纯的肯定或否定都是没有意义的,关键是要将这些技术手段的利用与传播目的的实现联系起来考虑。如果这些技术的运用有助于传播目的的实现,我们就应该毫不犹豫地采用;相反,如果这种技术无助于传播目的的实现,反而可能使观众的注意力离开主题,那就应该坚决地摒弃。

（3）设计方案的判断与遴选

当代博物馆展览建设必须经历一个为遴选设计方案而展开的招投标环节,其本质是选出高质量的设计方案。这一环节对展览传播目的的实现也是非常重要的。关于怎样的方案才是应该被选的优秀方案,是否忠实地理解并有力地推动传播目的的实现,应该是判断的关键。要做到这一点的前提是,参与选拔的评委事先了解展览各展项的传播目的,然后考察各方案在这方面的表现。如果一个方案的效果图画得非常精美,但其创意表现出对传播目的的懵然无知,不仅无助于传播目的的实现,反而起了相反的作用,这样的方案绝不能被选。很遗憾,在一些展览设计方案的遴选中,评委并没有事先去了解展览的传播目的,也不去考察设计方案在实现传播目的方面的能力,只是根据自己的审美倾向与习惯选择设计方案,这种做法是无法保证展览质量的。

4. 以传播目的为依据开展展览评估,开拓博物馆展览不断进步的旅程

评估是当代博物馆建设必须具备的环节,在许多国家,没有评估环节不予立项。在博物馆展览建设中,除上述的前置评估外,还有"形成中评估"和"总结评估"。形成中评估是展览建设中通过实效模拟的方法判断展览形成后实际效应的工作,除了二维转化为三维后的空间体验外,形成中评估还应对实际展览的传播效应做出判断,其中最核心的工作就是考察其实现传播目的的能力。只有当观众或评估人认为他们在所置身的空间形态中真正理解了展览的内容,展览的传播目的才算实现,布展工作才能正式开始。总结评估则是展览建成后,对其实际传播效应所做的评估。只有通过总结评估我们才能知道展览是否实现了设定的目标。总结评估最核心的参照系也是预设的传播目的,其本质就是将观众的实际受益情况与展览预设的传播目的进行比较,考察其实现的程度。如果与预设的传播目的距离较大,就应提出修正的方案,总结评估将会转化为改善性评估。这表明,在展览建设中如果缺失传播目的的设定的环节,无论是形成中评估,还是总结评估,都会因缺乏依据而无法有效展开。

在我国当前的一些博物馆展览建设中,由于传播目的的意识不明确,无论是策划,还是设计和布展,都没有把传播目的的实现放在应有的位置上,其结果不仅严重影响了展览的传播质量,也使展览难以纳入必要的评估,从而

使博物馆展览成为一个无法被评估的系统。这意味着,由于缺乏传播目的实现的参照,我们无法知道问题出在哪里,也无从知道应该努力的方向。

上述存在的问题严重地削弱了博物馆展览的传播能力,导致了观众不知所云、受益不大的现象。虽然当代一些展览从外观上看已经接近发达国家的博物馆,但通过深入的研究就会发现,其实际的传播效应还相差甚远。这意味着,如果不在传播效应方面有所突破,我国博物馆在打造学习型社会及为公众构建终身教育平台方面就无法履行自己的使命。在这条赶超之路上,中国的博物馆展览建设者必须紧紧抓住这个关键性的概念:传播目的。

博物馆展示中的时间因素及其变化^①

近年来,我们对当代西方博物馆陈列进行了一些介绍,但主要局限在技术的层面,对于展览所依据的理论,以及这些理论赖以产生的社会背景,我们了解得并不多。事实上,随着西方社会观念的变迁,博物馆陈列的理论基础发生了重大的变化,对陈列的技术产生了明显的影响。所以,只有弄清这些理论和观念的变化,我们才能对当代博物馆展示有深入的了解。

当代博物馆展示理论的变化是多方面的,其总的发展趋势是与后现代主义的思潮一致的,具体地说,反传统、反主流和文化相对主义的倾向变得明显了,更突出了个性化的特点。在这些变化中,最引人注目的是展览中时间因素变得远不如20世纪时那样重要,设计家们习惯的时序和进化的布展原则至少局部地被抛弃了,由此出现了所谓的"非历史性展览"。那么,时间的和历史的因素在博物馆展示中到底出现了怎样的变化,这种变化的原因何在?本文想通过对"非历史性展览"的介绍和分析,对这个问题做一些初步的介绍和解释。

博物馆展示中时间因素的重大变化出现于19世纪初。我们知道,19世纪上半叶正是酝酿和产生进化论的时代。在这个时代,一种新的观察与思维的方法兴起了,其本质是引入时间和历史的因素。由此,我们面前的世界不仅是结构的,也是历史地变化着的。此种观念上的革命给19世纪的博物馆陈列带来了新的思路。这一变化似乎是从德国开始的。1830年,阿斯特博物馆建设委员会主席冯·许堡在向国王提交的一份报告中说:"这里的皇家美术馆与英、法不同,它系统地包括所有各个时期的绘画,从一开始就提供了一个形象的艺术史。"杜塞尔多夫和维也纳的其他美术馆仿效这种方法。1836年在慕尼黑向公众开放的老陈列馆,也是按时代进行分类和陈列展出的。几乎

---

① 本文系与胡群芳合作。

在同一时期,丹麦国家博物馆馆长汤姆逊也提出了著名的"三期说"。自那以后,依据时间的秩序来布置绘画作品就逐渐地成为各国艺术博物馆展示的常规形态。不仅如此,随着时间成为主宰一切的因素,"历史性"也在科技馆和自然博物馆占据了重要的地位。

"历史性"展览方式以时间为主线贯穿人类的文明和文化,将一些无可怀疑的物证有逻辑地组合在一定的主题之中,脉络清晰地呈现在观众面前,使观众通过视觉直观地感受作为历史序列的展品在时空中的位置。展览的技术意图常常能被顺利地接受,科学和文明的知识因而也得到更广泛的传播,然而也有人认为,这种"历史性"缺少了一种多元文化在场,展品在呈现大量能指的同时,失去了获得丰富所指的机会。文化多元的注入成了"历史性"展览获得新生的一个契机,其背景则是文化自身的转变。

20世纪在许多方面都表现出与19世纪不同的特色。这种变化如果用一句简单的话来概括,或许可以说,一种后现代主义的色彩变得更加浓厚了。我们知道,现代主义所处的工业社会着重权力、效率和生产力,后现代主义所处的则是信息社会,看重数量、可接受性和重要性;现代主义文化是历史的线性发展,后现代文化是一种共时的、多元的发生状态。在由现代向后现代的转变中,进化论得到了反思。这一点,在作为博物馆展示的理论基础的历史哲学方面,也有某种表现。

比如,有人针对传统一元进化的历史观提出了批评。他们认为,把人类历史看作一个一元的无限进步的过程,必然赋予进步一种抽象的历史价值。这种价值非但不作为人生的目的和意义,相反,可能导致人的价值与历史的冲突,也就是说,人在历史的进展中失落人生的意义。而且,这种观点还会导致把欧洲的历史进程连同其文化特征视作一种标准的参照的做法,从而达到一种欧洲中心论的观点。所以,他们强调历史的多元性质和文化的相对性质,把世界史看作人类各种文明的传记,其中每一种文明都是等值的和同时代的,有其相对的价值。在艺术领域,也有人证明,艺术作为一门特殊的学科,某一时代氛围能把某种艺术推向高潮,但其并不呈现绵延不断的进化趋势。这实质上就是将进化论从艺术领域驱逐出去。与此相反,一种艺术阶段论的观点则得到确立,艺术被看作一个特定时代、文化的产物而备受推崇。由此,对艺术来说,时间变得不那么重要了,它常常透过时间进入我们的视线而被认为是至高无上的。文化上的接受成了考察艺术的主要标准。所有这一切都不可避免地影响了博物馆组织展览的一系列理论原则,也影响到博物馆的收藏态度与政策,从而使博物馆展览表现出新的特点,而所谓的"非历史性展览",就是其中之一。

按照 J. 梅杰斯的说法,"非历史性展览"已经发展为一种趋势。尽管这些展览有各种不同的形式,但有一点是相同的,那就是它们都放弃了传统的按年代编排的原则。其目的在于揭示产生于相距遥远的历史时期和完全不同的文化的作品之间的一致性,这种亲和力冲破了年代学的藩篱以及按风格编排的传统。

从鲁迪·福克斯 1952 年举办"第七届文献展"到他在哈格斯·格曼特博物馆重新组织展览的一系列活动中已经显露出这种展示原则。到 1988 年鹿特丹的鲍曼斯-冯·波宁根博物馆举办的"非历史之声"展览,这种特殊的展示原则已经变得清晰明显了。该展览的组织者是著名设计师哈罗德·森曼,他布展的中心环节采取了一种新的艺术分类原则,这种分类所依据的既非编年史的顺序,也非艺术风格或经典的质料,而是从个人理解的角度所看到的不同时代、不同风格及不同质料的艺术作品之间的基本联系,并通过"移情"(einfühling)将它们联结起来。这种陈列在视觉构成上具有德国音乐家瓦格纳在歌剧中所倡导的将故事情节、音乐、舞台场景糅合在一起的总体艺术作品(gesamt kunstwerk)的效果(为此他还将康定斯基的一幅作品 Lyrisches 悬挂在中间,来强调这一主题)。在具体的陈列方面,他采用了一种"空间三分法":在每一个空间里混杂着各种不同质料的展品,而雕塑都占据着中心的位置。约瑟夫·博伊斯的《格隆特》居于正中,伊米·诺贝尔的《餐柜》在右,而勃拉斯·诺曼的《工作室一隅》在左。除了营造无历史的、美学的气氛外,森曼还采取了隐喻的手法,把居中的一个主要展厅设计成一个"令心灵困惑的场所,以引起各种关于人类的创造力、苦难以至死亡的思绪"。在这里陈列的波罗海尔的《通天塔》象征困惑,鲁本斯的《三个十字架》则意味着受难。右边的房间被一种空寂和单色调造成的隐秘沉默氛围所包围,这里并置着诺贝尔的作品——一只 18 世纪的银质咖啡壶、詹的《敬慕玛利亚》,以及莫朗第、布罗德瑟尔斯和凡·艾克等的作品。最后,在左边的房间,我们看到外表琐细的作品得到了升华,变得崇高而神圣:在这里,诺曼、罗斯科、海隆姆斯·博西、辛瑞德姆、蒙德里安的作品与一只 16 世纪威尼斯玻璃器皿陈列在一起。森曼显然希望由此造成雕塑与其他艺术品在空间上的对话以引起一种共鸣,并将过去与现在以非历史的形式联结起来。

对于这样一类展览,一些评论家认为,虽然有的观众会屈服于展览的强有力的视觉效果的直接印象,并且充满了惊奇,但设计师所力图揭示的那种"联系",如果不是圈内人物,未必能看得出来。许多批评家注意到,这种非历史的展示方式与那种依个人喜好选择展品的"品味欣赏派"(arbiter of taste)之间的界线是模糊的。对于品味欣赏派,比利时艺术批评家弗朗斯·波恩得斯近来提出了尖锐的批评。他在一本名为《没有边界的艺术,没有帽子的博物馆》的小册子中指出,品味欣赏派所感兴趣的并不是要展出的艺术,而是通过展览表现他们自己。他们只根据自己的直觉选择展品,丝毫不顾及既定主题展品选择和布展的准则,在 20 世纪 80 年代初期,福克斯的"第七届文献展"就受到了道格拉斯·克里姆泊的类似的批评。克里姆泊在《展示艺术》一书中指责"第七届文献展"通过特殊的展示方式将一尊新古典主义的雕塑变成了自己事业的吉祥物。这种对非历史展览的指责是否正确,它到底是一种权力之争的工具抑或一种重要的文化现象,梅杰斯认为,要回答这一问题,应该对艺术博物馆历史上的各种运动做一个回顾。

有趣的是,尽管非历史展览淡化了展览的历史因素,但要理解非历史展览却恰恰要到历史中寻找答案。非历史展览的观念看来确有其历史的渊源。在谈及布置"第七届文献展"的动机时,福克斯说,他希望看到这个展览具有一种学院的性质。他所指的不是我们今天看到的学校,而是指 17、18 世纪知识精英们的学术团体,这些团体具有自己明显的个性和传统。在那里,成员们在一起探讨艺术,寻找它们之间的相关性和差异性,并努力创造属于自己的文化运动。福克斯遵循这种学院的范例,希望让各种不同风格的艺术在"第七届文献展"上互相接触,这就是他不按风格分类的原因。同样,森曼也将自己的思想来源追溯至 19 世纪之前,并把自己的鹿特丹展览与这种学院传统联系起来。

和福克斯一样,森曼把这种传统的学院看作一个能使各种艺术汇聚在一起却不会互相削弱的场所。按理说,17、18 世纪的学术团体是加剧各种不同艺术特点与传统之间对抗的因素,它与后现代主义重新恢复的对艺术折中主义的兴趣应该是格格不入的。但事实上,在17、18世纪的学术团体中流行着一种叫作"ekloge"的积极折中主义,它在一个确定的范畴中选择各学派的优点,所以在规定的范围里它允许各种不同的艺术表达方式。一个一成不变的艺术秩序正是福克斯和森曼所不想要的,于是他们只得到历史中去寻找。当然,他们的这种怀旧是经过审慎选择的。

除了上述的学术团体,非历史展览还有另一个思想来源,那就是17、18世纪"混合型"画廊的影响。艺术赞助人和古典学院在画廊展示他们的收藏时,往往既不是按地域的原则,也不是按年代学的原则。他们显然也意识到按学派分类的可能性,但他们觉得在画廊陈列时并无此必要,相反,他们认为将各种学派混杂在一起有利于展开对各种作品的比较。我们在福克斯1983年为安德霍芬·冯·艾比博物馆设计的展览中就看到了这一原则的影响。他把展品类分成不同的组合,以便它们能相互对话。

通过作品之间的物质、风格、时代等方面的对比,他们的特征变得更加清晰,相互之间的联系也被进一步揭示出来。比如他把查格尔在1912年作的《崇拜阿波罗》与法布罗于1979年所作的《巴黎审判》面对面地陈置在一起,就起到了这样的作用。尽管这两幅作品在质料上、时代上和风格上有很大的区别,在内容上,前者取材希腊神话,后者则具有俄国背景,但他们都与一个基本的故事相联系,就是都关注生活中最基本的东西。这种基本的东西超越了艺术史按风格和时代的分类。福克斯并没有采用某种分类法,事实上,在17、18世纪的画廊里也不存在所谓的分类。但福克斯意识到尽管上述两位艺术家的作品在质料、风格和时代方面都充满着巨大的差异,但它们并置在一起并不会影响各自鲜明的个性。在这一点上,他的做法与17、18世纪的学院及混合型画廊的目的是相似的。

现代的非历史性展览受到了17、18世纪的明显影响,两者都没有在展览中体现艺术进化论的原则,这并不意味着历史运动采取了一种循环的方式。事实上,两者在目标取向上有着重要的差异。我们回顾一下那一时期的历史就可以知道,当时欧洲博物馆社会化运动刚刚起步,公共博物馆尚处于始创阶段,收藏为精英服务的观念还根深蒂固。17、18世纪艺术收藏的主要目的是艺术家们的欣赏,对艺术的理解力和洞察力是比较艺术作品必不可少的前提。另一方面,艺术进化的观念还没有确立起来,美具有一种既成的、确定的范式。当时的艺术家们总是根据学院流行的标准在比较中选择最优秀的东西。他们通过比较来确定作品的审美水准,所以展品的混合陈列的目的是服务于这个确定的美的标准。由于当时画廊是培养艺术家唯一的场所,通过把文艺复兴大师们的杰作与自己时代的作品并置,观众就能清楚地看到其间的影响及区别,这对培养年轻艺术家是很重要的。后现代主义的非历史性展览则不同。如果说17、18世纪是"不能"根据艺术风格进化的思路来布置陈列的话,那么,后现代主义的非历史性展览则是"不愿"遵循这个原则。福克斯和森曼放弃了艺术史进化的观念,但又并不简单地相信学院折中主义,在他们看来,随着一成不变的美的原则不复存在,这种折中主义的功能也就随之消失了。他们在展览中并不热衷显示现代艺术家们如何通过向历史上的大师们学习来利用艺术的资源。18世纪那种重技巧的方法让位给了浪漫主义。福克斯和森曼认为,揭示作品的意愿较之将它置于进化树的某一分支更为重要。所以,当他们重新建立各时代之间的接触时,是在从事一件与18世纪博物馆不同的工作。森曼看到了诺贝尔在1984或1985年作的《餐柜》与詹所作的《敬慕玛利亚》之间一种密切的联系,注意到两者在宗教敏感性方面都表现出一种亲昵和节制的特质;他也看到了细微画、家庭祭坛和现代餐柜都具有一种家庭祭祀场所的性质。而福克斯则让查格尔和法布罗的作品互相印证。他们两人虽然在展览的现实性程度上有所区别,但都同样染上了浪漫主义的色彩。在他们的展览中,设计师本身成了中心,成了艺术家,而展品则是传递信息的媒介。观众对此的反映则可能截然不同。对那些主观上能引起共鸣的人,他们能享受令人兴奋的、新的视觉经验,而无此主观体验的人,则或许会被深深激怒。

除了历史的影响外,非历史性展览还受到了20世纪初另外一些艺术现象的启发,首先就是随着对非欧洲艺术兴趣的增长所出现的"混合型"展览方式。这些展览将欧洲的艺术与当代原始民族的艺术并置在博物馆的陈列中,以表明欧洲印象主义之后的现代艺术与所谓的原始民族的艺术之间的相似性。民族学家和艺术史家把原始民族的人工制品看作艺术作品为博物馆的设计师在各种不同时代及地域的展品之间建立联系扫清了障碍,他们采用这种展览方式旨在显示各不同时代、不同地域作品的原本的含义。他们之所以置时间和空间因素于不顾是因为他们意识到:对任何一件物品,不管它们出于何时何地,我们都只能完全按作品本身的审美价值来考虑。按照马尔拉克斯的有些夸张的话说,国际造型艺术档案使我们能够超越作品的物质特征得以看到作品原本的含义。比如,我们可以在罗那尔特的《老皇》那里找到了阿伽米农面具的回音,也可以在德加的《马摇摆的节奏》中看到其与原始装饰的关联。在马尔拉克斯看来,这不是一个互相影响的问题,因为尽管它们充满同样的精神,但又各具鲜明的个性。20 世纪初的许多展览都体现了这一原则。马克斯·绍兰德在汉堡艺术馆的布展中就将印象派木刻、油毡浮雕图案与红黑相间的希腊花瓶并置,卡尔·恩斯特·奥斯特豪斯于 1912 年为福克望博物馆进行陈列设计时则将欧洲艺术与非欧洲艺术融合在一起,他在 1929 年为福克望博物馆布展时也采用了这种方式,将埃米尔·诺尔德的油画、非洲的面具和南海诸岛的祖先偶像都布置在同一展厅。威廉·桑德伯格于 1955 年为荷兰阿姆斯特丹市立博物馆所设计的"现代艺术老与新"展览时,也将考伯拉的油画与非洲的面具、里伯奇茨的雕塑和其他的展品交错排置。

所有这些展览力图显示出展品形态的亲缘性。在这一方面,《原始艺术与现代艺术》的作者罗伯特·戈德华特走得更远。1957 年,他为纽约的一家博物馆设计展览时采用了一种颇为新奇的方法,他置"文化区域"这一概念的人种学使用方式于不顾,将前哥伦布时代的神像与复活节岛的雕刻陈列在一起。

除了这些先驱之外,福克斯和森曼或许还受到了更晚近的展示方式的影响,那就是 1989 年在法国巴黎举办的一个大型展览中"地球村"的形式。如果说 20 世纪 50 年代寻找的是一种被认为是全球通用的基本语言形式的话,那么到了 80 年代,人们所强调的则是形式上的差异性。来自各种不同文化背景的艺术家们在巴黎都按照自己的方式布展,这就使得展览呈现出一种非常多样化的局面。然而,无论怎样,组织此类展览的一个基本前提是,不管展品如何多样化,它们之间必须有一种内在的联系。至于在形式方面,我们可能还要谈到 20 世纪 20 年代白色立方设计对福克斯及森曼的非历史性展览的影响,这种展览空间特别适用于他们的展览样式。一方面,立方体被视作可以体现各种不同主观意图的中性区域,从而使得设计师能够根据自己的创意营造出各种新的总体效果,非历史性展览正是利用这一点公允不带偏见地对待每一件展品;另一方面,白色则能赋予所有的展品以平等的身份,即用一种强制的方式消弭展品之间的差异,使它们融合成一个单一的整体。

如果我们要对博物馆展览中的非历史性因素的出现及其增长做一个简单解释的话,我们首先要指出作为博物馆陈列理论基础的社会思潮的变化,那就是后现代主义的广泛流行,以及由此产生的对历史进化论的怀疑和对文化相对主义的同情。非历史性展览就是在这样一种社会的和理论的背景中产生的。它在形成过程中明显地受到了 17、18 世纪学术团体和画廊传统的影响,同时也受到了 20 世纪初一些文化现象,尤其是对非欧洲艺术兴趣增长的影响。所以,正如我们文章中指出的那样,对非历史性展览的解释恰恰要到历史过程中去寻找。然而,指出了非历史性展览产生的原因,并不意味着我们能就其地位和前景做出中肯的估价,我们所能指出的只是,它为艺术展览提供了一种新的思路、一种新的样式,这至少会在一定程度上为历史上和现实中的艺术作品与当代的人类生存提供新的联系的可能性。至于它到底是设计师与馆长之间的一种权力之争,还是 20 世纪一种新的文化现象,我们现在还无法做出判断,这一点或许有赖于我们对事态进一步发展的观察。

博物馆展览中的情景再现：
意义与原则

信息定位型展览的兴起并走向主流,成为 20 世纪 80 年代以来国际博物馆展示界最重要的事之一。这种现象产生的背景是当代学习型社会的形成。当学习成为个体和群体生存与发展不可或缺的一部分时,许多博物馆观众不再仅仅满足于观赏展品,而是渴望了解隐藏在物背后的故事,并由此获得相关的知识与信息。在这种动力驱动下,博物馆策展人开始将孤立的展品用主题及故事线串联起来,展览呈现出一种"叙事"样式。在这种新的样式中,人类文化遗产中蕴含的文化意义被更充分地揭示出来,博物馆信息传播的功能被大大地强化,信息传播成为展览的主要目的。正是基于这一点,国际博物馆学界将 20 世纪 80 年代以来博物馆展览的变化用"从物到事"四个字来概括。[①] 一些博物馆开始从"装珍宝的匣子"变成了"讲故事的大教室"。

以叙事为主要样式的信息定位型展览从众多方面改变了博物馆展览,其中影响最大的莫过于展览要素的多元化。在器物定位型展览中,实物展品就是一切,几乎构成唯一的展览要素。在信息定位型博物馆中,由于要向观众讲述一个完整的故事,为帮助观众更深入、更准确地理解展览,博物馆展览中安排了许多人工制作的解释性材料,包括用于现象还原的情景再现及各种各样的信息传达装置,它们共同构成当代博物馆展览中的非实物展品。

不管我们是否自觉意识到,这种信息定位型展览在中国博物馆界已经广泛出现。在许多博物馆,各种造型手段,以及各种高科技的解释手段,以各式各样的形象出现在博物馆的展览中。在这样的背景下,对非实物展品在博物馆展览的信息传播中所扮演的角色进行一番理论上的思考是必要的。限于

---

① 高桥信裕:《展示形象之塑造由物至事》,载美工图书社:《博物馆展示设计》,邯郸出版社 1993 年版,第 2 页。

篇幅,本文主要针对展览中的"情景再现"谈一点个人的想法。

一、情景再现在信息定位型展览中的意义

情景再现随着信息定位型展览的兴起得到迅速发展,成为信息定位型展览进行信息传播的重要技术手段。从当代博物馆展览的实践看,情景再现的意义可以从以下方面考察。

1.从传播目的的实现看

(1)更完整的叙述

完整性是叙事不可缺少的品质。然而,对以实物作为主要载体进行叙述的博物馆而言,要做到这一点是极困难的。一方面,作为人类文化遗产的实物展品,其发现常常带有偶然的性质,通常的情况下,只有那些不易腐烂,并且被认为是具有重要价值的物品,才得以代代相传,到达我们的手中。用这些遗存物所建构的世界受到偶然性的制约,通常是局部的和不完整的。另一方面,一个地区曾经发生过的重要事件尤其在历史早期,很难找到直接的见证物。如果我们只能采用实物展品,那么,这些曾经发生过的重要事件就可能永远进入不了博物馆。还有一种可能性,一些并不具有典型意义的实物由于某种机会大量出现,而那些能说明这一地区历史文化本质的物品却很少被发现。如果单纯采用实物展品,可能就造成了局部真实情况下的整体上的虚假,或至少是不准确。在叙事样式的博物馆展览中,人们可借助情景再现表现那些确实发生过但无法找到直接物证的事件,从而使叙述变得完整。

(2)更突出的重点

博物馆是一种借助视觉形象进行传播的文化机构。与阅读书本不同,在博物馆中,并不是我们用文字告诉观众什么东西是重要的就行了。事实上,即使采用了最高级的形容词,如果没有一定的视觉形象,不在空间、体量和光色方面有突出的表现,观众还是无法真正体会到其重要性。情景再现通常是将传播目的中的重点,那些在叙述中具有特殊重要性的内容,用造型的方式表现出来。由于它占据较大空间,可以形成特殊的视觉冲击,因而能更有效地吸引观众的注意力,从而使观众意识到其重要性。

（3）更形象的表达

博物馆传播的本质是将文化遗产内在的文化意义揭示给观众,使他们通过对文化意义的释读,建立起与过去生活的联系。然而,作为文化载体的文化遗产,由于脱离了原先的文化坐标和使用场景,意义变得晦涩不明,造成现代人理解的障碍。在情景再现中,可以借助人工制品重构该物品的文化坐标与使用场景,恢复这件物品与自己时代的联系。当这件物品重新回到自己的生活中,笼罩在它身上的疑问与困惑将会消失。从这种意义上讲,情景再现是通过现象还原进行学习的重要方法。

2.从展示的形式感与视觉效果看

（1）异质性增加使空间形态更趋丰富

对于一名缺乏专业训练的观众而言,要识别同类器物之间的区别并不容易。在许多观众眼里,器物定位型展览构成了一个高度同质化的世界。这种同质性很容易让观众产生审美疲劳,出现参观速度迅速加快的情景,甚至观众可能放弃参观。这是我们在许多器物定位型展览中经常能遇到的。情景再现用异质空间打破同质空间的连续性,加上它们本身良好的视觉效果,从而使展览空间变得更复杂,更丰富,更具有审美意趣。

（2）有助于形成展览的节奏与韵律

在一个单纯采用实物容器的展览样式中,由于展品样式的同质性和容器样式的同质性,要在展览空间中营造节奏和韵律是困难的。在实物容器的空间中穿插情景再现,就为展览空间形成有趣的节奏和韵律提供了可能性。我们可以根据观众在展览空间的心理特征和需求,将情景再现安排在适当的位置,在保证展览具有良好传播效应的同时,使展览更符合观众的心理需要。

3.从观众的情绪与认知看

（1）激发兴趣,增加参观驱动

博物馆的非正式教育机构性质,使得它无法采用任何强制性的手段增进学习驱动。对于博物馆来说,唯一能增加参观驱动的办法就是激发观众的兴趣。所以,博物馆应该是一个吸引人、使人产生兴趣的地方。博物馆是否具有良好的视觉效果和空间体验,带给观众的第一印象及随之而来的兴趣具有关键意义。对于许多文化水准不高的观众来说，他们更多的是被展览的外观所吸引。在这方面，情景再现以其生动直观的特征吸引观众，对观众的参观兴趣产生重要的激发作用。

（2）更直观形象的理解

许多人都缺乏阅读实物的经验和能力，所以，简单地将实物展品置放在一定的容器中，观众很难自行想象出古人生活的具体画面。情景再现根据专家的研究成果，将实物展品中所蕴藏的古代生活信息转化为直观具体的生活场景。当各种孤立零星的信息被整合成较完整的生活画面，各种遥远时代的实物就变得易于理解了。

（3）更真实的现场体验

在互联网时代，信息传播的方式更加便捷顺畅，人们只需用小小的鼠标，便能搜索到各种所需的信息。所以，单从信息传播的角度来看博物馆的功能是不够的。博物馆在互联网时代依然是人们学习的良好场所，博物馆不可取代的重要性并不仅仅在于向观众提供信息，还在于它所具有的实物性，以及它能为观众提供具有现场感的历史体验与自然体验。情景再现通过现象还原，为观众提供一种难得的现场体验感，这种体验感能够为观众提供一些超越智性层面的东西，而这正是长期生活在图文与影像世界中的人们特别渴望的。

（4）克服疲劳与斜坡效应

参观博物馆是一种独特的学习方式。博物馆除了具有非正式教育机构的非强制性特征外，它还需要人们在站立与行走的交替运动中学习，因而观众需要消耗比其他教育方式更多的体能。长期以来，博物馆疲劳成为博物馆学家们特别关注的问题。一些心理学家注意到，在许多展览中，观众的行为呈现出一种有规律的变化，即离出口越近，速度越快，他们称之为博物馆的"斜坡效应"。这种效应在缺乏营造和变化的空间中很难避免。人们意识到，良好的视觉效果、逼真的现场感、复杂丰富的空间体验、展览的节奏与韵律及更易于理解的表达方式，都有助于提高观众的兴趣和热情，从而延缓疲劳发生的时间，甚至消解疲劳。这一切，正是情景再现所带给观众的。

二、情景再现与艺术品

尽管情景再现技术在中国的博物馆界得到了广泛的运用,但对其本质,并没有出现及时的理论阐述,从一些实践看,还存在着模糊的观点。比如,在一些博物馆的展览中,情景再现是被当作"艺术品"来营造的。

的确,和艺术品一样,情景再现也是人工制造的,也呈现出具有审美特征的视觉外观,但是,两者的出发点和目的是完全不同的。艺术品允许从纯粹的个人视角出发,是艺术家内在情绪的表达,他所营造的世界可以是一个虚构的世界,如果他觉得有必要,也可以进行夸张和变形。对于一件艺术品来说,只要实现了艺术家个人的审美表达,并且使观众领悟和经历了相应的审美体验,它的价值就实现了。

那么,博物馆展览中的情景再现又是怎样的呢? 它的存在的理由,它所担负的使命,又是如何呢? 与艺术品相比,情景再现有以下几方面的不同。

1.大众媒体的视角

情景再现制造者不是站在独特的个人视角,甚至不是站在小众媒体的视角,而是站在大众媒体的视角上来开展自己的工作的。博物馆是一种公共的文化设施,面向社会上所有有参观意愿的利用者。虽然展览团队在具体制造情景再现时,不可避免地会掺进个人的学术理解和审美情趣,但重要的是,这不是他们工作的主要目的,相反,如果这种个人化的理解和审美与大众传播的要求相悖,就应该坚决剔除。

2.服务于传播目的

更具体地说,情景再现并不是出于某个个人的意愿,而是为实现展览的传播目的服务的。实现传播目的是情景再现最核心的任务,它的设定、它的设计与制作都必须严格服从这一目标。换言之,是否有效实现传播目的,是我们判断情景再现是否有价值的主要依据。

3.接受真实性的制约

情景再现的本质是"现象还原",包括自然现象还原和人类的历史文化现象还原。真实再现自然与历史现象是一项科学工作,本质是"实事求是"。这意味着,情景再现与艺术创作不同,必须严格服从科学与历史的真实,接受它们的制约。如果说艺术家是在撰写"文学"的话,情景再现的制造者则是在书写"历史"。

通过与艺术品的比较,我们揭示了情景再现的本质:它是一种在公共文化设施中为了向观众进行更有效的传播而营造的"现象还原"。

三、情景再现制作的原则

虽然我们充分阐述了情景再现在信息定位型博物馆展览中的意义,但千万不要忘记,对于博物馆来说,这是一把双刃剑,只有在严格遵循相关原则的前提下,才能发挥积极有益的效用。

1.真实性原则

博物馆是科学普及机构,它所讲的故事是受真实性制约的故事,这就决定了情景再现的本质必然是真实的现象还原,其设计与制作必须符合科学实证的原则。从这个意义上讲,情景再现的制作自始至终都与科学实证性研究联系在一起,只有在实证环节上弄清了每一个细节,情景再现才能达到真实性的要求。如果我们对某些环节尚无法精确考证,就要学会巧妙地避开,不要把不确定的东西言之凿凿地告诉观众,这种误导可能会伴随他们的一生。

2.典型性原则

哪些内容采用情景再现的方式,要考虑到其典型性。一方面,由丁情景再现占据了较大的空间,具有良好的视觉吸引力,观众通常会将其作为展览的重点来看待。在这种情形下,如果把无关宏旨的内容做成情景再现,可能会对观众关于展览内容的重要性判断产生误导。另一方面,情景再现通常代价较大,在那些对故事叙述并不重要的内容方面花钱显然是不明智的。只有那些能帮助观众更好理解展览、把握重点的内容,才适宜采用情景再现的手段。

3.适应性原则

并不是所有的信息定位型展览都必须采用情景再现,也并不是所有的展览内容都适宜采用情景再现。在展览中是否要进行情景再现,取决于多种因素,包括展品资源与展览目标等,其中最关键的是情景再现与传播目的的关系。只有在能够更好实现传播目的的前提下,情景再现才是有意义的,只有确保能够更好地实现传播目的,才有必要进行情景再现。事实上,我们看到,在一些场合下,情景再现将观众的注意力引向与主题关联性不大的细节,甚至使观众的注意力游离于展览主题之外。还有一些情景再现,不仅没有帮助故事的叙述,反而肢解了故事线,使叙事变得不流畅。所以,在进行情景再现时应恪守这样一个原则:有利于传播目的的实现,有助于故事的叙述。

4.配合性原则

尽管我们承认非实物展品在当代博物馆的信息传播中发挥着重要的作用,但在博物馆展览中,真正起实证作用的是实物展品。它们是自然生活与历史生活信息的真实载体,也是展览故事叙述的主要依据。各种非实物展品应当紧紧围绕着实物展品,去深化它、补充它、丰富它,使它们变得易于理解。情景再现也不例外,它的出现是为了更好地解说实物展品,使观众能更直观、更形象、更真切地理解实物展品。根据这一原则,情景再现在展览中应该承担起配角的角色,它不能淡化实物展品,更不能淹没实物展品。在安排展览时,必须突出实物展品在总平面设计中的比例关系,切不可"见景不见物"。

有人担心展览中的情景再现由于掺入了当代人的主观性而妨碍了历史的客观叙述,或者由于过分娱乐化而损害博物馆的科学性。我们承认,这种担心是有理由的。这种担心正是本文写作的主要动机之一。对一个展览团队来说,缺乏对博物馆作为科学普及教育机构性质的意识,缺乏对展览传播目的及其重点的认识,或缺乏科学实证所必要的学术研究能力,就不具备进行情景再现的基本条件。然而,我们不能忽视一个基本的事实,随着信息定位型展览中情景再现技术的运用,博物馆展览受到了更多观众的欢迎,也被认为更容易理解了。这种事实应该成为对情景再现技术的基本判断。在这种前提下来讨论现象还原的真实性问题和客观性问题,就成为一种积极的质疑,对博物馆的健康发展大有裨益。战战兢兢而不因噎废食,迅速走向成熟,更好地履行当代博物馆的传播职责,应当是我们选择的正确态度。

满足更广泛的需求：
博物馆分众教育的实践

在汉字里，"众"是由若干"人"构成的。同样，对博物馆来说，它要服务的对象——观众——也是由动机不同、兴趣各异的人构成的。在今天，博物馆开展了多方面的观众调查，进行观众分类，更深入和清晰地认识观众不同的动机与需求，以便更广泛地满足他们的需求。这意味着，博物馆除了一般地实施教育外，还应关注教育分众化概念，即通过分众的方式，使教育活动更加细腻，更加符合不同人群的口味。用今天的话来说，就是更有效地"贴近"观众。

这种观念及其实践是经历了漫长的过程逐渐形成和展开的。在公共博物馆时代降临之初，博物馆对公众的认识非常粗浅，观众通常被看作一个统一的和无差别的整体。在几个世纪的社会化过程中，在博物馆与社会公众的持续互动中，博物馆逐渐认识到，要有效地为观众服务，必须打破将观众视为铁板一块的观念，应针对不同人群的不同特征与动机，采用分别对待的方法。分众教育的概念在探索式的实践中渐渐浮出水面，并在各国的实践中变得更加丰富多样。这一过程反映了博物馆顺应时代变化与社会需求，努力为社会发展服务的自觉意识与热情。本文试图从几个世纪的探索过程中取得进展的几个节点来总结和勾勒这一观念形成与演变的一般线索，并结合我的实践，谈一谈关于分众教育实践的体会。

一、威廉姆·霍顿先生不愉快的大英博物馆之旅

英国巴斯大学的肯尼斯·赫德森在写《博物馆社会史》[①]一书时，查阅了

---

① Kenneth Hudson. *A Social History of Museum*. London：The Macmillan Press，1975.

一位名叫威廉姆·霍顿的人的日记。霍顿是伯明翰的一位书商,他在日记中表达了难以抑制的喜悦之情,原因是他终于获得了一张大英博物馆的门票,次日可以进入梦想已久的大英博物馆,去观看那些曾耳闻的珍贵藏品。在当时,博物馆每天是严格控制参观人数的,只允许数百人进入,要得到一张大英博物馆的门票并非易事。根据大英博物馆的章程,他要先递交一份书面申请,只有在通过了个人信任调查后,方可获得购票资格。这种个人信任调查可能会持续几个月。然而,我们在他第二天的日记中却发现,此次博物馆之旅远远谈不上愉快。用他自己的话说,进去时兴高采烈,出来时垂头丧气。这期间到底发生了什么事?从日记中我们得知,他遇到了一件令他很不开心的事。进入博物馆后,他和其他十一人组成的小组由一位引导员带领进行参观。由于过于兴奋,他一路问这问那,结果受到这位年轻引导员的呵责。这位年轻人颇不耐烦地说:"如果我要回答你这些问题,我还能干别的事吗?"这种态度使观众的自尊心大受挫伤,此后的旅程是在难堪的沉默中度过的。

肯尼斯在书中引用这段材料是想说明当时博物馆对普通公众的贵族式态度。在当时,从制度的层面看,公共博物馆的牌子已经挂出来了,但在更深入的精神层面,许多博物馆的经营者依然带有浓厚的贵族作风,把允许普通公众进入博物馆视为一种仁慈的恩赐。在这种心态下,经营者连服务公众教育的意识都尚未建立起来,更不要说进行分众化的教育。然而,除了观念和经营作风外,事件的发生还有别的原因,那就是当时的参观方式。肯尼斯的故事让我们产生了一些问题,比如:为什么博物馆要对观众进行信任调查?为什么要控制每天的访问量?为什么观众要被分成小组,并且必须在引导员的带领下进行参观?其原因在于,当时尚没有我们今天所看到的展厅,所谓参观博物馆,就是在博物馆的库房里观看藏品。这意味着,博物馆展览的功能尚未分化,它与收藏空间是合二为一的,所以一些学者称那个时代为"藏展混一"的时代。在这样的情形下,上述各种严格的制度是保证藏品安全的必要措施。于是,观众的参观活动受到严格限制。在这种情况下,博物馆很难施行有计划的教育活动,而主要是满足人们的好奇心。

二、路易斯·阿卡西斯博士的博物馆

　　霍顿先生的遭遇大致反映了公共博物馆早期的情况，可以被视为博物馆对观众认识的原始状态。这种情况在美国哈佛大学比较动物学博物馆的运作中发生了重要的变化。这座博物馆建于 1859 年，是哈佛大学文理学院进化生物系的一部分，创始人是动物学家路易斯·阿卡西斯博士。

　　阿卡西斯是一位伟大的科学家，也是一位优秀的教师。教育界流行一个阿卡西斯授课的经典案例，这个案例源于他一个学自然史的学生莱恩·库珀的自述：[1]

　　课程是在阿卡西斯的博物馆里上的。阿卡西斯从一个橱架上取出一个标本瓶对我说："请观察这条鱼，一会儿告诉我你看到了什么。"十分钟后我认为已经看到了鱼的一切，就去问他还要做什么，但教授已经离开了博物馆。由于无事可做，我只得再回去看那条木头似的"伴偶"。我吃完饭回来时，得知阿卡西斯曾来过博物馆又离开了，而且至少几小时之内不会再回来。于是我只得继续观察这条鱼。我看到鱼的牙齿是多么锐利，并开始数它的鳞片，突然一阵快乐的思潮袭上心来——我决定画这条鱼。画的时候，我对这鱼又有了新的发现。不久教授回来了，看到我正在聚精会神地画鱼，表示赞赏，然后问我发现了什么。我热切、详细地讲述它的结构。教授认为我的观察不得要领，要求我更仔细地观察。我逐渐开始意识到导师批评的含义。下午结束时，教授要求我还要继续观察。次日早上，教授问我看到什么，我回答说："您是否想让我知道鱼两侧对称并有成双的器官啊？""当然，当然！"教授感到高兴。我问教授下一步我要做什么。教授说："继续观察你的鱼！"我就这样向教授学习了八个月观察实物的方法，这一经验对我日后的研究大有裨益。

　　我们看到，和霍顿先生相比，库珀的待遇完全不同，他不再是置身于拥挤不堪的藏品库房，而是在一个类似实验室或教室的地方。正因为这种环境，

---

[1]　参见 Lane Cooper 的 *Louis Agassiz as a Teacher*。

他可以安静仔细地按照教授的要求观察实物标本,从而使他的学习取得了
成功。

读者可能会感到困惑:刚才我们还谈到博物馆就是一个库房,为什么库
珀的学习却是在一个专门的、类似教室的空间里进行的? 的确,博物馆的形
态在阿卡西斯那里发生了重大的变化。从库珀的叙述中我们得知,阿卡西斯
原先的博物馆也是一个拥挤不堪的小房子,这是一个离布莱顿桥不远的小
屋,或许正是因为拥挤的环境难以施行教学,他把一些标本搬到一幢两层的
楼房中,一些适用于教学的标本被分门别类地放置在柜架上。库珀就是在这
个专门的空间中进行学习。这间被称为阿卡西斯工作室的房间虽然仅仅长
30 英尺[①],宽 15 英尺,却改变了博物馆教育的历史,因为这是博物馆第一次将
展示和教育从原先的收藏空间中独立出来,从而为博物馆施行有计划的教育
活动提供了平台,使博物馆可以承担起教育的职责。这种新的变化使得阿卡
西斯的标本能同时满足两类不同的人群,那些专家型的人仍然可以看各种收
藏品,而专门的空间可用于进行展示与教育,博物馆史学家称这种方式为"二
元配置"。这是博物馆观众的第一次分众,具有革命性的意义。

三、布鲁克林儿童博物馆的建立

如果说二元配置是依据观众的参观动机分类的,那么,随之而来的下一
个分众,则是依观众的年龄分类的,这就是成年人与儿童的分众。

美国是一个特别关注博物馆教育的国家,二元配置的施行使博物馆展示
与教育的功能明朗化,但这只是针对成人世界的。到 19 世纪最后一年,世界
上第一座儿童博物馆——布鲁克林儿童博物馆诞生了,正式从制度层面将儿
童观众视作博物馆服务对象的独特类型。

该博物馆的诞生缘于当时有一批父母与教师对公立学校的教育表示不
满。与此同时,博物馆也意识到能够满足成年观众要求的展览通常并不能吸
引孩子,也无法被他们理解。在这样的背景下,1899 年 12 月 16 日,布鲁克林
艺术科学会在纽约市创建了这座专门以儿童为对象的博物馆,开了为某个特

---

① 编者注:英尺,英美制长度单位,1 英尺等于 12 英寸,合 0.3048 米。

殊群体专门建立博物馆的先例。由于这是一种新生的事物，时任助理馆员的安娜·比林斯·盖洛普担心人们尚未形成这种意识，专门提醒孩子们，这是一座专门为他们建立和服务的博物馆。她写道："儿童需要始终知道儿童博物馆是为他们而开的，并随时为他们的兴趣和需求考虑。纯粹的娱乐是儿童博物馆的学习方式。"①这番话反映出，将观众进行分类，仅针对某一群体的做法在当时是新鲜的，也反映出儿童博物馆充分考虑了儿童观众在兴趣、行为特点、学习方式上与成年观众的区别。

布鲁克林儿童博物馆的举动得到了广泛的响应，从 20 世纪 20 年代开始，波士顿儿童博物馆、印第安纳波利斯儿童博物馆等纷纷建立起来，表明这种分众的方法带来了益处，得到了认同和欢迎。到 21 世纪初，美国的儿童博物馆已达 200 多座，2001 年的参观人数已达 3100 万。在其他国家和地区，儿童博物馆也开始受到重视，大家纷纷建立自己的儿童博物馆，著名的有韩国的三星儿童博物馆、日本的大阪儿童乐园、中国台湾的奥森儿童博物馆等。在欧洲，随着儿童博物馆的兴起，还出现了欧洲儿童博物馆专业协会。

儿童博物馆的兴盛表明，此次分众具有普遍和广泛的意义，使得未成年观众有适合自己学习的博物馆，能得到属于自己的东西。

除专门的儿童博物馆外，这种分众的做法也为许多其他博物馆所效仿，它们在自己的博物馆里建立起专门的儿童展区和活动区。

四、老史德桥村博物馆市场细分实践

博物馆分众教育的概念受到了社会流行趋势，尤其是市场营销理论的支持。随着博物馆社会化程度的提高，博物馆开始意识到，要吸引观众前往，并使他们对参观的结果满意，首先必须要认识自己的观众。1897 年，德国的弗贺奈尔首次以问答方法调查博物馆观众，开了博物馆观众调查之先河。20 世纪 30 年代，许多博物馆参考企业的经验，开展市场调查（marketing research）。有些博物馆为了保证调查结论的客观有效，还专门邀请了心理学家主持调查，如著名的心理学家麦克卢汉等人就受邀主持了一些博物馆的观众调查。肯

---

① Herminia Weihsin Din. *Children's Museum*. Benningon：UMI Company，1990：12.

尼斯将此后的博物馆称为"市场调查时代的博物馆"。

市场调查的结果为博物馆分众教育提供了理论依据。此前的博物馆观众的分众多是偶然产生或受直觉支配,随着市场调查活动的兴起和观众研究的开展,博物馆观众的分众教育开始得到理论的指导。

通过市场调查,博物馆进一步认识到,观众是一个由许多背景、动机与兴趣不同的亚群组成的结合体。于是,观众的类型学研究受到了重视。学者们采用不同的分类指标对观众进行分类,并对不同类型观众的特征与需求进行了详细的分析。这种观众的类型学及其特征的研究,为博物馆的分众教育提供了良好的理论支持。

一些博物馆馆长开始意识到,如果要满足所有的观众,那么很可能谁也满足不了。为此,"目标观众"(target audience)的概念被提出来。博物馆不再试图满足各种不同的观众群,而是设定目标观众,按照目标观众的需求设定主题,选择材料,进行策展与设计。目标观众的受益分析也被作为博物馆效益的判断凭据。

到更晚些的时候,营销学中的市场细分(market segmentation)概念成为鼓励博物馆进一步分众的力量之源。这一理论是美国市场学家温德尔·史密斯在20世纪50年代中期提出的。它要求营销者通过市场调研,依据消费者的需要和欲望、购买行为和购买习惯等方面的差异,把某一产品的市场整体划分为若干消费者群。每一个消费者群就是一个细分市场,每一个细分市场都是由具有类似需求倾向的消费者构成的群体。处于同一细分市场的消费群被称为目标消费群,相对于大众市场而言这些目标子市场的消费群就是分众了。

美国老史德桥村博物馆的实践可以说是更细化的分众教育的案例。它结合自己的性质和馆藏资源实际,根据多年来对来馆游客的观测与调查统计,同时约请专门的市场调查机构进行市场调查研究,对其市场按照开发要求从市场开发的实用性、人口、地域、收入特征,旅游动机特性三个角度进行了目标市场的划分并将其作为较长时期市场开发的依据。①

---

① 吴相利:《博物馆市场细分及深度开发——美国老史德桥村博物馆青少年市场开发的实践》,《博物馆研究》2011年第1期。

　　通过系统的市场调查,老史德桥村博物馆意识到青少年市场在其总体市场中的突出地位,决定选择青少年市场作为其主要细分市场进行重点开发。考虑到6—17岁青少年年龄跨度大,兴趣爱好、动手能力、理解能力、体力等差别已经很大,博物馆决定对已经细分的市场进一步进行细分开发,根据项目要求不同和青少年心理行为特点的年龄差异而细分为不同的年龄组别,并设计出适应不同年龄段的项目。如其生日派对活动分为5—7岁、8—15岁两个年龄组别,历史隔夜冒险行动则专门针对6—12岁年龄组,4月的探索营活动5个项目都针对6—14岁年龄组,4月的发现营活动项目针对的则是6—17岁所有青少年,7—8月份长假期间举办的发现营活动项目设计了6—7岁、8—10岁、11—14岁、15—17岁的四个年龄组别的活动项目,7—8月份的探索营活动项目则分为6—10岁、11—14岁两个年龄组别,其手工制作工作室根据项目特点要求和青少年年龄心理行为特点分为针对5—8岁、5—10岁、5—12岁、8—12岁、9—12岁、8—15岁、6—15岁等年龄组别的项目。一些主题活动项目可能会针对不同年龄组别开展活动,但在要求或内容设计上会根据年龄特点进行必要的调整。博物馆针对青少年开展的活动项目,即便如童子军、家庭学校日等个别活动项目,虽是面向6—17岁的所有青少年群体,但其在博物馆内同时举办了针对不同年龄段的活动而为不同年龄、不同偏好的青少年提供了选择的可能。

　　这种细分的概念在许多地方都得到践行。据史密森学会的秘书长米歇尔·海曼先生介绍,他们的各种教育项目也是针对特定的群体展开的,例如,一个"关于因纽特人小船和毡靴"的方案是由美国国立自然史博物馆专门为7—10年级学生设立的。

　　在明尼阿波利斯的历史博物馆,儿童被分为三个类型:幼儿、小学生和少年。相应的活动分别由三位指导老师来组织,老师根据他们的年龄特征和馆藏资源特征,策划设计各种相关的展览或活动。这种分众的做法由于更具有针对性,其效益也更加明显。

五、双二元配置:展厅观众的细分概念

　　博物馆尽可能满足不同需求的观众群。上述不同年龄段儿童的差异比

较容易看出,所以其首先得到了关注。但事实上,成年人之间也有足够明显的差异,其最主要不是表现在年龄方面,而是表现在参观条件和参观动机方面。参观条件是指,当一个人没有足够的时间,或者是跟随团队前往,他就无法完全按照自己的想法进行参观,只得根据时间条件安排参观;参观动机主要指的是观众参观的不同目标和兴趣。所以,成人观众的分众教育应该主要考虑这两个方面。对这一问题给予充分重视的人还不多。如果像儿童博物馆关注年龄特征那样来关注这个问题,相信会在一定程度上提高展览的传播效益,也会让更多的观众满意。

1.路线与说明

相比之下,日本的博物馆在不同群体的特征,以及满足他们不同的需求方面考虑得较多。在日本大阪历史博物馆,我们看到,展览的参观路线被设计成两套方案,分别用黄色与蓝色来表示。这一分类主要考虑到了观众的条件和动机。黄色路线是一条简约的路线,如果观众没有充裕的时间,或者对考古学兴趣不大,他可以选择黄色路线。而那些有时间并对了解这些展示的知识是怎样通过考古学获得的有兴趣的观众就可以选择蓝色路线。这一信息被明确地表达在相关的指示系统,观众很容易明白设计师的意思。

另一种关注不同观众群体的做法是同时提供两套文字说明系统,一套提供给成年观众,一套提供给儿童观众。针对成年观众的说明比较正式,儿童观众所看的说明则采用较浅显的文字、较活泼的形式感,如横滨历史博物馆就采用了这种做法。

2.展厅空间分离式二元配置

2005年,我在策划浙江自然博物馆"地球生命故事——生命在爆发与灭绝中进化"展览时也开始考虑分众教育的问题,并提出了"双二元配置"的概念。提出这一概念源于我对博物馆观众动机的认识。在我看来,虽然每个观众来馆参观都有自己独特的动机和愿望,但从大的方面看,博物馆的观众可以归纳为两大类型:休闲型与学习型。由于动机不同,他们对展览内容、展示的方法、展览所强调的方面都有不同的要求。休闲型观众满足于概念式的叙述,对展览内容并不要求非常系统与翔实的说明,只需要大致的故事脉络和一般性的解释。但在表现方式上,他们对展览的视觉效果和空间体验有较高的要求,在他们的眼里,参观博物馆比较接近于一种赏心悦目的文化旅游或有现场感的穿越体验,他们比较强调参观的审美和欣赏的价值。学习型观众有比较明确的学习目的,希望通过参观展览理解主题及相关的知识。他们更强调从实物展品出发,通过系统的、逻辑清晰的、结构层次分明的组织框架,迅速找到他们所想要的内容。

在通常的情形下,我们可以采用锁定"目标观众"的方法来解决这个问题。按照这种做法,根据前置评估的结论,展览将目标观众锁定在某一类观众上。但我总在想,对于这种普适性很强的公共博物馆来说,如果能够满足更广泛的人群,满足更多样的需求与动机,将会使博物馆发挥更好的效用。我们是否能采用一种技术手段来同时满足上述两类观众的参观需求呢?

根据这一思路,我参照了阿卡西斯"二元配置"的做法,但对二元中的"展厅观众"做了进一步的细分,即将他们按照上述的认识分为休闲型观众与学习型观众。我希望在展览中将符合两种不同观众需求的陈列通过空间分离的方法同时进行呈现,由观众自行选择,达到同时满足两类不同观众的目的。这一展览后来由日本丹青社负责设计,我就这一思路与设计师进行了充分沟通,这一思路通过一种他们称为"概念展示"与"详细展示"的方案所体现。推到前台的是满足休闲型观众的"概念展示",用造型与媒体为主的方式,呈现从宇宙爆炸到人类起源的地球生命历程。由于这种展览样式通俗易懂,有良好的视觉效果和体验感,再加上一些有趣的互动装置,比较好地满足了休闲型观众的要求,对那些来自旅游团队的观众具有较好的适应性。在这条展线中古生代、中生代和新生代的三个节点上,我安排了可选择的路径。这意味着观众在看完占生代的概念展示后有两种选项,或者继续参观概念展示,或者进入详细展示,阅读那些主要以实物展品为媒介的系统翔实的叙述。

这种分众采用空间分离的方法,即两种不同的展览分置在两个不同的空间进行。这种做法要求两类展览在空间上有明确的界线,使观众能够迅速辨识出来,并做出相应的选择。浙江自然博物馆由于空间不够充裕,两个空间靠得太近,一些休闲型观众没有做出选择就进入了详细展览空间,没有完全实现展览设计的初衷。

新开放的南京博物院的历史展览也采用了空间分离式的分众法,但其分类的依据与上述的不同,而是比较接近阿卡西斯的做法,即将观众分成以看实物标本为主的和以看叙事式展览为主的。其具体的做法是,在叙事式展览的节点上,安排一个专门的空间,采用仓储式的高密度展览,让观众能够看到更多的馆藏文物。

3.空间非分离式的展厅观众分众

空间分离式的观众分众是将两种不同的陈列体系通过不同的空间同时进行呈现,借助观众的选择达到分众教育的目的。但我在策展中也遇到了一些并不能通过这种空间分离的方法来解决的问题,比如,在我策划隆平水稻博物馆的杂交水稻展览时,就遇到了这种情况。

在涉及杂交水稻的内容时,要让普通观众理解杂交水稻的三系配套是一件困难的事。为了帮助观众理解,只有采取将其通俗化的方法,甚至采用比喻法,用人们比较熟悉的事物来协助说明。为此,我们安排了一个通俗版幻影成景小教室,用拟人的动画片和浅显的比喻介绍三系配套法。

比喻虽然能够帮助人们理解,但往往带有简单化、通俗化的倾向,甚至会带来一定程度的误解。比如动画片对于不育系的介绍就不够完整和精确,它或许能满足普通观众,但对学习型观众而言,还是有缺陷的。为此,我在旁边增加了一个小视频,用较科学的方法对雄性不育系做了更深入和准确的介绍。对于小视频中的内容,许多观众既没有兴趣,也难以看懂,但如果完全舍弃核不育与质不育的概念,对不育系的介绍就不全面,同时,对于那些希望更准确了解杂交知识的观众,就无法满足其需求。在这里,分众没有采用空间分离的方法,而是由两个不同的装置分别承担不同观众的需求。这一展厅有多处都采用了这种分众方法,设计者采用不同的形式,使观众能清晰辨识出其间的区别,并做出相应的选择,达到分众教育的目的。

分众教育的出现是博物馆社会化程度进一步提升的产物,表明博物馆不仅用热情的态度和殷切的愿望欢迎社会公众,而且采用市场细分的观念,为更广泛的观众提供更具针对性的产品,从而使更多的观众群体在博物馆展览中获得自己想要的东西。分众教育的做法虽然已经有数百年的历程,但是有意识、有理论支持的实践还不多。我们不仅需要开展理论方面的探讨,更需要在实践中积极探索,使分众教育在博物馆展览的传播与教育中发挥更大的作用。

特展与博物馆社会角色拓展

基本陈列建成后,博物馆的教育工作拉开了帷幕。经历了开馆初期的兴奋,观众的人流量开始呈现下行的趋势。博物馆馆长很清楚,要维持持续的人气,前后相继的特展是必不可少的。所以,在中国,特展被看作是聚集人气的重要举措而备受博物馆的青睐。然而,从当代世界博物馆的实践看,特展对于博物馆生存与发展的意义远远不止于此。它不仅扩大了博物馆的影响范围,丰富了博物馆的教育内涵,而且对博物馆履行社会职责,以及拓展博物馆所扮演的社会角色,有着同样不可低估的作用。

一、特展与基本陈列

要对特展的意义做出中肯判断,我们可以将它与基本陈列进行一番对比,看看它在所扮演的社会角色和所承担的社会职责方面具有怎样不同的面向与侧重,具有哪些不同的特点。以下两组概念,分别与两种不同的展览类型相关联:

基本陈列	特展
纪念碑	论坛
圣殿	广场
经典	流行与时尚
史诗与颂歌	散文、杂文、诗

基本陈列是指体现博物馆性质与任务的展览,在博物馆的传播活动中占据着核心的地位。它形成后会延续较长的时间,比如十年,甚至更久,属于长时效性产品。这种性质使得策展人和馆长在安排内容时显得格外谨慎。从

意识形态的角度看,它被要求与主流文化保持一致,把一些经受过主流意识形态洗礼的社会记忆呈现给公众,很少顾及非主流意识形态与亚文化。在目标观众设定上,它迎合作为社会主流人群的大众,而不特别关注小众人群。从展览所选择的内容看,所展示的多为值得自豪与夸耀的文明业绩,所呈现的多为反映人类智慧与创造力的精美作品。从所扮演的角色看,它讴歌人类的光荣和骄傲,扮演着颂歌的歌者或史诗的诵者的角色,并因此被视为人类文明的纪念碑,展示文明成就的"圣殿"。这种社会角色使其在总体风格上往往追求经典样式,显得庄严凝重。

特展则是指博物馆陆续推出的那些延续时间不长、规模相对较小的展览,对博物馆而言属于短时效性产品。这种时间和空间的特点使它所产生的社会影响往往具有局部的和短期的效应。社会对它们的宽容度会比基本陈列相对大一些,从而使得它们在题材与表达方式的选择上具有更大的自主性,更大胆与灵活多样。这种相对大的自由度使它得以关注不同人群与文化的需求,并为它们提供发声的平台。当不同人群、不同文化的声音汇聚一堂时,特展扮演了评论者、争论者,甚至批评者的角色。于是,这里不再是一座让人肃穆膜拜的圣殿,而是一个人们可以聚会、交流讨论以及分享思想与信息的地方,一个开放的场所、群众的论坛,一个人们可以自由往来的广场。特展以其不断变更的题材和形式,可以进一步拓展自己的兴趣与视野,更广泛、深入地涉及社会生活。这些短小精悍的展览,其多样的情绪和风格,在形式上更接近散文、杂文和诗歌,在审美上则更倾向于流行与时尚的概念。

这两种不同类型的展览以不同的特点与方式共同履行博物馆的社会职责,并构成了博物馆整体的社会形象。特展对基本陈列的配合具有两种密切的、程度不同的类型。

在一种场合下,特展在题材上与基本陈列完全一致,它所起的作用是对基本陈列的补充与深化。基本陈列由于承担着博物馆的基本任务,在内容安排上会从全局的角度考虑各部分的比例关系,以求总体上的均衡。这种系统性的安排可能会以牺牲某些特别重要和丰富的内容为代价。在这种情况下,博物馆可以根据资源与传播的状况,推出系列特展,从不同的侧面强化和深化基本陈列。例如,美国大屠杀纪念馆推出的"欺骗的国度——纳粹的宣传力量"展,其基本陈列就从整体上叙述了这一历史事件的全貌。在这个陈列中,策划者必须考虑到展览的总体比例与格局,不可能对纳粹的宣传活动进行大规模的展示。然而,这种宣传的确在事件中起了重要的作用。1933年纳粹上台后,以戈培尔为首的德国纳粹宣传部控制了报纸、广播、电影、剧院、音乐厅以及两年后出现的电视等一切传媒,同时对传媒采用军事手段加以管制,禁止人们获取外部信息,将宣传部认可的报纸张贴在街头阅报栏供人们阅读。此外,宣传部还控制了学校教育,全面篡改历史,宣扬犹太人、资本家、共产党人对德国的危害和一切外来势力的威胁。这种种宣传扭曲了社会良知,起到了纳粹在战前动员民众,在战争中凝聚民心的作用。在纽伦堡审判中,除自杀的戈培尔,在世界历史上第一次有四个宣传部门的首脑和报刊主编因为反和平、反人道、参与侵略计划和战争罪行受到起诉,刊物主编阿尔弗雷德·罗森堡和反犹报纸《前锋报》主编尤利乌斯·施特莱歇尔被判处绞刑,新闻总署和宣传部负责人瓦尔特·冯克被判处无期徒刑。对这一事件的揭露与展示对美国大屠杀纪念馆所要履行的社会使命无疑是极其重要的,正是出于这一考虑,美国大屠杀纪念馆推出"欺骗的国度——纳粹的宣传力量"特展,对基本陈列的内容进行了重要的补充。

另一种类型是,虽然特展与基本陈列具有相关性,但两者的题材并不相同,也就是说,特展在内容上是相对独立于基本陈列的。如果说上述的特展类型主要是通过对基本陈列进行补充与深化来强化其所扮演的角色的话,那么,我们下面所要讨论的关于博物馆社会角色的拓展,则主要是依赖这种类型的特展。

二、特展:更广泛的社会角色

特展的短时效性以及相对独立的选题,使它得以进入更广泛的社会生活,涉及更广泛的社会话题,从而扮演更多样化的角色。

1.辐射更广泛的社会生活领域

基本陈列通常关注重大题材,其宏大叙事的方式往往带来庄重、严肃的气氛。在这种语境下,生活中的小事件、小人物往往被忽视了。特展的短时效性使博物馆可以涉及更广泛的题材,借此深入社会的各个方面。一些细微但有趣的题材由此进入博物馆的视野,从而大大丰富博物馆展览的内涵。一个典型的案例是我国台北故事馆举办的"手提袋的故事"特展。

　　手提袋虽然与人们日常生活关系密切，几乎每个人都有拿着手提袋购物的经历，但手提袋属于日常的消耗性材料，其地位平凡而卑微，很少有人会为手提袋建立独立的博物馆，也没有见过以手提袋为主题的基本陈列。然而，还是有一些手提袋因为纪念或为了装其他物品而成为藏品。台北故事馆以特展的形式推出了"手提袋的故事"。展览从六个不同角度诠释了手提袋的价值及历史，它告诉观众，家喻户晓的红白塑料袋是如何制造的，舞蹈大师林怀民最钟情的是哪个袋子，早期工人装农药的经典手提袋是怎样的，以及用哪一种手提袋会让你显得更时尚，等等。特展以微观的角度放大了不起眼的日常生活，为人们带来另类的美学体验。

　　北京报国寺举办的"60年民间收藏"特展也是一个反映日常生活的展览，展品包括已经退出生活舞台的各式票证、9寸黑白电视及煤球炉等。这些特展告诉我们，即便是日常生活中琐碎的小事，也可以成为博物馆特展的主题，博物馆借此可以深入生活中最细微冷僻的角落，从而体现其对人类生存状态全方位的关注。

2.及时呼应社会活动与事件

　　基本陈列的长时效性使其难以对社会关注的热点问题做出及时的呼应，特展则可以其迅速的反应能力体现当代博物馆对社会的敏感与责任。在这方面，我国台湾自然科学博物馆界具有突出的表现。面对一些突发性的社会活动，它做出了迅速而及时的响应，不仅让社会观众感觉到博物馆与他们相同的脉动，而且也因为博物馆的科学引导使他们得以更理性地观察事件而受益匪浅。

　　2011年9月，我国台湾陷入了《赛德克·巴莱》的电影风潮。赛德克族是个什么样的族群？为什么赛德克族坚持遵从gaya祖灵信仰？[①] 雾社事件参与家族的人生际遇如何？当代族人如何看待雾社事件？电影播放后，这些问题萦绕在人们的心中挥之不去。为了帮助人们解开这些谜团，台湾自然科学博物馆推出"史与影的交会——赛德克·巴莱文化教育展"，让人们得以更深

---

　　① Gaya是赛德克语，在中文中很难找到与之直接对应的名词，例如：如果一个人没有规矩、无礼、做坏事，这个人就是没有gaya的人，赛德克语称之为"ukagaya"（没规矩的人）。简单地说，gaya就是赛德克人所遵循的祖训、法规、习惯，亦是该族的世界观和价值观。

入、更全面地认识赛德克族的文化与雾社事件的历史。

在李安执导的 3D 史诗巨作《少年派的奇幻漂流》在各地影院上映之际，台湾自然科学博物馆、台中市与二十世纪福克斯影片公司共同推出了"少年派的奇幻漂流"特展。展览展出了尚未曝光的独家电影花絮、原著小说插画和电影中各种各样的求生道具，还有海上漂流实境仿真装置和互动游戏。展览还借电影剧情延伸出海上求生常识与设备，包括"海上救生设备展示"、"求生守则教学"、"少年派的求生手册"等，同时也有介绍片中动物及其习性的"旅程中的神奇动物"展区。这一特展将艺术、娱乐与科学知识的传播巧妙地结合起来，给观众意外的收获。

另一个重要的事件是 2012 年年底的"世界末日"。当人们对玛雅文化中的末日预言众说纷纭时，不禁会问：2012 年 12 月 21 日真的是人类文明的终结日吗？为了共同参与讨论，2012 年 7 月 12 日，台湾自然科学博物馆年度大展"2012 世界末日特展——浩劫与重生"闪亮登场。在五彩灯光的照耀下，玛雅文化的重要地标"奇琴伊察神殿"在博物馆的椭圆形广场中耸起，最顶端的"末日时钟"也随之启动，现场贵宾和观众亲身体验了视觉和听觉的双重震撼！特展带领观众重返玛雅神殿，透过以玛雅文化和历法为主题的环景剧场节目，为观众揭开末日预言之谜。除广场神殿外，第一特展室还利用博物馆珍贵的古生物化石，探讨生命在浩劫之后重生的韧性。策展人孙维新馆长这样谈及特展的意图：根据中美洲玛雅文化的石刻碑文，这个神秘民族前后长达五千年的精确历法将在 2012 年的 12 月 21 日画上句点，在好莱坞电影的巧妙解读下，这一天就成了人类即将面对的"世界末日"！这个被创造出来的灾劫预言，在广大民众的心中投下一个挥之不去的阴影，好事者和名嘴们纷纷发言，"行星排列"、"太阳爆发"、"银河灾变"等说法披着科学的外衣四处流窜，社会人心浮动，大众惶惑不安，还真的创造出了一幅末日景象！在末日预言节节逼近的时刻，台湾自然科学博物馆主动策划了"2012 世界末日特展——浩劫与重生"。这个展览包含三大部分——玛雅文化和历法、天体撞击地球的历史和现象以及众生经历浩劫和外星生命的搜寻，希望能从科学的角度解答民众心中对末日传说的疑惑。特展还安排了一项有意义的活动：12 月 21 日的下午二时，当神殿的时钟走完最后一秒，人们可以进入"末日 24 小时"，参加由博物馆举办的温馨守夜晚会，从而静下心来反思。次日下午二时,如果平安无事,人们就将伴随着壮丽的交响乐走出末日,欢欣鼓舞地庆祝重生!

这种对社会重大问题进行关注与呼应的敏感在美国博物馆界也很突出。由于世界末日的话题引起了全世界的关注,美国宾夕法尼亚大学的考古学与人类学博物馆也适时地推出了"玛雅·2012"特展,其成为该博物馆最轰动的展览之一。展览开幕后吸引了大量观众,每天参观者络绎不绝,博物馆也获得了很大的经济收益。[①] 这表明,博物馆及时呼应人们关注的重大问题是能得到社会回报的。

3.关注更多元化的文化需求

在当今多元文化的格局中,不同的人群、族群,不同的文化,都在积极争取呈现与表达自己的平台。基本陈列通常被主流文化与意识形态所占据,博物馆要为更广泛的人群发声,包括发出各种非主流意识形态、亚文化与少数族群的声音,必须依赖各种题材的特展。通过特展,博物馆能够呈现出更广阔的视野与更包容的情怀。

在英国,移民和少数族群因文化或语言问题在生活或就学方面被隔离,无法充分享受由国家提供的各种服务,包括博物馆的资源。大多数展览都是围绕历史人物或艺术家,既非他们的兴趣,也不为他们所理解。英国伦敦博物馆注意到这种情况,决定利用举办特展的方式打破这种局面。2000 年,伦敦博物馆推出了"收藏 2000"特展,邀请社区 50 多个团体各选出一件物品展出,并且说明这件物品对他们的意义。这一特展不仅拉近了博物馆与这些族群的关系,也使他们在参与过程中重新了解这些物品在他们生活中扮演的角色。

在艺术领域,也缠绕着主流与非主流之争。通常的情况下,非主流的意识形态很少受到关注,很少在正式的展览中被表达。法国巴黎东京宫"第三记忆"特展就是打破这种格局的一种尝试。该展览关注艺术中的非主流意识,试图更正主流的专横,并重新肯定极简主义艺术的历史意义及价值。展览在学术界引起了反响,一些学者认为,这样的展览范畴及理念值得喝彩,其为今后的新展览开了先河。2012 年 4 月,巴黎东京宫又推出以"激烈的迫近"

---

① 刘连香:《由"玛雅·2012"论美国博物馆展览特点》,《中国博物馆》2012 年第 3 期。

为主题的展览,展览由主策展人奥奎·恩维佐联合四位法国策展人共同打造,汇集各大洲对表征政治(politics of representation)提出疑问的艺术家,共同探讨历史、他者性与后殖民主义等话题。奥奎声称:"策展人应毫无禁忌。本族中心主义(ethnocentrism)、族间窘境(ethnophilia)、仇外(xenophobia)、崇外(xenophilia)……种种悖谬之机显露于这些主题中,我的展览通过突破不同领域间的界限来对如今这些主题的夹缠提出疑问。"①这些展览的基本理念是提倡交流、对话、开放和互动,让特展成为最有活力和充满幻想的艺术家们的阵营和实验地。其网站设有专门的论坛,欢迎观众留下不同的"声音",如果你反对某个展览或是有话要说,可以自由表达,他们会回复。

4.促进文化与族群的沟通和交流

基本陈列是一种固定的展览,它能够邀请观众前来,却无法受邀去其他地方。同时,基本陈列基本局限于本馆资源,难以与其他馆的资源进行整合,这些都妨碍了博物馆的交流与合作。特展既可以通过借展与合作的方式获得更充分的专题资源,也可以以流动的方式到其他地方巡展,从而大大加强了合作与交流的可能性。正是凭借这种优势,特展扮演了文化交流使者的角色,有效促进了文化与族群之间的沟通和交流。

18世纪,在东西方各有一位伟大的君主,中国的康熙大帝和有"太阳王"之称的法国国王路易十四。双方借助传教士的穿针引线而进行"神交",对对方所属的文化心生羡慕,进行了密切的交流与学习。这种涉及双方交流的题材,在资源的支持方面往往需要双方乃至多方的配合。特展可以借助双方的合作解决资源问题。于是,一个以多方资源为基础的特展形成了,这就是台北故宫博物院举办的"康熙大帝与太阳王路易十四——中法艺术文化的交会"展览。特展的展品包括我国台北故宫博物院84件、法国十三家博物馆借展的72件、我国香港私人收藏的博物馆1件以及我国北京故宫博物院、沈阳故宫博物院和上海博物馆的32件。正是依靠这些藏品,展览得以相对完整地呈现17、18世纪间两位同时代君王的文化风格与交流面貌,具体展现东西方在科学、艺术与文化方面的接触、交流以及相互影响的历程,从而使人们了解东西方这一段鲜为人知的对话历史。

---

① 参见申舶良的《"迫近":奥奎·恩维佐操刀巴黎东京宫首届三年展》。

　　中德两国之间也有这样的系列活动。2008 年北京故宫博物院与德累斯顿国家艺术收藏馆在德累斯顿王宫举办了"金龙银鹰 1644—1795——故宫博物院／德累斯顿艺术收藏馆文物联展"。次年，双方又在北京故宫博物院推出了"白鹰之光——萨克森-波兰宫廷文物精品展"。展览由"引言"、"君权的体现"、"庆典文化"、"宫廷生活"、"宫廷建筑"、"艺术与科学"、"政治与外交"七部分组成，从多个角度展示了萨克森历史及宫廷生活的各个方面。通过两座王宫收藏的互动，借助于特展的形式，观众了解了中国和德国 17、18 世纪的历史与文化，欣赏到精美绝伦的艺术珍品。

　　在利用馆际合作举办任何单一机构都无法独立推出的展览方面，分离了360 多年的《富春山居图》的聚首，可谓是最具戏剧性的一幕。《富春山居图》被誉为"画中兰亭"，是元代四大画家之一黄公望晚年的精心杰作，也是中国绘画史上的旷世名迹。收藏者吴洪裕临终之际，以此卷火殉，使《富春山居图》因火毁损而分为两段，前一段《剩山图》为浙江省博物馆的重要收藏；后一段历经明清名家收藏，于乾隆十一年(1746 年)入藏清内府，今为台北故宫博物院所收藏。通过浙江省博物馆出借《剩山图》的方式，2011 年 6 月至 9 月在台北举办"山水合璧——黄公望与富春山居图"特展，两卷瑰宝合并展出，重现《富春山居图》的原貌，实现了几代人的夙愿。特展举办期间，台北故宫博物院的参观人次高达 74 万。

　　5. 反映先锋观念与前沿的学术成果

　　基本陈列所传播的内容多为较稳定的知识体系和为主流学术界广泛认同的观点，而学术界较新的观念，如果影响不是特别大，或者尚存争议，基本陈列通常不会据之做出及时更改。在这种场合，特展可以为某一新的学术进展提供展示的平台，使社会能迅速地了解这一新的学术动态。例如，传统的观点认为某一类恐龙是肉食类动物，新的研究表明这种观点有误，这种恐龙是植食类动物。于是，我国台湾自然科学博物馆举办了介绍新学术观点的展览。为了强调新的观点，特展的名称就叫作"请给我一盘色拉，谢谢！"

　　对于一些具有重大影响并得到公认的科研新成果，可以举办专题性的特展，以配合基本陈列的调整。例如，2006 年 8 月，位居太阳系九大行星末席 70多年的冥王星被逐出行星家族，这对于早已习惯"九大行星"之说的广大公众来讲无疑是一个具有颠覆性意义的变化。博物馆不仅要对基本陈列的相关内容及时做出调整，还应抓住这一时机推出特展，向观众系统和深入地介绍这一最新的科研成果。

如果一种新的学术观点尚处于争论之中，而这种争论又受到了高度关注，特展可以同时展示不同的学术观点，帮助观众了解这一领域的研究热点。例如，关于外星人的知识始终是一个尚在探索之中的神秘领域，存在着不同的学术观点。我国台湾科学教育馆、美国堪萨斯航天中心和英国伦敦科学博物馆联合推出了"外星人探索特展"，内容包括"外星科幻大集合"、"外星科学大解密"、"外星的异想世界"和"跟外星人打招呼"四个板块。

特展的勇气不仅表现在展览的内容方面，同样也表现在表达与审美方面。特展的灵活性与广泛性使得博物馆更有勇气采用多样化的途径，寻找更具实验性的表达方式，从而使展览更加缤纷多彩，也为博物馆探索新的表现方式提供了平台。博物馆还可借此测试观众的反应与认可度，为拓展和丰富博物馆的表达方式提供依据。

1988 年，荷兰鹿特丹鲍曼斯·冯·波宁根博物馆推出"非历史之声"展。展览采取的分类原则既非编年史的顺序，也非艺术风格或经典的质料，而是从个人理解的角度所看到的不同时代、不同风格及不同质料的艺术作品之间的基本联系，并通过"移情"将它们联结起来。陈列采用"空间三分法"：在每一个空间里混杂着各种不同质料的展品，而雕塑都占据着中心的位置。约瑟夫·博伊斯的《Grond》居于正中，依米·诺贝尔的《餐柜》在右，勃拉斯·诺曼的《工作室一隅》在左。展览采取了隐喻手法，把居中的主要展厅设计成一个"令心灵困惑的场所，以引起各种关于人类的创造力、苦难以至死亡的思绪"。在这里波罗海尔的《通天塔》象征困惑，波依斯用电池及部分采用旧材料组成的场景象征创造力，鲁本斯的《三个十字架》意味着受难。右边的房间被一种空寂和单色调造成的隐秘沉默氛围所包围，这里并置着诺贝尔的银质咖啡壶、詹的《敬慕玛利亚》以及莫朗第、布罗德瑟尔斯和凡·艾克等的作品。最后，在左边的房间，我们看到外表琐细的作品得到了升华，变得崇高而神圣：在这里，诺曼、罗斯科、海隆姆斯·博西、辛瑞德姆、蒙德里安的作品与一只 16 世纪的威尼斯玻璃器皿陈列在一起。展览希望由此造成雕塑与其他艺术品在空间上的对话以引起一种共鸣，并将过去与现在以非历史的形式连接起来。[①]

---

① 严建强、胡群芳：《博物馆展示中的时间因素及其变化》，《中国博物馆》1998 年第 2 期。

上面谈及的法国巴黎东京宫"第三记忆"展览也采用了隐喻的手法。展览以第三人称的"他者"为记忆,暗示这并非你的或我的,而是广泛众生的记忆,在人类的意识、非意识、潜意识里。策展人将这第三记忆比喻为一种叫作"youpketcha"的昆虫,这种昆虫的脚因不常使用而全部萎缩,并以吞食自己的粪便维生,这是由于它的新陈代谢非常缓慢,因此必须让营养物质在粪便中菌化,方能吸收。"youpketcha"用特殊的触角原地旋转,进行持续排泄及摄食维生的周期循环行为。策展人以"youpketcha"的比喻来反映一种原始的存在窘境,并以这种状况对照人类自己:不断地纠葛在仇视及痛苦之间,无论如何转移,都只是在这种循环的演变系统中打转。这种高度个人化的比喻手法,在博物馆的基本陈列中是鲜见的。

6.参与时政与社会敏感话题的讨论

基本陈列关注较稳定和持久的社会现象,即使它有心参与社会讨论,也因其长时效的局限无法及时跟进。特展则使博物馆的这一愿望得以实现。同性恋、艾滋病、青少年怀孕等敏感话题越来越多地成为博物馆特展的题材,使得博物馆在扮演圣坛的同时,也扮演了论坛的角色。

英国诺丁汉面临社会治安不佳、失业率高及青少年犯罪等问题,那里的博物馆举办了艾滋病、同性恋、青少年怀孕等特展,让民众对这些争议性问题有更深的了解,通过开展相关的活动,让一些精神受创、受虐的儿童或社会适应力较差的民众加强与社会的互动和沟通能力。在这个过程中,博物馆还积极吸纳少数族群的人员参与到博物馆的工作中。

2011 年 9 月,比利时的安特卫普 MOMU 博物馆举办特展,回顾 Walter Van Beirendonck(安特卫普的疯老头)三十年的设计生涯[①],其作品探讨了两性冲突、恐怖主义、社会暴力、艾滋病等问题,在批判现实的同时,始终坚持唤醒人性善良的本能。积极与反叛、勇敢与卑鄙、希望与绝望、光明与黑暗在他的作品中共存,让观众在不断的矛盾中思考人性的本质和世界的未来。

艾滋病是一个引起广泛关注的话题。一些人对艾滋病的恐惧来源于某些方面的无知,他们还不清楚艾滋病人的真实生活与境况,就被这一概念吓

---

① Walter van Beirendonck 是比利时时装界著名的"安特卫普六君子"之一,作品充满童趣和搞怪想象力,其独树一帜的美学风格震惊时尚界。

坏了。只有直面这个话题,让知情者或当事人站出来说出他们真实的生活,才能使人们对艾滋病有更多了解。于是,一个名为"勇者的身影——艾滋病患者"的摄影特展在我国台湾推出。展览上有两名勇敢的艾滋病感染者现身,通过自己的经历告诉大家,感染艾滋病的人依然可以正常工作和生活。其中一位 26 岁的女子因从事性交易而感染艾滋病,五年前与同居人生下一名健康男孩,目前由外婆照顾。一名艾滋病防治、研究者及"关爱之家"创办人对她进行的照料与救助,帮助她重新找回生活的信心。

　　相比之下,同性恋是一个引起更多争议的话题。波兰国家博物馆曾举办为期三个月的同性恋主题艺术展,这一展览还没开幕就已经引起波兰一些人士的反对。馆长皮奥特·劳斯基对媒体表示,举办本次同性恋主题艺术展是为了在保守的天主教国家波兰激发人们讨论同性恋相关话题的兴趣。此次特展展出内容包括古代雕塑中的同性恋以及同性恋题材的绘画和摄影作品等,不少展品呈现了男性人体,也有表现女同性恋的艺术作品。展品中的一部分是波兰国家博物馆原有的收藏,许多展品出自东欧和中欧地区。尽管遇到一些反对的声音,展览仍如期举办。在展览举办期间,欧洲同性恋者游行在当地举行,关于同性恋的讨论在波兰引发许多人的关注。

三、几点看法与建议

　　以上的案例及其分析使我们清楚地看到,题材多样的特展使博物馆在承担社会责任方面有了重大的拓展,使博物馆史贴近社会,贴近现实,贴近人们的日常生活。它是博物馆文化在几个世纪的社会化过程中经历的又一次重大的发展,在博物馆从圣坛走向论坛方面起到了先锋的作用。①

　　毫无疑问,在中国大陆,特展的重要性已经被充分地认识到,而且在实践中也有了积极的表现。在许多博物馆,特展建设在馆长的工作计划中占据了重要的地位,在聚集人气方面,特展也已经做出了重要的贡献。然而,特展在

---

　　①　出于强调博物馆贴近社会生活的目的,法国甚至出现了一个新词"anti-musée",这倒并非"反博物馆"的意思,而是认为相对于国家政策赋予博物馆保存文物与遗址的使命而言,博物馆还必须成为一个真正的公共文化艺术空间,支援新兴的艺术文化活动,与民众的城市生活有更切实的关系。参见王馨梨:《激烈的迫近——东京宫"巴黎三年展"印象》,http://www.artda.cn/view.php? tid＝7020&cid＝2,2012-06-23。

我们的日常生活中到底产生了怎样的影响？特展在博物馆社会角色的拓展方面做出了怎样的贡献呢？在特展建设方面,我们还有哪些方面可以做得更好呢？为了明确下一步的努力目标,我们有必要对目前尚存在的问题进行一番检讨。

第一,虽然中国大陆博物馆界在推出特展的数量方面是有目共睹的,但在类型的多样化方面,似乎并没有明显的优势。巡回于各地博物馆的特展中,以区域性出土文物或器物类型学为题材的精品展占据了主导地位,而针对某一种现象、某一个问题的主题展览尚不多见。的确,知名的实物精品具有巨大的号召力,能够产生展览界所谓的"巨型炸弹"效应,此类展览对博物馆吸引观众及满足观众的愿望都能起到很好的作用。但从我们上述对特展所能产生的社会作用来看,仅仅如此还是不够的,远不能覆盖特展所能履行的社会功能。即使是从观众兴趣的角度讲,一些以事件、现象甚至问题为主题的特展,因为具有提供新知与解惑的作用而深受公众欢迎。例如,曾在中国大陆一些地区巡回的"庞贝的末日"就吸引了大量的观众,出现了排长队的情景。这类展览有故事情节,事关人的命运,所以格外能激发人们的同情与关注。浙江博物馆也推出过一个以本馆藏品为核心的反映该地区早期族群与文化的展览:"越魂"。这是一个通过对藏品进行过深入研究与提炼而反映古越人文化品格的特展,体现出深刻的思想性,并通过文化基因的概念,将人们对历史的思考与对现实的观察紧密结合起来。这个展览在社会上获得好评,它对人们所起的启发作用是一般的精品式特展所无法做到的。

第二,中国大陆所推出的特展在所涉及的社会生活的广度与深度方面也不尽如人意。展览通常建立在现存藏品的基础上,为主动介入社会生活,尤其是讨论重大社会问题而专门征集并举办的特展非常罕见。从内容方面看,精英人物、重大的正面事件、辉煌的文明业绩等成为主体内容,反映社会现实、讨论社会问题、开展社会批评的题材很少,在博物馆所扮演的社会角色方面,更多地起到了强化而不是拓展的作用。

第三,缺乏对特展的资源与市场展开充分的调查研究,并在此基础上提出的周密的规划。许多博物馆推出的特展往往得益于偶然性,没有一个长远的整体的考虑,所以,在针对不同的人群方面,在普及与前沿的比例关系方面,都没有专门的思考,从而出现了类型与题材雷同的情况。我国台湾自然科学博物馆在考虑年度的特展计划时,在满足大众和小众,在科学普及与前沿探索方面,都做出均衡的安排,使博物馆能服务于更广泛的人群,满足更多样化的需求。

关于基本陈列的学术讨论变得热闹起来,这对提升陈列质量起到了积极的推动作用。对特展的讨论也应该获得足够的重视。相比之下,每一年度的特展数量要远远超过基本陈列,所产生的影响也十分巨大,所以,关注特展建设,对如何向社会提供品质优良的特展展开必要的讨论,是中国大陆博物馆界应该努力的方向。如果在上述几个方面有更佳的表现,大陆博物馆界所履行的社会职责及所扮演的社会角色必定会更加充分和更加丰满。

拓展式教育:博物馆文化的新内涵

社会教育在当代博物馆职能中的地位一直是博物馆学讨论的话题,虽然至今仍有不尽相同的观点,但一个不争的事实是,在全球范围内,教育在博物馆履行的社会职能中受到了前所未有的重视,这一点从最新版国际博物馆协会关于博物馆新定义的变化中即可看出。① 这种理论上的变化源自各国博物馆的实践,而在实践领域中最引人注目的发展是,许多博物馆已不再仅仅满足于提供单一的展览,而是积极开展围绕展览的拓展式教育,构筑起多维度和立体式的教育网络。新的教育体系不仅极大地提升了展览的传播效应,也使博物馆教育的辐射范围有了很大的扩展。看到这些博物馆川流不息的人群和他们脸上满意的微笑,我们是否应该反思一下:在为社会提供更好的产品与服务方面,我们还存在哪些问题,应该做出怎样的努力? 在我看来,拓展式教育是当代博物馆发展的新趋势,已经成为博物馆教育文化的新内涵。虽然我国有一些博物馆已经开始了初步的实践②,但在全国范围内远没有成为常规的形态。所以,在提升展览质量的同时,积极开展相关的拓展式教育应该成为我们下一步努力的重点。

一、博物馆文化与博物馆拓展式教育

博物馆文化源于收藏文化,正是这种转化为履行教育职责构建了必要的平台。然而,教育的功能并非博物馆文化形成之初即有的,而是博物馆文化

① 2007 年 8 月 24 日,国际博物馆协会对博物馆定义进行了修订。修订后的定义是:博物馆是一个为社会及其发展服务的、向公众开放的非营利性常设机构,出于教育、研究、欣赏的目的征集、保护、研究、传播并展出人类及人类环境的物质及非物质文化遗产。这一版本的一个显著的变化是将教育放在了更突出的位置。而此前的诸版本,教育都处于第二的位置。

② 2004 年北京自然博物馆推出"探索角",其间摆放着各种实验器具、动物模型以及动物标本和古生物化石等。观众可随意操作各种设备和仪器,亲手触摸动物标本和古生物化石,也可参与博物馆展览的陈列设计,动手制作各类动物模型,以及进行小发明、小创作等。

发展到一定阶段的产物,其最显著的表征是针对教育目的的展览的出现与发展。拓展式教育则是博物馆教育文化发展出来的新内涵,是为进一步贯彻教育意图、对展览进行深化与补充的新举措。博物馆教育文化的这种发展趋势,典型地反映了博物馆在几个世纪中所经历的本质变化。所以,要了解拓展式教育产生的原因,我们有必要追溯博物馆文化发展的历史。

1. 从收藏文化到博物馆文化

收藏是博物馆之母。然而,虽然博物馆文化是从收藏文化转化和发展起来的,但两者具有重要的区别。收藏文化的主体具有私人或家族的性质,如果不属于特定的社交圈,通常秘不示人。而且,收藏活动还具有随意的和非制度化的色彩,往往依据的是收藏者的爱好与心情。相反,博物馆文化的本质是公共性与公开性,它向社会各阶层开放,属于社会文化事业的一部分,具有制度化的特征。

从历史上看,收藏文化向博物馆文化演变的现象首先出现在欧洲。在贵族社会向大众社会转化的大背景下,大约从 17 世纪初开始,一些王室和贵族的收藏陆续向社会开放。我们现在看到的最早的案例是 1660 年英国王室军械库有条件地向社会开放。紧接着是十一年后(1671 年),瑞士巴塞尔大学向公众开放美术品收藏。到 1683 年英国牛津大学阿什米尔博物馆的开放,这种制度性的文化设施开始坚定地成长起来,之后英国大英博物馆及法国罗浮宫的相继开放,则标志着公共博物馆时代的正式来临。拿破仑战争后,一些欧洲王室陆续向社会开放自己的收藏,博物馆文化在欧洲更大的范围内发展起来,然后进一步向外部扩散,首先是有欧洲殖民者生活的非欧地区,然后是具有殖民色彩的亚洲、美洲和非洲地区,最后在全球范围确立起来,成为近代文化重要的组成部分之一。

尽管博物馆文化开始在全球范围兴起,但与今天的博物馆相比,情形有很大的不同。当时所谓的博物馆,本质上就是一个存放着各种收藏品的库房,所谓参观博物馆,就是观众在工作人员的带领下到库房走一圈。这种参观模式虽然能够满足观众的好奇心及审美的愿望,但很难满足明确的学习需要。

2. "二元配置"与独立展览空间的问世

上述的情况到美国哈佛大学的博物馆在 19 世纪中叶提出二元配置后开

始出现变化。与欧洲相比,美国的博物馆属于新生代,而且两者产生的路径大相径庭。在欧洲,收藏文化在出现了上千年后,开始从象牙塔走进普通人的日常生活,这一转变在博物馆经营者的心理层面显得并不容易,所以,虽然公共博物馆的牌子挂出来了,但贵族经营的作风、对普通下层民众居高临下的态度,在一段较长的时间内还保持着。而在美国,来自欧洲的移民深感博物馆在启迪民智和丰富生活方面的意义,所以通过向社会征募展品,建立起当地最初的博物馆。这种建设方式使得博物馆与普通民众间呈现出一种亲昵的关系,博物馆从一开始就具有很强的人民性,并滋生出竭力满足人们需要的责任感。这种责任感在美国博物馆履行相关的社会教育任务时变得顺理成章。正是在这种背景下,阿卡西斯博士提出"二元配置"的概念。依据新的理念,一些经过挑选的藏品,按特定的教育计划被放置到一个专门的空间中,这就是我们今天所说的展厅。展览空间从收藏空间独立出来,是博物馆经历的第一次分化式发展,为博物馆实施有目的、有计划的教育活动提供了平台,标志着博物馆在履行教育的社会责任方面迈出了重要的一步。博物馆文化由此被赋予了新的内涵。

美国博物馆对公众的态度及在教育方面勇于担当的做法反过来影响了欧洲博物馆的发展。一些看到美国博物馆新经营作风的欧洲人深为感动。到 19 世纪末,一些欧洲的博物馆在社会运动的综合作用下,其中包括世界博览会和美国博物馆经营方式的影响,开始在社会教育方面承担更广泛的责任。德国阿斯特博物馆筹建时,筹备委员会主席冯·许堡就明确指出,新建的美术馆不再以艺术行家为中心,而是着眼于普通人的教育。[①] 所以,各时期的艺术作品被按照艺术史教学的方式组织起来,从而为普通民众对艺术品的理解创造出良好的条件。到冯·米勒在慕尼黑建造德意志科学技术博物馆的时候,这种立足于普通人教育的观念更加彰显,变得既自觉又清晰。这或许就是博物馆史学家将它的诞生作为现代型博物馆产生的里程碑的原因。

进入 20 世纪 30 年代,博物馆已经不再满足于欢迎观众进入博物馆参观的良好愿望了。一些具有远见卓识的博物馆开始效仿企业的做法,通过开展

---

①　转引自杰弗里·刘易斯:《藏品、收藏家和博物馆——世界博物馆发展纵览》,苑克健译,《博物馆研究》1993 年第 1 期。

市场调查了解观众的愿望和要求。各种为获得反馈意见的技术,包括咨询表、座谈会、个人访问、可控的心理实验等,都被博物馆采用。一些经过严格分析的数据,帮助博物馆更深入地了解自己的观众。到 20 世纪 80 年代,观众调查成为各国博物馆的常规工作,以至于英国伦敦大学的肯尼斯·赫德森在谈及此事的时候说,他所统计的不是哪些博物馆开展了这项工作,而是哪些博物馆尚没有开展此项工作。[①]

3. 致力于社会教育的信息定位型展览

到 20 世纪 80 年代,一种把博物馆进一步引向社会化的趋势变得更加明显。随着世界范围内软实力比拼的展开,各国政府都意识到学习能力是一个民族发展的未来,所以竞相提出了建设学习型社会的目标。[②] 终身学习的概念也随之脱颖而出。在这种社会学习的强烈动机推动下,博物馆必须做出适应时代要求的变化。于是,一种配合学习活动的新型展览渐成主流。这种展览不再仅仅局限于通过观察展品的外部特征以满足好奇心和审美的愿望,而是将理解文化遗产中所蕴藏的文化意义作为目标。由于这种文化意义是以新信息的方式呈现出来的,所以也可称为"信息定位型展览",以区别于传统的"器物定位型"的展览。这种类型的展览在不同的国家及不同的时期具有不同的变化,在日本,传统的展览被称为"欣赏性展览",而以信息传播为主导的展览被称为"理解式展览",之后又发展出了"思考式展览"。[③] 在欧美,它们通常以"教育性展览"、"叙事式展览"等名义出场。

在信息定位型展览中,通过信息传播满足观众对学习的需求成为主导的取向。在这种展览中,展品不再是孤立地呈现在容器中,作为欣赏的对象,而是通过一系列展品的组合,反映某一种社会或自然现象及其变化。由此,叙述和阐述开始成为博物馆展览最重要的任务之一。为了帮助展览具有更好的诠释与叙述能力,博物馆陈列会针对教育的目的制作各种辅助性展品,包

①　Hudson. *A Social History of Museums*. London:The Macmillan Press,1975.

②　"学习型社会"是 20 世纪 60 年代由美国学者哈钦斯首先提出的。20 世纪 70 年代,联合国教科文组织提出:人类要向着学习型社会前进。此后,许多国家相继开展了学习型社会创建活动。在中国,党的十六大报告在阐述全面建设小康社会的目标时,明确提出要"形成全民学习、终身学习的学习型社会,促进人的全面发展"。

③　糸鱼川淳二:《新しい自然博物馆》,东京大学出版会 1999 年版,第 203 页。转引自王为东:《东方博物》2004 年第 3 期。

括三维造型的情景再现、以视听为特征的新媒体技术以及类型多样的体验与互动装置。这些辅助展品能够对静态的实物展品展开深入、系统的分析与解读，从而大大优化了观众理解展品内涵的效果。一些原来只用于吸引观众眼球的展品，在博物馆展览技术的帮助下，变身为能够向观众介绍与表达自己的历史证人，向人们叙述着古往今来的故事。新展览的出现，使博物馆在履行社会教育的职责方面再迈了一大步。

4.教育功能的深化：博物馆拓展式教育的兴起

在服务于教育的信息定位型展览问世后，博物馆并没有停下为社会教育进一步努力的脚步，这种努力集中体现在博物馆所开展的拓展式教育方面。所谓拓展式教育，是指围绕着展览中的内容所开展的辅助性公共教育，这是一种具有更明确教育意图的博物馆活动，旨在拓展展览的内容，帮助观众更好地理解展品及展览所传播的内容。拓展式教育在当代已发展成常态性的博物馆活动，其受重视的程度从它在博物馆建筑总面积中所占比例的变化可见一斑：在早期的"藏展混一"时代，博物馆建筑的主体是库房，甚至可以说库房是博物馆建筑中唯一的功能性空间。当展览空间独立后，随着博物馆对教育活动的重视，展览空间呈现出逐渐扩大的趋势，并取代库房成为博物馆建筑中规模最大的空间。然而，近几十年来，我们看到一种新的现象：在那些发达的博物馆中，随着公共教育活动的增多，公共教育空间也呈现出不断扩大的趋势，占据着博物馆建筑空间中越来越大的比例。如果说二元配置导致展览空间的独立是博物馆第一次分化式进化的话，拓展式教育空间的出现，则是博物馆迈向教育目标的第二次分化式进化。

二、拓展式教育的特征与意义

拓展式教育只是博物馆教育的一种辅助的手段，不能取代博物馆展览教育的主导形式。它围绕基本展览进行局部的深化与补充，使基本展览发挥更好的传播效应。但我们也要看到，由于它较少受到实物的限制，可以采用更多样化的方式，所以能够更具针对性地服务于教育的目的，从而使博物馆教育在深度与广度上都有所拓展。

1.超越实物:更广泛的教育媒介

拓展式教育是围绕着展览的内容展开的,是以展览为媒介的教育手段的补充、深化与延伸。从通常的意义上讲,展览是以实物展品作为核心传播媒介的,其目的在一定程度上就是通过各种传播技术对实物展品进行阐释与叙述,再现与重构其中所蕴藏的社会记忆,从而沟通现实与历史。这种以实物为媒介的教育形式通常会有两方面的问题:其一,普通人一般都没有受过专门的训练,缺乏自行解读的能力,即使在展厅里有一些辅助性的解释手段,但对理解上有一定难度的展览内容,单纯采用博物馆手段尚不足以让观众充分把握;其二,实物展品的获得有时具有偶然性,缺乏系统性,所以仅仅依靠实物展品尚无法对事物的完整现象及其变化做出充分的叙述。拓展式教育活动的产生与博物馆教育特征有关,或者更准确地说,是针对其弱点展开的。所以,与常规的展览不同,在拓展式教育的环节中,它不再主要以实物展品为核心媒体,而是采用形式多样的、更具有常规形态的教育方法。许多博物馆为了观众,尤其是低年龄人群观众,制作了帮助理解和配合操作的道具与资源包。资源包包含了理解所需的必要工具,这些工具或道具的使用使观众对展览内容有更好的理解。在那些专门给儿童使用的发现屋或探索屋里,博物馆设置了许多仿制的展品供其操作,当然,如果有一些实物展品资源充分又不易损坏,它们被安排在发现屋或探索屋中,会使学习取得更好的效果。从这个意义上说,拓展式教育既围绕实物展品的内涵展开,又不局限于实物,从而使博物馆教育内容更加广泛与系统。

2.超越展览:更丰富与专门的教育活动

长期以来,展览承担了博物馆教育活动的核心任务,人们只要谈及博物馆教育,基本上就是指参观展览。虽然当代博物馆展览将重点放在教育,但其内容的广度、深度与系统性都受制于实物藏品资源。展览的内容必须紧紧围绕实物展品所蕴含的学科内涵,虽然在信息定位型展览中可以通过辅助展品的介入对展览内容进行一定程度的系统化、全面化处理,但这是有限制的,不能过分脱离实物展品的内涵,否则会背离博物馆以实物为核心媒体的教育特性。相比之下,拓展式教育可以更加专注于教育目的本身。为了实现既定的传播目的,它可以涉及更广泛的领域,诸如与展览主题相关的背景知识、从展览重点内容中派生出来的其他相关领域,等等。由于这种教育并不完全受制于实物展品,所以可以依据教育本身的需要讨论更广泛与系统的领域,从而能够在一定程度上超越展览本身。

3.超越参观:与直接经验相关的学习

博物馆学习的主要方式是参观展览。在传统的以器物为核心的展览中,观众主要是观察器物和标签。在今天的博物馆中,展览要素增加了,展览的传播方式更加多样化,包括情景再现、视听装置和各种互动与体验装置。这意味着博物馆观众在展览空间的参观活动具有多样化的特征,包括观察、阅读、体验和操作等。这是否意味着我们可以不再需要专门的拓展式教育空间了呢?

这里要说明两点:其一,展厅里穿插着一些专门的教育项目,如小剧场、小影院、探索角、发现角等,它们可以被视为展览的组成部分,但其本质上也是拓展式教育在展厅中的实施,属于拓展式教育的一种类型;其二,考虑到展览的基本属性和比例关系,对这种以非实物展品为核心的展览项目必须做出限制,过多的非实物展项会改变博物馆展览的性质。无论当代博物馆的展览技术多么吸引人,表达能力多么强,对博物馆观众而言,实物展品依然是最重要的,是最吸引人与最具说服力的信息载体和传播媒介。不论未来博物馆会出现怎样的变化,依托实物展品进行传播,永远都是其最本质的特征。所以,展厅中穿插的拓展性项目不能喧宾夺主。正因为如此,专门的拓展式教育项目及空间,有其存在的充分理由。

此外,对于低龄观众而言,让他们参观以成年观众为受众的展览实在是强人所难,他们或许对展览的主题有兴趣,但对那种持续观察和阅读的方式却无法适应。对他们过剩的精力与好奇心而言,类似于游戏的互动与操作项目是更适宜的。让他们在游戏式的操作中激发对科学的兴趣,获得初步的知识,是一种更有效的学习方式。然而,这种充满喧哗和欢乐的行为显然不适合在正式的展览中进行。适合学龄儿童的专门性拓展式教育因而成为拓展式教育最有活力的部分。

在这种拓展式教育的实施中,最重要的莫过于直接经验的获得。今天,无论是博物馆还是观众,都越来越意识到互动与操作在认知中的作用,其最大的魅力就在于互动与操作过程中所获得的直接经验。我们甚至可以说,除了在实际的实践领域,博物馆的互动装置是我们能够获得直接经验的极少场所之一。正因为如此,许多博物馆都发展出专门提供互动操作的教育项目及其空间。法国拉威叶特科学工业城的"发明室"提供了各种工具及素材,让观众动手创作发明;在美国国立自然史博物馆内的探索室,观众可以直接接触博物馆馆藏的真品和复制品,观察化石、颅骨、贝壳、矿物,并试穿来自世界各地的服饰等。此类拓展式教育的出现,使博物馆学习进一步超越了传统的参观,变得更加丰富多彩。

4.超越博物馆:博物馆的巡回与远程教育项目

拓展式教育并不局限于博物馆内,有多种方法可以将教育送往博物馆以外的地方。一种方法类似巡回展。例如,美国克利夫兰艺术博物馆常年推出"家庭快车"和"学校之旅"等教育项目。"学校之旅"每年为65000余名学生提供服务。为此,克利夫兰艺术博物馆特地从馆藏品中选择了18000件一般重复品专供对外教育使用,根据需要将有关藏品灵活搭配放置于专门制作的皮箱内带往学校开展活动。幼儿园和小学1—2年级的学生只能接触复制品,高年级学生可以戴上手套直接触摸艺术品。

将博物馆资源运用于博物馆以外的地方开展拓展式教育的另一种方法是利用网络。欧洲委员会成人终身学习委员会专门设立了"博物馆学习"网络项目,旨在为博物馆和教育人员建立一个永久性网站,使其能够利用网络平台学习和分享大量有关欧洲博物馆的知识。美国史密森博物馆将自己的教学资源分为"艺术和设计"、"科学和技术"、"历史和文化"、"语言艺术"四个板块,分别针对幼儿园到12年级不同年龄段的学生。博物馆还以展览为题材,设计出了形式多样的趣味网络游戏,如与麻省理工学院教育中心联合开发了"消失"科学探秘游戏,其兼具娱乐性与教育性,深得热爱科学和艺术的中学生的喜爱。学生在参观完博物馆后,难免会遇到各种各样的问题。史密森博物馆网站为此专门设立了一个"你有问题吗?"板块,学生可在线就艺术、历史、国家、文物等向博物馆老师提问,老师会将答案发送到学生的电子邮箱中。

在一些地区,拓展式教育还借助于远程传播的技术,将博物馆的教育项目传播到更远的地方。这种拓展式教育最有效的方式是与学校合作,双方通过相关的技术联结起来,通过视频观看节目与互相沟通、交流,就能很好地将博物馆资源用于学校教育。在美国明尼阿波利斯博物馆就有这种远程拓展式教育。它通过一种称为"柯达克"的视频设备与美国及加拿大的许多学校相联结。博物馆将一个与展品相关的故事发展成独立的教育项目,在很多情形下是一个情景剧,工作人员扮演故事中的角色,对某个作为实证物的展品进行深入的讲解,从而使观众了解一段有趣的历史。在双方约定的时间,视频设备被打开,双方互相打招呼之后,活动开始。这种远程拓展式教育为那些没有机会来馆参观的人们提供了绝好的机会,博物馆也将自己对藏品资源利用的范围与深度大大地拓展了。如果说上述的项目使拓展式教育超越了实物和展览的话,那么,网络与远程教育技术则使拓展式教育超越了博物馆本身。

三、拓展式教育的主要活动类型

拓展式教育的核心是一种利用博物馆资源进行更广泛教育的理念。有了这种理念,其形式就出现了持续的发展,类型也变得更加丰富多彩。由于缺乏专门和翔实的调研,我们对于当代博物馆所开展的拓展式教育尚不能做出完整的归纳与梳理。实际的情形一定会远远超出我们概括的范围,随着实践领域的不断探索,拓展式教育的形式与类型还将会有更多样化与更完善的发展。

1.以现场活动为内涵的拓展式教育

一种常见的方式是利用现场开展拓展式教育,这通常发生在遗址类博物馆里。许多遗址都是先人活动的场所,他们在这里生活或从事生产。在这种场合中,不仅展品是证人,环境与场所本身也是证人,向观众传递着当时的信息。如果可能,让观众在遗址从事与先人同样的工作,对帮助人们理解当时的生产生活具有很好的效果。例如,在澳大利亚的金矿博物馆,在当年人们淘金的河流上,观众可以用当年的方法来"淘金"。据说要是真淘到了金,还可以带回家。当然,这样优越的条件并不多见。绝大多数的遗址出于保护的目的是不允许观众自行活动的。然而,在不影响遗址的情况下,还是可以采用模拟的方式进行互动。

另一种常见的方式属于户外的类型,这就是属于博物馆的场外项目。一些博物馆将展览项目延展到户外的小广场、小公园,形成了类似主题公园的户外活动,一些与展览相关的体验性和操作性项目在这些地方展开。日本的一些远古文化博物馆,在场外按当时的样式建造住所,人们甚至可以在此过夜,以体验古人的生活。

2.穿插在展厅中配合展览的局部性拓展式教育项目

有许多拓展式教育项目是与展览混在一起的,它们穿插在展览之中,成为展览的一部分。这可以说是正式展览与拓展式教育界线模糊的地方。虽然如此,我们仍能分辨出其间的不同。在正式的展览中,实物占据着展览的核心,成为传播的主要媒介。但在与拓展式教育相关的展项中,实物的核心地位被淡化了,实施特定的教育计划的意图非常明显,各种非实物的辅助展品为了这个特定的教育目的被组合在一起,并且将实现特定的传播目的作为自己的目标。常见的形式有展览中的小剧场、小影院、小教室,以及信息角、发现角和探索角等。这类拓展式教育与展览内容结合非常紧密,通常是在某一展览内容之后设置的。即使是在展览中,观众也已经不再仅仅局限于观察,而是在多种媒体的综合作用下,运用不同的感官来吸收新的知识与信息。

3.面对低龄人群的独立的互动与操作项目

在许多国家,博物馆特别关注学龄儿童的教育,除了正式的儿童博物馆外,普通博物馆也把适应儿童学习放在重要的位置上。在一些博物馆中,几乎每一个正式的展览之后,都尾随一个面积不小的专供儿童观众活动的场所。其形式有多种类型,如探索角、发现屋、工作坊等。在这些空间中,围绕着展览内容安排了许多可以动手触摸与操作的项目,包括实物的复制品,以及专门为儿童理解服务的互动装置。这样一来,孩子们就不必像成年人那样正经八百地观看与阅读,而是用他们自己熟悉与喜欢的方式操作与游戏,并在游戏中激发对展览主题的兴趣,获得一些相关的信息。

在美国,88%的博物馆有"K-12"("从幼儿到少年")的教育项目,保守估计,全美国的博物馆每年共为学生提供390万小时的服务,成为从小学生到研究生的名副其实的第二课堂。无论是史密森研究院还是地方的中小型博物馆,都相继为儿童设立了专门的活动室或学习间,里面有根据博物馆藏品复制的古代服装和面具,以及各种玩具、乐器和图画书等,儿童可以在那儿自由玩耍、扮演角色、体验自然、尝试挖宝、模拟驾车、举办小型展览等。有的活动区每到星期六、日,还开设"故事时间",为3—7岁的儿童服务。加利福尼亚科学学院自然科学博物馆有一个完整的、称为"非洲经历"的活动区,那是儿童自己动手的游戏场所。在那里,儿童可以接触大象的长牙,可以在显微镜下观察舌蝇的飞行,可以观察非洲的文物,如飞帚和用珠子串起来的玩偶等。

4.将在教室中听课的方式引入博物馆拓展式教育

博物馆是一种包容性极强的文化设施,可以利用几乎所有的媒体方式。尽管教室听课的方式经常被用来作为与博物馆教育不同的典型案例,但博物馆依然可以将各种类型的教室引进自己的教育项目中。一种最常见的方式是附设在博物馆中的讲演厅,博物馆会围绕着新推出的展览举办一系列学术讲座。这种讲座不仅为观众提供了必要的背景知识,增强了观众对相关知识领域的理解力与敏感性,也极大地拓展了展览内容的广度与深度。听课式教育的另一种形式就是上面提到的穿插在展览中的教室,教室的课程表就挂在教室旁,观众可以根据时间表掌握时间。一些与自然科学有关的教室本质上就是一个实验室,博物馆教师会一边做实验,一边讲课,情景很像是中学的物理、化学课。人文艺术类的博物馆则有针对学生的讲座,如法国罗浮宫安排了"课程"项目,从不同的主题出发讲授罗浮宫的收藏品,每天上午10点到11点,在博物馆的礼堂有幻灯片播放。

我国台湾自然科学博物馆开创出一种被称为"剧场教室"的教育项目。教学内容是固定的,根据策展人的意图,将展览中某个重要而又适宜的内容单独抽出来,进行更系统和深入的阐释。教室依据展览主题进行装修,座椅上设有表决器。我曾经参与过一次完整的授课过程,主题是"在山坡下造屋"。首先,打扮成建筑工程师的博物馆教师为观众讲解山坡的类型与构造,介绍在外力作用下构造运动的特点,以及可能对房屋产生的影响。然后,观众根据自己的理解进行表决,产生了两种不同的观点,两方各派一名代表陈述理由。通过这样的过程,观众对应该选择在什么位置建屋有了较专业的理解。

5.利用独立影院和演艺开展拓展式教育

电影依赖于运动的二维画面进行叙述,有极强的表达能力,是我们在日常生活中非常熟悉的学习方式。电影的动态性及良好的叙事能力使它能很好地克服展览的静态性所造成的局限。所以,除了展览中的穿插式影院外,许多博物馆都有独立的影院,所播放的片子都是为配合展览专门制作的。从形式上看,有普通影院、环幕影院、太空影院、3D影院和4D影院等;从所处的位置看,有前置式的,也有后置式的,前置式通常为参观展览提供必要的背景知识,后置式的则可以帮助观众梳理、整合与拓展展览的内容。

也有一些博物馆安排了专门的演出场所,由博物馆工作人员将某一展览内容发展成一个剧目,通过表演与观剧的互动,使观众加深对展览内容的理解。

为了更好地配合展览,优化拓展式教育的效果,上述的教育类型可以综合运用,形成围绕某一展览的立体式构架。例如,由我国台湾中国文化大学策划执行的台湾少数民族艺术特展,在展览开馆的同时,推出了表演活动、教学活动、教学讲座与影片欣赏等拓展项目。表演活动包括新世纪文化艺术团的跨族群舞蹈、传统歌谣及创作演唱、秀林初中木琴队表演、少数民族少年合唱团表演和传统乐器演奏;教学活动包括皮雕、陶艺、刺绣、琉璃制作四个项目;专题讲座有少数民族传统工艺技术与文化;影片欣赏则有泰雅族的《哭泣的高丽菜》、排湾族的《陌生的熟悉》和卑南族的《看! 南王的二三事……》等32部纪录片。这些拓展活动使展览远远超出了传统的传播范围,使观众对少数民族艺术有更系统与深入的理解。

四、拓展式教育实施的前提

拓展式教育所带来的益处是显而易见的,这不免使许多博物馆馆长为之心动。然而,拓展式教育是一个系统工程,如果没有预先的精心规划,各种拓展式教育活动会因为缺乏必要的空间与设施的支持而无法实现。所以,只有将拓展式教育纳入博物馆建设的总体规划中,处理好与学校教育的配合关系,并充分完成相关的教学准备工作后,才有可能达到预期的目标。

1.纳入展览建设的总规划

目前中国博物馆建设的程序对开展拓展式教育是不利的。这是因为大部分博物馆被视同于普通的公共建筑。一些人甚至认为,只要是一幢足够大的房子,就可以做博物馆。所以,博物馆在建筑设计前并没有一个总体规划(master plan)的过程。建筑设计师着手设计时往往不清楚博物馆想要干些什么,需要怎样的空间。于是,他只得按自己的想法去设计。在这种情景下,甚至连展览空间的要求都是不明确的,更不要谈拓展式教育空间了。

要开展拓展式教育,首先要在博物馆建筑设计之前,就通过总体规划明确展览的主题与内容,同时要明确,围绕着展览是否要开展拓展式教育。如果要,则应进一步明确拓展式教育怎样配合基本展览,教育的具体内容是什么,由哪些项目构成,需要怎样的空间,该空间与基本展览的关系如何。这些问题与展览规划一样,要建立在资源分析、市场调查和目标定位的基础上,也要考虑它的可行性。只有在着手建筑设计之前把这些问题都明确了,并把相关的要求写进建筑设计任务书,才有可能在日后将拓展式教育付诸实践。

2.关注与配合学校课程

如果说展览主要考虑的是一般公众的话,拓展式教育更多着眼于在校学生。所以,在规划拓展式教育的项目与空间时,应该充分关注与学校教育的配合。

在许多国家,学校也提出了拓展式教育的需求。2006年,英国政府发布了"课堂外学习"宣言,提出学生除了学习学校必修课程外,有大量知识要在课外学习。所以,英国自小学起就有在博物馆内授课的课程,这些课程根据各馆的发展而调整设置,使教学内容与时代同步。英国的许多博物馆建有专门的学生游艺室和校外教室,同时配有特设的活动设施。例如在科学与工业博物馆的学生游艺楼中,建有各种专题性中小学生校外教室,学校经预约可在此进行教学,由博物馆专门安排工作人员当老师。在法国,每逢周三下午,小学和初中不上课,博物馆成了学生专场,被称为"星期三现象"。罗浮宫为少儿设"工作坊"、"导赏"、"教程"、"专题欣赏路线"和"儿童与家庭"等活动项目。"工作坊"由博物馆导览员、艺术家和学者组织,在考察本馆藏品的同时,传授艺术方面的技巧,传授经验以及研究不同的文化。瑞士在1994年颁布的学校法案中为教学科目制定了新课程计划、教学大纲和课时要求,其中的一些课程即以博物馆作为教学的辅助场所。在加拿大,博物馆根据不同年龄的学生编班,围绕展览设计了相关的兴趣课。安大略省教育部还在其法定的历史课程标准中规定了学生在博物馆的学习课时与学分。日本多数博物馆都与附近的中小学结成对子,为学校提供免费参观的机会或是到学校举行讲座普及知识,实现资源共享。例如:东京国立博物馆就与 21 所学校达成了合作关系;横滨美术馆则每年免费为幼儿园、中小学提供 100 场造型活动;东京国立科学博物馆每月举办活动,如"博物馆教室"(选择特定的题目,由博物馆人员进行专门的解说或辅导)、"自然教室"(博物馆人员指导下的实地观察活动,如野外岩石观察会、鸣虫观察会等)、"自然史讲座"、"理工学讲座"(由博物馆研究人员进行讲授),馆方还经常邀请当地大学、中学或研究机构的老师、研究人员开办各种讲座和综合性鉴定会。

这种社会背景为博物馆的拓展式教育提供了绝佳的机会。所以,在进行博物馆的规划时,必须将这一因素充分考虑进去。在中国,由于应试教育成为主流,学校对拓展式教育的热情不如上述国家,这对博物馆实施拓展式教育是不利的,但也要看到,社会上将博物馆纳入国民教育体系的呼声越来越高,可以预见,上述的现象迟早会出现变化。① 另一方面,我们也看到,有许多博物馆的展览内容与学校的课本内容是有关的,如果展览的规划者充分熟悉中小学课本的内容,积极地将两者联系起来,就能找到许多能被应试教育体系认可的项目。这些项目的实施,由于和课本内容的密切关系,将会受到学校的青睐。

3.教学方案设计与教学材料制作

博物馆的拓展式教育既不完全等同于传统的博物馆教育,也与普通的学校教育有别。与典型的博物馆教育相比,它的实物性特征没有那么突出,可以采用各种常态的教学方式,包括实验、讲课和观剧等;与学校教育相比,它又是紧紧围绕展览内容,围绕着实物展品中所蕴藏的知识与信息展开的;与课堂知识相比,具有较明确的形象性、现场性和实证性。

正因为如此,博物馆拓展式教育的教学方案设计与普通的课堂教学是不完全相同的,既要紧紧围绕展览内容,帮助观众理解展览,又要善于利用博物

---

① 这一问题已引起国家文物局的充分重视。2012 年 12 月 13 日,国家文物局《关于加强博物馆陈列展览工作的意见》指出:"紧密结合素质教育,与教育部门特别是中、小学校完善联系机制,丰富面向或配合学校教育的陈列展览,以博物馆之长补学校教育之不足,真正使博物馆成为学校教育的'第二课堂'。常设陈列应特别清晰地标识适合未成年人认知、欣赏的重点文物、标本,充实符合青少年认知习惯的文字说明。有条件的地方,可建立专门面向未成年人的博物馆(儿童博物馆)或教育类博物馆,增加面向学生的陈列展览项目。"

馆展览的实物性、直观性、现场感强,多种媒体共同作用,以及可以互动操作的优势,帮助观众建立更好的感性形象。这个教学方案应该成为沟通博物馆教育与学校教育的桥梁,使博物馆拓展式教育能够成为学校课堂教育有效的补充与深化。

美国博物馆通常会准备多种供学校教育使用的配套材料,包括文字素材、幻灯片、标本实物等。例如大都会艺术博物馆编印了"希腊艺术"、"韩国艺术"、"东南亚艺术"等系列专题材料(包括文字资料、幻灯片、只读光盘等),向纽约市的每所公立学校赠送一套。克利夫兰艺术博物馆从馆藏品中选择了大量的一般重复品专供拓展式教育使用,还可外借。

对于某些教学题材,仅仅有观察与听讲还无法充分实现传播目的。因此需要专门制作配合教学的道具和资源包。一些道具用于教师讲课,帮助教师更形象地表达,以收到较好的教学效果,也有些道具可以在学生的操作中使用,扮演玩具或工具的角色。这些道具是根据教学目的专门设计与制作的,是多次性使用的。莫利·哈里森在《如何开展博物馆教育》一文中曾提及这种道具的意义,他写道:"可以强调教育器械,使用那些本质上类似于蒙台梭利在班级中所使用的那些器械,只是改换为博物馆的材料罢了……有许多不同的材料可供使用,孩子们能用碎布片,彩色的和一定形状的纸张、卡片、皮革、三合板、羽毛、纽扣、烟斗通条等拼出一系列可爱的图案。一旦他们产生了如在家中的感觉,他们就会在展览面前很有秩序地工作,真正地观看和工作通常是那样的专注,不会对其他观众造成任何妨碍。"①还有一种专门用于教学活动的教学材料,被称为"资源包",它也是为了特定的教学目的专门设计与制作的,但它们主要是发给动手操作的观众使用的,在使用过程中会产生消耗,属于消耗性材料。

要使拓展式教育有效,不仅要在规划中确定项目的题材,也要在熟悉学校教育的基础上设计出优秀的教学方案,并且设计制作相关的道具与资源包。只有每一环节都到位,博物馆的拓展式教育才能发挥预期的效果。

4.教师与志愿者培训

正是因为博物馆拓展式教育的特殊性,其通常没有现成的经验可供借

---

① 莫利·哈里森:《如何开展博物馆教育》,严建强译,《中国博物馆》1988 年第 3 期。

鉴，所以，对于教学活动的组织与实施者而言，这是一个新的挑战。

　　在许多博物馆，拓展式教育的组织与实施者是由教师与志愿者构成的。教师来自两个方面：学校与博物馆。志愿者则是对这一领域较熟悉的社会人士，他们出于启蒙与教育目的自愿参加。加拿大皇家安大略博物馆下设的教育部专门组织学生活动，该部门有 5 名专职人员，另有 30 余名学校教师、艺术家、科学家担任兼职人员。在我国台湾，由志愿者担任的老师占有很大的比例。

　　由于教学内容的独特内涵，我们需要对教学过程与方法展开专门性的研究，再将研究的结果通过培训的方式，让教学的组织实施者掌握。在这方面，史密森的教师发展项目尤其引人注目，它不仅致力于向教师通报教育项目及素材，讲授如何在课堂内以及博物馆实地考察中有效使用它们，同时也致力于提升教师的教学技能，增加他们在相关领域的知识。项目分为现场与基于网络的两类。前者可在学院和旗下机构举行，也可在馆外场所举行。如"教师之夜"活动有时就在华盛顿以外的城市举行，"教授美国历史"工作坊则在不同的合作学区举行。而后者则开发了"在线论坛"、"在线研讨会"、"史密森教师沙龙"、"教师咨询委员会"等互动平台，供教师与博物馆教育专家深入探讨。教育工作者可直接登录博物院网站的教育板块，通过输入"主题"和"年级"对这些内容翔实、形式多样、题材广泛的课程设计进行选择和下载。

五、结语

　　拓展式教育超越了传统的博物馆教育中以实物为核心的做法，采用多种传播技术，帮助观众更深入地理解实物展品中所蕴含的各种知识与信息。它虽然看上去有点偏离博物馆教育的经典样式，但在事实上紧紧围绕博物馆传播目的的实现，不仅有效地克服了传统教育方式的局限，而且为博物馆带来了持续的人气，使博物馆更加具有活力与影响力。从某种意义上可以讲，拓展式教育的发展最典型地体现了当代博物馆文化的本质，为博物馆文化增添了新的内涵。

展览评估与品质保障

现代博物馆的使命及其评价

现代社会有多种多样的文化设施,为什么还要有博物馆? 博物馆是什么性质的机构,它与人类现实生存的关系如何? 现代博物馆的职能与目标是什么,它是如何实现这些目标的? 怎样的博物馆才是优秀的博物馆? 这些问题,无论是博物馆人还是社会公众,都可能曾经考虑过。对于一个博物馆人,尤其是现代博物馆的馆长来说,这些都是最根本的问题,我们对博物馆的组织管理,我们对陈列的策划与设计,都与这一思考紧密相关。所以,我们不仅要考虑,而且要不断地考虑和深入地考虑,从而使我们在迅速变化的现代社会中保持清醒的头脑,使我们的每一项活动都能符合社会公众的愿望和要求。

一、我们为什么要建立博物馆?

一个最基本的问题是:为什么要建立博物馆? 也就是说,博物馆在现代社会存在的依据是什么? 它与人类现实生存的关系如何? 的确,现代社会有多种多样的文化设施。图书馆通过收集和传递图书向社会传播各种科学与文化信息,档案馆保存人们在社会活动过程中形成的各种原始文件以供社会查询和研究,学校通过教育把人类的知识传递给下一代,研究所、实验室和一些大学则对人类各种未知的现象进行探索,以深化人类的认识,增强人类对自然的利用能力。那么,为什么还要有博物馆这样一种机构呢? 它的功能能否被取代,或者说,是否可以不建造博物馆呢?

这是一个与人类生存的价值取向有关的问题。也就是说,要回答这样的问题,我们必须首先了解现代人的生活愿望和需求。人类本质上是一种不断提出问题并试图解答问题的动物,尤其当他们从经济短缺的阴影中走出来,情形更是如此。人类不仅渴望了解他们周围的事物和现象,也希望了解过去发生的事,了解自己与环境的关系。或许历史学家和科学家能够帮助那些求知的发问者,但好奇的人不免会追问:你能拿出证据吗?

其实,关于自然生活和人类历史生活的证据大量地存在着,包括各种文物、化石、标本等。大自然的每一次变化和人类历史的每一个时代,总会留下一些遗存物。随着岁月的流逝,它们被掩埋或镶嵌在不同的地层和文化层中,构成了一部关于自然变迁和人类历史的大书。每一件物品都打上了时代和文化的烙印,蕴含着那个时代的文化信息。然而,它们分散在完全不同的地方,有些在高山上和大海中,有些在深深的地底,也有些散落在社会上和市场中。如果把这些物品从它们原有的层位关系中分离出来,许多文化信息也就随之丢失。所以要有相应的机构来从事这项工作,把这些作为证明人类生存及其与环境关系的物证系统地收藏和保存起来。这种为获得相关的纪念物和物证而展开系统的搜寻、保藏,并为它们能更好地保持现状而进行悉心保护,正是现代博物馆肩负的社会责任之一。

的确,这些自然遗留物,以及这些人类的文化遗产蕴含着大量的信息,是一个巨大的知识宝库,能为现代人丰富知识、拓展视野做出积极的贡献。那么,我们能否将这些物品直接呈现给社会公众呢? 如果回答是肯定的,那么我们可以把博物馆称为一个辛勤的库保员,就像公共图书馆一样,不同的只是它所保存的不是用文字符号贮存的信息,而是一大堆蕴含着信息的实物。然而,事实上,博物馆与图书馆有重要的区别,这种差异导致了两者的信息传播过程与观众或读者的关系不尽相同。

由于现代的文明人都具有阅读的习惯与能力,所以图书馆并不承担向读者进行解释的责任。只要准确及时地把借阅人想要的书交给他,图书馆的任务就完成了。我们能自行阅读是因为我们已经花费了大量的时间来训练阅读能力,所以不需要别人的帮助就可以很好地阅读。而当一件侏罗纪的化石或战国时代的青铜器放在我们面前时,情况就不同了。我们所处的社会是一个精细分工的社会,这种分工为我们带来了很高的工作效率。为了适应这个分工的社会,同时也因为我们的精力和时间有限,我们在进入大学时就开始进行专门化的训练,甚至我们在一生中只能学习某一狭窄专业中的有限知识。也就是说,高度分工的社会在给我们带来高效率的同时,也带来了我们知识结构的片面和畸形,"隔行如隔山"这句老话正反映了现代人类知识的局限性。而自然与人类历史遗存物中所蕴含的信息,所涉及的知识领域却是极其宽广的,我们的教育不仅局限在狭窄的专业中,而且主要是通过阅读文字进行的,很少涉及对实物的观察和理解能力的训练。在这种情形下,我们既没有阅读和理解实物的背景知识,也没有掌握有关的方法,所以缺乏阅读实物的能力。这些局限性决定了我们不可能像阅读一本书那样去直接从自然与人类历史遗存物中获取知识。

正因为如此,博物馆就不能像图书馆那样,简单地把知识的媒体交给观众,而必须承担更多的社会责任。也就是说,它必须担负起向公众进行解释的责任,或者说它的信息传播是在对藏品的说明和解释中进行的。这是博物馆必须承担的另一项重要的社会责任。如果没有现代博物馆这样一种文化设施作为中介,如果博物馆不承担这样一份责任,上述那个巨大的知识宝库,那个大自然和人类祖先遗留给我们的宝贵的遗产就可能因此失去价值,无从对现代人类的生活和学习发生作用。从这个意义上我们可以说,博物馆在现代社会存在的理由是,它为人类系统地收集、保管和整理各种自然与人类历史的遗存物,并以它们为物证和媒介向社会公众讲述、解释自然与人类的生活。

二、一个现代通信过程的比拟

博物馆不仅要为人类保存各种作为物证的遗留物,还要向社会公众做出说明和解释,这表明它具有信息传播的功能。那么,这种功能是如何得以实现的呢?为了说明这一问题,我们在这里用通信理论来比拟博物馆的活动,即把博物馆的活动看成一种信息传播的过程。

说起通信,人们自然会联想到发电报。信息传播的一个典型过程就是发电报:发信人将所要传达的信息按照某种约定的方法进行编码,收信人按相同的原则译码,就能获得所需要的信息。我们在前面曾谈及,大自然和人类社会就像一本打开的书,它们在时间流逝过程中留下的各种蕴含着信息的遗存物就是那个时代发送给我们的电文,告诉我们许多有关那个时代的故事。问题在于,正像我们前面所指出的,由于一般人知识结构的局限性,没有受过阅读实物的训练,所以没有办法阅读这本书。所以他们无法充当直接的收信人,而必须依赖博物馆,博物馆为他们进行译码、译读和解释。因而我们可以把博物馆收集和研究藏品的过程看作一个通信过程,它们作为收信人接受了来自自然界和人类历史的电文，并对它们进行必要的释读。通过这个通信过程，博物馆的科学家们就了解了遥远的地质年代和历史时代所发生的事，以及当时各种生命的生存方式。然而，仅有这一个通信过程是不够的，如果这样，博物馆就成了研究机构，而非社会教育和大众传播机构，博物馆还必须将自己获得的信息用一种通俗的、非专业人员能够理解的方式进行传播。所以，我们可以把博物馆活动看作两个相连的通信过程。在前一个通信过程中，博物馆是作为收信人的身份出现的，它接收来自自然和人类历史的各种信息；在后一个通信过程中，博物馆作为一个信息的发送者，将它所获得的信息发送给社会公众。我们可以用图式将这两个过程表示如下：

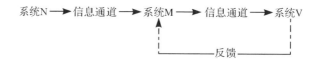

其中，系统 N 代表自然界和人类历史，系统 M 代表博物馆，系统 V 代表观众。在后一个通信过程中，博物馆要了解观众的反应，故应收集反馈信息。

从这个模式中我们可以看到，现代博物馆既是一个收集、贮存和处理信息的机构，又是一个以普及教育为目的向全社会输出信息的机构。正是这个中间环节，沟通了人类与自然和历史的对话。用一句最简单的话来说，博物馆通过收藏和保存自然与人类文化遗产，对它们进行研究，并通过展览、出版和其他教育活动向社会公众传播和解释来证明自己独特的、无可取代的性质，并由此体现它与人类现实生存的关系。

三、现代博物馆活动的核心是信息的收集、研究和传播

那么，现代博物馆在具体工作中是如何达到自己的目标的呢？如果简单概括博物馆的活动，那就是：获取、研究和输出信息。具体地说，博物馆活动包括藏品的征集与保管、藏品的研究及陈列教育工作。与上述两个通信过程相应，这个有机的过程可分为基础职能和实现职能两个阶段。

基础职能阶段的任务是获取信源、从信源中提取信息、为信息输出提供物质的和观念的材料，也即为博物馆教育提供展品和对这些展品的研究成

果；到实现职能阶段，博物馆通过陈列展示和出版物实现信息输出，达到博物馆教育的目的——具体如下图所示：

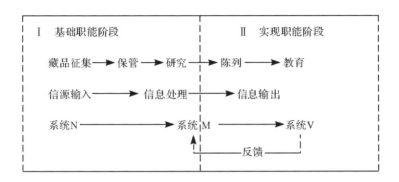

我们先来看看前一个阶段。它的第一个环节是信源的输入。所谓信源输入就是将散布在自然界和社会上那些含有一定信息量的标本及文物收集到博物馆里来，以获得我们认识自然和人类生活所必需的信息，即取得博物馆科学研究的原始资料和博物馆教育的认识客体。信源输入必须在两个确定的前提下进行。其一，所获得的信源必须是真实的，因为只有真实的信源才含有真实的信息。无论对科学研究，还是对科学教育来说，认识对象的真实性都是最基本的，只有真实的标本、文物才蕴含关于自然和人类生活的信息。其二，要保证该信源所含信息量的相对充足。博物馆库房是一个有限的空间，不可能也没有必要将所有的化石和文物都转化为藏品，只有相对该博物馆的目的达到一定信息量的化石和文物才能入藏。信源真实性的确定和信息量的估算就是藏品管理工作中的鉴定和分级工作。

博物馆作为一种信息贮存中心，其特点在于，它所贮藏的信息是蕴含在实物中的。离开了实物，信息也就不存在了，即便其间的信息已被分离和提取，这种信息也不具有博物馆意义，不能成为博物馆教育的客体。所以要保证信息的存在，必须对作为信源的实物进行妥善的保管，尽可能有效地限制其被损毁的条件，延长其寿命。这就是博物馆藏品的科学保护。

获得并妥善地保护这些自然与历史的遗存物之后，我们还必须将蕴含在其间的文化意义揭示出来。这一过程就是从信源里提取信息，即我们在上面所讲的前一个通信过程中的译码工作，也即我们通常所讲的藏品的科学研究工作。我们将基础职能的这一环节称为信息处理，这一过程在观念上便是把信息从信源中提取出来,转化为文字符号,通过文字的形式对藏品的性质、内容做出时间上、空间上和意义上全面而翔实的说明。这是一项复杂的、要求有专门知识的工作。因为正如我们在上面所讲的那样,在自然史和考古学领域里,编码和译码的机制往往是很隐蔽的,没有足够灵敏的专业嗅觉和对原编码系统的充分了解,就无法找到正确的译码方法。一位训练有素的专家在大多数场合能给出某件标本或文物在原坐标系统中的位置,并阐明其意义,而一个外行却无法知道它的价值和内涵,其区别就在于前者掌握了一套正确的译码方法。信息处理,或者说藏品的研究工作,是博物馆专家为观众理解藏品所铺设的一座桥梁。

获得必要的实物(信源)以及对藏品认识的科学结论,标志着基础职能阶段的结束,由此,博物馆业务工作进入实现职能阶段。在这个阶段,博物馆通过陈列教育工作向社会输出信息。

博物馆信息输出主要有两条途径:一是将藏品中蕴含的信息转化为文字符号,以论文和报告的形式向外输出,这就是常见的各种博物馆出版物;二是通过陈列展示,向观众提供自然和人类社会生活的有关信息,这是博物馆信息输出的主要形式。所谓陈列,是指从在时间、空间和内容上有内在联系的一系列藏品中提炼出一个相关的主题,然后通过对藏品进行符合认识论和审美要求的有机组合,将该主题反映出来,为观众提供一个能反映自然生活与社会生活的某些事实、现象和规律的有机的信息群,以达到博物馆教育的目的。从信息论的观点看,在陈列中,原先在观念上被分离的信源与信息再度获得结合。这种重新结合主要体现在展品排列布置的序列、组合形式及辅助材料的布置上。由于具有一定的序列和组合形式,藏品不再是孤立地反映其本身的意义,而是成为一个完整的事实或现象的一部分,成为系统中的一个要素。一般来说,如果在陈列中通过展品本身的序列、情态和辅助材料的衬托,单纯依靠视觉形象便将其陈列的内涵告示观众,那就是我们通常讲的"陈列语言"。在运用陈列语言时,被科学研究所提取的信息并不是以文字符号或有声语言的形式出现,而是融进了展品(实物)的组合形式中。陈列语言是博物馆最完美的表达手段,典型地反映了博物馆教育的特点。当然,陈列语言在陈列中只是信息输出的一种手段,单靠付诸视觉形象的陈列语言还无法使广大观众充分地理解其内容。所以,几乎所有的博物馆都需要利用文字符号和有声语言来帮助实现信息的输出。通过陈列,我们把被认识的藏品内容告诉给观众,实现了信息输出。

四、什么是一座优秀的现代博物馆?

我们不仅要完成上述的各个环节,还渴望建立一座真正优秀的博物馆。那么,什么样的博物馆才算是一座好的博物馆呢? 也就是说,如何才能客观和公正地判断一座博物馆的质量,或者说,怎样的博物馆才能被认为是为社会的教育工作真正做出了贡献呢?

如果我们依然从信息传播和社会教育的角度来定义博物馆的本质,考察博物馆的质量,那么一座好的博物馆应当是一个具有大容量信息且能有效地向社会输出信息的机构。然而怎样才能判断博物馆的信息输出量呢? 为了说明这一点,我们引进两个概念:信息的名义输出量和实际输出量。信息的名义输出量是站在信息传播主体的角度对自己主观努力的一种评价,它所强调的是"我给你什么"。信息的实际输出量则是站在信息接收者的立场上,从他们的实际接收效果对博物馆教育效果所做出的一种评价,它回答的问题是"我们获得什么"。本文的观点是,对博物馆质量和教育效果评价更为可靠的指标应当是后者,即考察社会观众从博物馆那里到底接收了多少信息,获得了多少知识。

当然,这两者是互相联系的,没有博物馆主观方面积极努力地提供信息,观众就不可能有所收益。一般说来,观众获得的信息量与博物馆给出的信息量具有一种正相关的关系。在这个意义上,博物馆的信息名义输出量构成了观众获得信息的实际量的基础,所以,从社会的信息实际接收量考察博物馆,首先还是要从博物馆的信息名义输出量入手。社会从博物馆所获得信息的实际量,主要取决于以下几个方面。

博物馆的信息名义输出量就是我们通常所说的陈列内容是否充实、丰富,藏品的认识和审美价值是否高,这些取决于该博物馆的藏品数量、藏品质量和藏品利用率等。在其他条件不变的情况下,博物馆信息的输出量与这三者成正比。一个藏品数量贫乏、质量低劣的博物馆是不可能受到观众欢迎的。藏品利用率包括两个方面,一是对藏品所含信息的揭示程度。博物馆如果没有一支优秀的专家队伍,便不可能充分揭示藏品的丰富内涵,藏品的价值就不可能得到充分利用。二是藏品的使用率,陈列长期不变、种类单一,大量藏品积压在库房,永远不和观众见面,那么,无论藏品数量怎样多,质量怎样高,揭示程度怎样充分,博物馆的教育效果只能局限在一个有限的范围里。

我们在上面谈到,博物馆教育效果的判断依据是社会接收信息的实际量,而不是博物馆在名义上的信息输出量。信息的名义输出量只是为博物馆教育的成功提供了一种可能,至于这种可能如何转化为现实,即信息的名义输出量能在多大程度上转化为实际输出量,还取决于以下几个因素。

1.信息输出方式

在信息的名义输出量确定的情况下,不同的输出方式会导致不同的转化程度。这是信息的名义输出量向实际输出量转化的关键因素,涉及展览的立意、结构、表达和表现诸问题。在空间、经费、藏品确定的情况下,选择和确定一个立意深刻、与观众期待吻合的主题,对增强展览的号召力具有至关重要的作用。比如,内蒙古博物院曾经有一个"草原动物化石展",经过对藏品内涵的深入揭示和对观众期待心理的研究,他们将展览主题改造成"濒危草原动物的呼号",强调了人与环境的关系,赋予其能打动人心的情感结构,使展览的受欢迎度极大提高。从目前博物馆展览的情况看,这一环节相对薄弱,很大程度上影响了展览的质量。结构及其表达也很重要,一个好的主题要通过合理的结构和准确的表达来体现,比如,一个地方性博物馆的常设陈列是采用编年史结构,还是采用历史文化作为线索,一定的信息量平均分布在众多展品中,其效果就不如集中在较少的展品中好。20世纪末、21世纪初的高密度陈列,尽管展览的信息量并不小,但由于密度太高,观众的注意力很快就趋向涣散,造成疲惫。现代陈列则注意陈列密度的合理性,依据教育心理学和人类工程学原理布置陈列,这就大大提高了信息的实际接收量。此外,信息接收过程中是否发挥多种感觉器官的作用,也会影响信息的接收。当代陈列的实践表明,直接接触,尤其是参与实验,会提升观众的兴趣和积极性,能有效地改善学习的效果。

2.信息接收环境

在一个恶劣的环境中,比如空气混浊、光线暗淡或眩光、噪声过大,大脑的兴奋优势难以形成,对外界反应变得迟钝,这必然影响信息的接收,影响教育的实际效果。如果博物馆能在采光、空气调节和防止噪声方面采取良好的措施,创造出清新、静谧和幽雅的气氛,就能帮助观众更好地接收信息。

3.信息接收主体的接收能力

博物馆信息实际接收量的大小还取决于信息接收主体的接收能力(观众素质)。一般说来,在文化水准较高的国家,博物馆教育的效果就比较好。在这方面,博物馆也不是完全无所作为的。一座优秀的博物馆至少在以下方面能帮助观众更好地理解展览。第一,它可以通过观众调查了解自己的观众,包括他们的构成和要求,在取得有关数据之后,确定适合于自己基本观众的陈列内容,这样就能保证展览达到预期的效果。第二,博物馆还可以开展积极主动的辅助性教育,在参观陈列之前,进行有关的专题讲座和其他视听教育,在局部范围里,增进观众对陈列内容的基础知识和背景材料的了解,以缩小观众现有知识和陈列内容所要求的认知结构的差距,提高接收陈列所输出信息的敏感度,保证较大的信息转化率。

4.信息接收主体的数量

在其他条件确定的情况下,同一陈列的信息实际输出量与信息接收主体数量成正比。也就是说,一个陈列布置完成后,观众人数越多,实际教育效果就越好。所以,博物馆的交通状况,以及博物馆为该陈列采取的宣传等,都会极大地影响博物馆的实际信息输出量。另一条争取观众、扩大博物馆教育面的途径是积极开展巡回展览、流动展览和交换展览等,更广泛地深入社会,起到事半功倍的效果。

强调社会的信息实际接收量使我们有可能采用定量的方式对博物馆的质量及其博物馆教育效果做出鉴定。我们可以把接受知识的过程看成一个使认知者在某一知识领域信息增加和原有知识系统化、有序化、合理化的过程。一名观众在参观之前对展览内容的某些方面的知识可能是混沌无序和不确定的,可是在他参观了展览后,这种无序和不确定消失了。比如,一名对动物学缺乏概念的观众在进入博物馆之前既无进化也无分类的概念,在他参观了相应的动物展览后,动物世界在他的认知结构中变得丰富和有序起来。这种变化形成的原因在于他通过参观展览获得了信息,我们通过对他参观前后的有关知识状况进行比较就可以测出他所获得的信息量。在一般的情形下,如果我们事先知道某个事件发生的概率是 P_1,在获得一定信息后知道该事件发生的概率为 P_2(P_2 大于或等于 P_1),那么,获得的信息量为

$$I = -\log^2 \frac{P_1}{P_2}。$$

比如,有一名观众对鲸是鱼类还是哺乳类无法确定,参观之前,他知道鲸是哺乳类动物的概率为 0.5,参观之后他得知鲸是哺乳类动物,其概率为 1,这样,他获得的信息为

$$I = -\log^2 \frac{0.5}{1} = 1 \text{ 比特}。$$

这就是说,这名观众参观了这组展品后获得了 1 比特的信息,他对鲸的属类的不确定性消失了。参观前的不确定性越大,确定后所获得的信息量也越大。如果一位参观湖北省博物馆的观众对编钟的时代完全不能确定,那他的猜测中的不确定因素很多,中国的每一个历史朝代都在这个可能性范围内。假如中国经历了 17 个朝代,那他参观前猜测的概率(P_1)是 1/17,在他参观后确知编钟的时代,概率为 1,那么他所获得的信息为

$$I = -\log^2 \frac{1/17}{1} = 4.0875 \text{ 比特}。$$

这样,他所获得的信息量则为 4.0875 比特。当然,博物馆陈列中所给出的往往不是单件的展品,而是一组展品的集合,每件展品可以以不同的概率出现。设它们出现的概率分别为 $P_1, P_2, \cdots, P_n$,根据上述的计算方法,我们可以知道,每种符号携带的信息量分别为 $-\log^2 P_1, -\log^2 P_2, \cdots, -\log^2 P_n$,对这些信息量求算术平均,就可以得到每件展品的平均信息中 I_i 为

$$I_i = -\log^2 P_1, -\log^2 P_2, \cdots, -\log^2 P_n = -Pi \sum_{i=1}^{n} \log^2 P_i。$$

这样算出的是单个个体获取信息量的情况,我们可以通过随机抽样调查,了解到一个基本准确的平均接收量,再乘上观众总数或年(月)观众平均数,其计算公式为

$$I_t = I_a \times V_t。$$

在这里,I_t 代表博物馆年(月)信息输出总量,I_a 是观众平均信息接收量,V_t 是观众总数。由此,我们就可以大致估算出博物馆每年(月)所输出的信息量。比较各博物馆的实际信息输出量,我们就能对博物馆的质量及教育效果做出

相对准确的判断。

我们从广义信息论的角度出发,考察了博物馆与人类生存的关系、博物馆的本质和博物馆的业务工作与教育效果。从信息的实际输出量这一概念出发,我们认识到,一座优秀的博物馆应当拥有量多质优的藏品,通过深入的研究充分揭示藏品的内涵和意义,组织高水平的陈列,创造良好的学习条件,积极开展辅助性教育,努力做好社会宣传,并且展开观众调查,根据反馈信息做出相应的调整和改进。只有切实地符合这些要求,博物馆才能保证实际的教育效果,担负起现代社会赋予的使命。

从展示评估出发：
专家判断与观众判断的双重实现

虽然评估是一个充满主观色彩的领域,但各种各样的评估工作从来不曾停止,并且在事实上发挥着重要的作用。对现代博物馆展示质量的评估也不例外。例如,中国两年一度的十大精品评选,就是利用评估进行激励的一种机制。然而,对于怎样的展览属于优秀展览的判断,比我们想象的复杂。

一、展览评估的两类标准:专家判断和观众判断

什么是观众判断？什么是专家判断？两者有何区别？

观众判断是一个显性判断。它要表明的是:我在参观该展览中获得了什么;在从不知到知、不了解到了解的过程中,该展览帮助我走了多远。专家判断则是一个隐性的判断,所反映的是,与真实的历史资源相比,该展览是否有重要的缺失,重点把握是否准确,呈现的事实与现象是否准确,馆藏中能恰当地叙述和阐明展览主题的文物是否恰如其分地出现在展览中。

观众判断通常采用肯定的表达方式,回答的是在从"没有"到"有"中"增加"了多少;而专家判断则采用否定的表达方式,它从"该有"开始,要回答的是,与"该有"相比,展览"无"了什么,哪些"该有"的"没有"了。在观众的判断中,从"不知"到"知"、从"无"到"有"的程度,是衡量一个展览质量的标准,"增加"越多,表明收益越大,也意味着质量越好;在专家眼里,现实中的"有"与理想展览的"该有"相比,两者越接近,缺失越少,展览的质量就越好。

具有这种区别是因为,非专家的观众通常是一个不知道"该有"的群体,他们只能从"无"出发判断"有",而不可能从"该有"出发判断"无";所谓专家,则应该是一个了解"该有"的人,如果他不知道"该有",那就不能称为专家,对于一个了解"该有"的专家来说,他关注的是"该有的"是否"真有了"。从经济

学的观点看,专家所关注的是一个资源效益最大化的问题:展览有没有将资源的效益最大化。

由此,我们得到了两种不同的评估体系:专家判断体系与观众判断体系。专家判断体系的核心是:①历史文化资源的效益最大化;②展品资源的效益最大化;③事实与现象的准确性。观众判断体系的核心是:①好看;②看得懂;③得到启发与感悟,获得新知识和新理解。

从这两方面的标准来看,专家判断的本质是一种专业判断,是从专业角度对展览的把握,保证展览更充分、更准确、更富有特色;而观众判断的本质更倾向于传播判断,要求展览通过合适的传播技巧,吸引观众的眼球,挽留观众的脚步,让观众饶有兴趣地观察、阅读和思索,并尽可能多地接收有关的知识和信息。

二、诸判断标准详析

1.历史文化资源效益最大化

博物馆是一个地区或一座城市文明的纪念碑。一座城市通常只有一个较全面系统地反映其历史文化的基本陈列,所以这个基本展览不仅承担着向公众讲述城市故事的责任,而且肩负着为这座城市树碑立传的使命。这座城市在其历史进程中发生的重大事件、产生的具有重要影响的人物、出现的值得自豪的文化创造,就是这座城市的历史文化资源。这座城市的历史文化资源越丰富,博物馆展览也就越充实,越精彩。

历史文化资源效益最大化,指的是该展览将能够用博物馆方式表达的该地区或城市历史中的重点、亮点和特色,充分体现在展览中,从而使观众通过展览,对该地区或城市的历史文化有较深入的了解。所谓"最大化"意味着"穷尽"或"尽可能穷尽",如果一位专家看了展览,提出展览中有重要遗漏,则表明有一部分历史文化资源没有在展览中表现出来,表明资源效益没有达到最大化。

要达到历史文化资源的效益最大化,核心是对地方历史文化的深入解读,只有深入研究地方历史文化,全面了解该地区历史文化的重要事实与现象,才有可能达到效益最大化。

2.展品资源效益最大化

如果说历史文化资源主要是从信息本身来说的话,那么,展品资源则主要指信息的载体。一个展览的主题确定后,有没有充分和准确地选择相关的展品来承担信息传播的任务,从而使展览丰富、有说服力,使传播目的得到较好的实现,也是专家对展览质量评估的重要依据。

在这里,我们需要对"展品"这一概念进行解释。随着信息定位型展览的兴起,展品的内涵与外延都有了很大拓展。当我们着手叙述一个城市的故事时,在信息定位型展览中,作为故事物证的材料,和器物定位型展览相比,要更丰富,也更重要。除了三维实物外,这种材料还包括二维的图像资料和文献资料,以及视频材料及录音材料。所谓展品资源效益最大化,包含两层含义。第一,在该展览中,我们是否"尽可能穷尽"了各种展品,有没有重要的缺漏? 有没有能很好承担故事叙述的材料没有被我们注意和发现,遗漏在展览之外? 第二,这些展品有没有按其重要程度恰如其分地安排在相关的位置,构成一个进行叙述的有机整体? 对于作为判断主体的专家而言,这是一件复杂而艰辛的工作,要求专家对馆藏品相当熟悉,包括它们的价值和适应性,同时也要求专家有广泛的知识,掌握能反映本地历史文化阐述的各种材料。在展览建设中,专家能从这两方面把关,利用自己的知识,尽可能搜集各种展品,使展览的各环节都有充分和多样化的材料来支撑,是保证展览质量的重要前提。从目前存在的问题看,许多专家,尤其是博物馆的典藏人员,对馆藏的文物比较熟悉,但对一些反映本地区历史文化的图像材料以及相关的视频、录音材料不够熟悉,这也会影响到展品资源利用的效益。

3.事实与现象的科学性

博物馆是一个科学知识的传播机构,它所传播的信息都应该是准确的和科学的。然而,在某个展览中,事实的叙述与现象的再现是否准确,是否科学,观众并不清楚,他们通常会把展览中所表达的内容都当作真实的东西来接受。在这种情形下,专家判断无论对观众的教育,还是对维护博物馆的形象,都是至关重要的。

对于专家来说,无论对展示策划,还是对展示设计与制作,都有责任做出中肯的判断,以保证展示的内容和形象符合科学要求。

4. 好看

这里所讲的"好看",主要是指展览对观众的吸引力。这是观众对展览的直观和本能的判断,属于观众判断中比较感性的层面。它所表明的是展览的外观形式对观众"打动"和"吸引"的程度,以及对兴趣的激发程度。它涉及空间装修的精致、展品及容器的珍贵、视觉环境的优美、空间体验的丰富,以及装置的有趣性等。

博物馆是一个非强制性的教育机构,个人的好恶和愿望对人们是否进入博物馆至关重要。一个展览,不管它在历史文化资源的利用上多么成功,无论其展品选择是多么精到,也不论其叙述与再现多么准确,如果不能激发观众的兴趣,不能挽留观众的脚步和视线,那么一切都将变得没有意义。只有观众对展览发生了兴趣,停下脚步仔细观察、阅读与思考,展览的思想性和科学性才可能被认识、被理解,展览传播的信息和知识才会被接收。从这个意义上讲,一个展览"好看"的外观形式,以及它对观众的吸引力,是一个优秀展览的基础素质和基本前提。所以,在展示策划和设计中,调动各种手段,使展览生动有趣,具有良好的视觉形象,使观众对展览发生好感和兴趣,对展览的成功起着最基本的作用。

5. 看得懂

如果说"好看"提供的是一种参观驱动,是观众在感性层面的判断的话,那么"看得懂"就是参观目的的具体实现,是一个较理性的判断。"好看"与"看明白了"虽有联系,但并不是一回事。有一些展览,装修得很精致,视觉效果很美,空间体验也很丰富,很容易使观众产生进一步看下去的愿望,但当观众企图理解展览所要表达的内容时就出现了问题。虽然观众努力试图去理解和掌握展览传播的信息,但无论是文字说明,还是辅助手段,都无法帮助他,他"看不懂"这个展览。这既影响他进一步参观的驱动,也直接影响了他参观的受益程度。

与"好看"相比,"看得懂"是对展览更高的要求。前者主要通过审美的方式达到,通常与形式感及审美判断有关,后者则是一个涉及教育学和传播学的概念,即如何将各种信息整合成一个符合教育心理学的有机整体,并通过各种展示技术,将它们转化为形象、直观、生动有趣、易于理解的知识体系。

也就是说,一个展览要让观众看得懂,看得明白,策展人一定要了解心理学、教育学和传播学,一定要掌握以空间为特征的媒体的传播技巧。参观展览是人们学习中一种很特殊的情形,与人们平常的学习方式有很大的不同:一方面,学习主体必须在站立与行走的交替运动中接收信息;另一方面,学习客体是在一定空间形态下以实物为核心的三维形象体系,这种信息传播的样式有自己的特点与局限性。某一些信息,按照书本的样式编排,其间的逻辑很明确。可是在一定的空间形态下,要把握其间的逻辑关系,就涉及每个信息点的空间位置及其关系。在一些场合,空间上的少许偏移,就会使某些逻辑关系淡化,从而使观众看不清其间的相关性。在展览中,作为知识载体的三维形象体系通常以静态和孤立的方式呈现,在这种情况下要使观众理解它们在实际生活中的运动与联系,也是很困难的。而且,表达和解释必须用通俗、简洁、易于迅速理解的方式进行,因为如果观众不能迅速理解而产生困惑,很少会像看书那样重新翻回前面去再次阅读。所以,在展览中,单元框架如何构建,说明文字怎样撰写,解释性材料怎样与实物展品配合,某件展品是否要配置解说性视频材料,怎样运用造型手段表达那些重要却并无实物遗留的内容,等等,都会影响观众对展览的理解。在展示这种以空间形态为特征的传播技术方面,可让博物馆借鉴的理论与经验尚不多,加上展览的形态与内容千差万别,需要有针对性的传播技艺,这些都大大增加了让观众看得懂的难度。从目前的情况看,要解决这一问题还涉及展览的组织方面。一方面,为展览安排内容的博物馆专家大多是相关专业的技术型人才,接受的是科学方面的训练,很少接触教育学和传播学,对于一个展览采用怎样的构造,撰写怎样的文字才能被非专业的观众理解,有哪些造型手段和互动装置能帮助观众理解,他们了解得不多;另一方面,大量展示团队都是学习艺术设计和艺术造型的,也缺乏博物馆学和传播学的训练,对展览怎样才能让观众看得懂缺乏敏感性。所以,要使观众看得懂展览,在专业人员与艺术团队之间增加一个传播学和博物馆学的环节是最为关键的。

6.得到启发与感悟,获得新知识和新理解

无论是"好看",还是"看得懂",最终都要在获得新知识和新理解上表现出来。所以,观众在展览中得到启发和感悟,是所有展览判断中最核心的,从本质上反映了展览的成功与否。

在这里,"启发"一词主要是指观众在智性层面上的收获,即他通过信息的接收,获得了新的知识。比如,他参观了一座城市博物馆的展览,从而对这座城市的历史与文化有新的了解,他知道了这座城市是什么时候,在怎样的背景下产生的,经历了怎样的历程发展起来,曾经有哪些重要的文化创造,出现了哪些著名的人物,人们的生存状态有怎样的特点,等等。"感悟"一词则更多地强调情感方面的收益,即他在参观了这个展览后,产生了怎样的情绪与联想,对生活有了哪些新的理解。的确,参观了某些展览,虽然观众无法明确说明他在知识方面的收获,但他在情绪的震动或感染中改变或坚定了某些想法,这也是参观展览的收获。

三、在展览程序中推进两类判断的实现

以上我们阐述了评估博物馆展览质量的来自两个方面的标准。只有满足了这些标准,我们才有可能制作一个百姓叫座、专家叫好的展览。那么,如何才能达到这一目标呢? 我们认为,建立一个周密细致而又符合科学规范的工作程序,在这个程序中充分考虑保证两个判断的实现,是非常重要的。

1. 提炼中肯而有特色的主题

一般而言,一个地区或一座城市与周边的地区及城市,其历史文化总有许多类似的东西,如果不是有意识地强调自己的特色,就会很容易出现似曾相识的现象。要让本地及外地观众来馆参观,关键是展览要有自己的特色,能提供新颖的知识。如果我们的展览与周边城市的展览相比,尽管也罗列了事件与人物,但缺乏特色和新知,就无法吸引人,也就不可能实现本地历史文化资源的效益最大化。

正如法国地理学家潘什梅尔所说的:"城市既是一个景观、一片经济空间、一种人口密度,也是一个生活中心和劳动中心,更具体点说,也可能是一种气氛、一种特征或者一个灵魂。"[①]只要我们仔细观察和深入研究,总是能发现一座城市自己的气质、灵魂以及属于自己的故事。

要实现历史文化资源效益最大化,并不是简单罗列重要的事件和人物,

---

① 潘什梅尔:《法国》,叶闻法译,上海译文出版社 1980 年版,第 18 页。

而应该首先寻找这座城市的灵魂,寻找属于她自己的故事,并提炼出最能反映本地区历史文化特色的主题,这一主题将各种重要的内容整合成一个整体,从而使展览具有自己的特色和号召力。从这种意义上讲,提炼出本地区历史文化富有个性的主题,对实现历史文化资源效益最大化是至关重要的。

2.建立一级传播目的结构书

为保证展览没有遗漏最重要的历史文化资源,同时明确最重要的传播目的,我们应该建立一份一级传播目的结构书。这份文件对突出展览的重点,以及充分利用本地历史文化资源,具有重要意义。进入这份清单的内容,是我们要求观众获取信息的底线。如果其中的内容观众在参观后依然不知,就表明展览在传播上是不成功的。为了建立合理的一级传播目的书,我们应该召开以下会议:

(1)专家座谈会

在展示策划之前,举行由各种专家参加的座谈会,咨询他们对一个地区历史文化资源的看法,是保证历史文化资源效益最大化的重要手段。一个地区的历史文化并不是一种线型结构,不是一部简单的编年史,而是包括环境、社会、民俗等多维度的,具有很强的综合性与立体感,所以展览涉及地理学、人类学、社会学、民俗学、工艺学等各方面的知识。要充分认识一个地区的历史文化亮点和特点,仅凭一种学科是不够的,必须依赖多种学科、多种学者的协作配合。会议的主持人应该询问每一位来自不同学科的与会者:在你看来,本地区历史文化中最重要的内容是哪些?哪些内容是在展览中必不可少的?本地区具有较大影响的历史事件或文化现象是什么?最具特色的是什么?根据对这些问题的回答,我们可以获得一个重要事件、现象和人物的清单,并由此了解本地区最重要和最具特色的东西。在这个座谈会上,还应讨论反映展览内容的展品线索,以及相关的研究成果。

(2)典藏人员座谈会

典藏人员是最熟悉馆藏资源的人,同时也是最了解与馆藏研究相关情报的人。要保证展览确实采用了库房里最适宜的藏品,并且将它们安排在最有利于说明本地区历史文化发展的地位,召开典藏及研究人员的座谈会是重要的。在这个会议上,主持人应该询问的是:在你看来,要做这样一个展览,本馆馆藏哪些藏品是适宜的？其中哪些藏品具有相对的重要性？它们分别适合放在什么位置，说明什么问题？其中哪些是需要组合展览的？

（3）观众代表座谈会

如果有条件，可以举行观众代表座谈会。会议可以询问他们以往参观博物馆的经历，喜欢怎样的博物馆，喜欢怎样的表达手段——最重要的是：就该展览，他们的期待和愿望是什么；就该主题，他们想了解什么方面的信息和知识，他们对表达方式有什么想法和建议。一个比较好的方法是，让观众在专家认定的展览重点（控制在大约十几项）中根据自己认为的重要性及感兴趣的进行再选择，将重点控制在 7～9 项，作为一级传播目的结构书的核心。

经过这三方面的会议，我们对本地的历史文化资源的重点与特色，对展览可能拥有的物质资源，都有了清晰与全面的了解，同时了解了观众的想法。根据专家与观众代表的选择结果，该展览的一级传播目的结构书得以形成。

3. 建立框架，选择展览的故事线

历史文化资源的效益最大化并不是将所有重要的和有价值的东西一股脑地塞进展览。这样做可能会造成两方面的问题：一是由于缺少构造使观众难以把握真正的重点，从而降低参观效益；二是由于缺乏特色，难以与周边的其他博物馆形成对比，削弱展览的号召力。有鉴于此，要使本地的历史文化资源效益最大化，我们要用一种构造将这些资源整合成有机的整体。选择适宜的框架和故事线，就是为此目标所做的努力。

一个地区或城市的历史是多方面的，一件文物藏品的信息也是多方面的，要把所有的故事都说给观众听，要把文物中所有的信息都传达给观众，愿望固然良好，但实际效果可能适得其反。当各种各样的信息汇集和纠缠在一起向观众涌来，观众会因为无所适从而深感困惑。从实际的教育效果出发，一个展览必须对各种信息做出取舍。那么，取舍的标准如何？取舍怎样展开？无疑，取舍与关于重要性的判断有关，只有那些被认为特别重要的东西才会被选择。然而，重要性的依据何在？重要性总是相对的，那么，相对于什么而言呢？这个标准就是展览主题，就是展览的一级传播目的。既然我们已经提炼出主题，提出了一级传播目的，表明这个主题与目的是最能彰显本地区历史文化特色的，所以它无疑就是判断重要性的依据。于是，主题以及一级传播目的就像一个枢纽、一个中心,围绕着这个中心建立起一个框架,只有与主题紧密相关的内容才能被纳入框架。这个框架不应该是一个机械的构造,而应该类似电影,具有符合心理学的安排,并形成一条有情节和布局的故事线。这条故事线具有审判与选择的权力,它滤去了与主题和传播目的无关的内容和信息,使相关的信息按照故事讲述的要求和次序,紧密而有机地聚合在主题下。这样一来,展览的信息不仅是重要的,也是有构造与情节的,是易于理解和引人入胜的。

4.寻找恰当的展品与表达手段

博物馆展览是一种用以实物为核心的三维形象体系来表达的传播媒介,实物展品是博物馆展览的基础和灵魂。在一般的情形下,实物展品承担了故事叙述的主要任务。所以,为展览选择实物展品,无论对于历史文化资源的实现,还是对于馆藏资源的利用,以及对于主题的表达和故事的叙述,都是核心的环节。问题在于,怎样的展品是合适的,哪些藏品应该转化为展品?展品选择的依据是展览主题,是传播目的,是故事线。只有那些与展览主题相关的、能很好实现传播目的的、在故事线中具有良好表达能力的藏品,才应该被选择进入展厅,转化为展品。我们上面谈及,一件文物具有多方面的信息,如果同时将其中的所有信息汇聚在展览中,观众就会被庞杂的信息压垮。所以,我们不仅要在众多的藏品中选择展品,还要在展品中选择信息。一个展览只能讲一个故事,故事线一旦选定,该故事线就对展品的信息起着取舍标准的功能,只有与故事线相关的信息,才是应该被选择的。

的确,博物馆的表达受到实物性和三维性的限制。如果某一事件或现象很重要,但无法用博物馆的方式来表达,就不应当纳入博物馆的表达范围。那么,这是否意味博物馆在这方面就无所作为呢?

长期以来,博物馆展示强调以实物为根本,博物馆展览仅限于有实物支持的部分。在这种理念中,博物馆展览应该完全放弃对一个地区或城市历史的系统和综合的叙述,这是一种过分奢侈的理想。然而,现代博物馆展示业的发展至少局部改变了这种情况。一方面,随着现代展示技术的进步,尤其是被日本博物馆界称为"将不可见的东西呈现出来"的展示技术的发展,博物馆展览由原先单纯强调"器物的真实",发展到"现象的真实",即博物馆展览不仅要向观众提供真实的器物,还要向他们呈现过去发生过的某些真实的现象;另一方面,与展示技术进步相应的,现代展示提出了"从物到事"的理念,认为博物馆展示不应当仅仅向观众提供孤立的器物,更应该利用这些器物向观众讲述具有过程性的故事。这两方面的变化为我们实现历史文化资源效益最大化提供了更为广阔的空间。如果能创造性地利用现代科技为我们提供的各种手段,就可以使博物馆展览进行更广泛、更系统、更生动的陈述与表达,博物馆展览中所反映的内容会大大增加,原先许多无法用博物馆手段表达的东西,现在也可以表达了。

随着展示理念与技术的更新,展览要素有了很大的拓展。依照日本博物馆学界的分类,目前的展览要素主要可分为实物展品、"造型物"和"信息传达装置"三大类。所谓"造型物",主要是用人工的方式重新营造实物展品的文化坐标和使用场景,或者塑造已经永远消失的重要现象和人物。为实物展品提供文化坐标和使用场景使实物易于被理解,重现一些重要的事件、现象和人物则可以表现那些缺乏或无法用实物展品表现的重要内容,从而使故事变得完整和系统。造型物从形式上看,有三维的,有二维的,也有三维、二维、影像及运动装置等形成的综合体;从体量上看,有等比的,有微缩的,也有放大的。这些所谓的"情景再现",如果制作精美,本身就是一个视觉效果颇佳的艺术品,具有良好的审美效应。由于它们通常被安排在重点承担历史故事叙述的节点上,自然就起到了向观众提示内容重要性的作用,形成了一个兴奋点。它们的精心安排,有助于形成展览的节奏与韵律。所谓"信息传达装置",是一个内容广泛、内涵不断更新和拓展的概念。这个概念既包括传统的图文系统,也有现代的数字化系统,如多媒体、视频、听音装置及其综合体。其中的视频:从形式上看,有二维的,有三维的,有单幕的,有多幅幕与多层幕的;从功能上看,则有所谓的"展厅型"、"图书馆型"及"影院型"的。此外,信息传达装置还包括为观众更好理解内容设置的游戏化互动操作系统,它们的出现,通过增加观众的自主性而提高展览的主动学习程度,也使展览变得更加生动有趣。现代展览的展示要素大大地增加,共同形成了类型多样的外观,构成了具有丰富体验性的复杂空间,使得展览的可视性、可游性、可参与性和美观性都大大增强。如果这些要素配合得法,观众会觉得展览很好看,从而增强参观驱动。

不同的展览技术有各自擅长表达的方面,所以,为特定的展览内容和传播目的寻找适宜的表达方式,是策展的一项重要任务,也是关系到展览传播效应的问题。从这个意义上讲,要在展览中实现资源的效益最大化,除了对资源本身的发掘外,还要努力寻找能将资源通过展示手段进行表达的方式,从而使重点与亮点在展览中彰显出来。

5.撰写生动准确、通俗易懂的说明文字

尽管历史上曾有过博物馆是否要用文字的争论,尽管也有人把文字视为博物馆展览中"必要的不幸",但事实上,随着信息定位型博物馆的兴起,文字越来越被视为展览的重要组成部分。

展览中的实物展品远离自己的文化坐标和使用场景,以孤立、静态的方式呈现在现代材料制成的容器中。巨大的时空间隔使当代观众难以与它们对话,理解它们在生活中的意义。虽然我们强调采用博物馆语言来阐释它们,但要把它们复杂的背景、丰富的内涵与深刻的意义充分揭示出来,并非一件容易的事。要让观众看得懂,获得更大的收益,在大多数情况下都要借助于单元说明、组说明和标签等文字,以做出系统深入的叙述与解释。实践表明,避开文字,单纯采用实物展品和辅助手段要充分实现展览的传播目的,往往难以奏效。相反地,许多想更深入了解展览的人,因为找不到相关的文字信息而泄气。所以,为展览撰写文字说明,也是策展工作的重要环节。

要使观众愿意阅读,文字在内容编排和艺术设计上都要做出精心的安排。展览对文字撰写人员有较高的要求。第一,他必须熟悉相关的专业;第二,他必须了解教育心理学;第三,他必须有很好的写作技巧。这种人不应是标准的科学家,也不应是正统的文人,而应该更接近于科普作家,具有用简洁通俗的方式表达复杂专业内容的能力。

利用故事线对实物展品中蕴含的信息做出过滤和筛选,在很大程度上是通过文字撰写来完成的。无论是说明,还是标签,都没有必要写出与主题及故事线无关的内容,而应通过明确的针对性和指向性,将展品中与传播目的紧密相关的内涵充分地表达出来。

虽然目前许多博物馆都采用大信息量的方式,但直接呈现的文字信息仍不宜太多。一方面要用巧妙的设计淡化文字,使其不至于太触目而使观众产生恐惧心理,但需要的人却能顺利找到;另一方面要采用隐性的方式,用数字化手段,在观众需要时与之进行互动。考虑到观众是在行走与站立中观察与

阅读,每一单位的文字量也要进行严格的控制。从现行的经验看,除了某些特殊的情况,单位文字最好控制在 300 个汉字以内,并且要想办法将某些文字内容转化为图像。

为使文字与展览融为一体,在字体的选择上要符合主题的要求,字号的选择主要考虑观众的阅读需要。可以改变字的粗细与色彩来提示观众,使观众能更准确地把握重点。这些对观众是否爱看,以及是否看得懂,都具有重要的意义。

6.提炼准确的设计概念

要使观众喜欢看,要帮助观众更好地理解展览,除了内容的合理安排,展览的形式感也是很重要的。与内容编排强调特色一样,展览的外观样式也应该是充满个性的。那么,这种审美个性完全是由设计师主观想象的吗? 至少不完全是这样。在现实的展览中,我们的确经常可以看到审美定位非常相似的展览,它们通常来自同一位设计师。这种现象说明两方面的问题:第一,该设计师缺乏创新意识,不断重复自己;第二,该展览的审美定位主要源自设计师的主观。在我们看来,即便是同一设计师的作品,即便这个设计师没有突出的创新意识,但如果他理解了博物馆展览审美风格产生的依据,就不会出现上述的情况。

虽然我们承认展览设计离不开设计师的主观,但与许多室内装修不同,博物馆展览通常是有主题的,有独特内容的。从功能上讲,展览的审美风格的设定,应该是符合展览主题内容的,并且有助于观众理解展览内容。这意味着,博物馆展览的审美风格设定并不是一件与主题理解无关的事。恰恰相反,展览的风格应该源自展览的主题与内涵。

我们认为,为了使展览具有统一的审美风格,应该首先设定展览的设计概念,这个设计概念成为联结主题与审美风格的纽带。一方面,这一设计概念必须建立在充分理解主题的基础上,并从这一主题中提炼出来。由于不同地区历史文化资源不同,主题与内涵也存在着诸多区别。按照这一程序操作,就能保证每个展览有自己独特的审美风格,即使设计师在审美创意上没有新的设想,但只要他深入理解了展览的主题和内涵,并努力提炼出与此相关的设计概念,他就能找到准确的审美定位,使展览具有独特而鲜明的审美风格。另一方面,设计概念形成后,就会对各设计要素,包括色调、材质、肌理、构型、光环境等,起到统摄的作用。各部门、各设计师都应依据设计概念来寻找合适的元素,并使各要素在设计概念的统率下,形成符合主题、具有内在逻辑的整体。

7. 设计与布展中的专家判断与观众判断

要使展览符合科学的要求,具有良好的传播能力,除了文字表达外,展览的形式感也是非常重要的,现代展览通常包括实物展品、造型物和信息传达装置三大部分。在什么地方安排造型物,怎样设计与制作造型物,怎样编制信息传达系统中的相关软件,采用怎样的互动操作系统,等等,都与展览的科学性与传播能力息息相关。

就中国目前的情况来看,在展示艺术家的努力下,展览的视觉效果已取得长足的进步,被观众认为"好看"的展览也逐渐多了起来。然而,当观众面对着一位古人问道:我们的祖先真的长这样吗? 他们的衣服、发型果真如此吗? 当他们面对一片"林地",也会问:这种花开的时候,那种植物的叶子真有这么大了吗? 这些动物真能同处一地吗? 我们知道,博物馆展览不同于室内装饰的一个重要方面是它担负着科学教育的职责,必须保证所传播信息的真实性、准确性和科学性。正因为如此,博物馆展览的设计就不仅仅涉及设计方面的审美判断,更涉及专家判断与观众判断。在情景再现中,一个人在人种学上的特点是否准确,他周围环境的营造是否符合当时的规制,是设计师首先要考虑的东西。如果我们犯了错误,观众将这些错误的印象长期保存在记忆中,我们就误导了观众。所以,对设计师来说,专家判断较审美判断是一个更基础也更重要的判断。在博物馆展览中,首先要保证信息的科学性,然后才能谈视觉外观,这应该是一个原则。一名优秀的博物馆展览的设计师,绝不应当只是单纯的艺术家,他应该努力培养科学的素养,以便使自己有敏锐的学术判断力。

博物馆展览设计师不仅仅要考虑作品是否科学,还要考虑它的传播能力。一个展览内容,尤其是那些较抽象的内容,用什么方式和手段来表达才能使观众明白,如何引进或原创一个特定的装置来说明某个特定的内容,一个展览采用怎样的走线能使观众方向清晰地沿着展览要求前行,如何巧妙运用注意控制技术将观众的关注引导到重点展品与重点信息上去,如何根据观众的心理状况和行为习惯在展览中合理营造高潮和兴奋点,以保持观众持续的兴奋感与新鲜感。只有在设计中充分考虑这些方面,努力符合传播学的要求,才能保证展览具有良好的传播能力。与发达国家优秀博物馆相比,中国博物馆在展览设计与制作方面,还缺乏足够的专家判断与观众判断的支持。这一点是影响展览质量最严重的问题。在展览的组织中引进确保落实专业判断与传播判断的机制,使设计师具有良好的专业判断与传播判断能力,保证展览的科学水准与品质,是我们实现上述两类判断的重要环节。

博物馆展览传播质量观察维度的思考

21世纪以来,中国博物馆步入了快速发展期,其数量增长和质量提升都取得了令人瞩目的成绩:新馆建设达到了空前的速度,截至 2016 年年底,全国登记注册的博物馆已达到 4826 家,比 2015 年增加了 200 家,平均不到两天就有一家新博物馆开馆[①];部分新建博物馆展览和近年改陈的展览有明显进步[②]。但总体而言,展览质量尤其是传播质量与博物馆速度的增长尚不匹配,仍有较大的改善空间。

一直以来,博物馆展览传播质量的评估多以观众研究的方法为基础,方法复杂且耗时较长,博物馆难以有足够的人力和精力投入评估工作。事实上,对于那些策展人在展览策划时就设定了明确传播目标的展览来说,运用空间和时间两个维度对观众行为进行观察,就能大致判断出展览的传播效益、观众的兴趣与收益,以及可以改善的方面。这两个维度虽然并非严格意义上的评估指标,但却有助于启发业界对博物馆展览传播质量的思考,所得出的结论对策展人在展览策划阶段明确展览目的、在设计和施工阶段判断展览质量,也具有一定的参考意义。

一、实现展览传播质量的最大可能性

相较于其他各种教育途径与传播媒介,如课堂教学、演讲、观剧等,博物馆展览传播者即策展人设定的传播目标和观众实际的传播收益有着较大的差距。这是因为在博物馆展览中的学习是一个观众与置身其中的空间发生关系的过程。观众在博物馆的参观,是在一个陈列着各种展品的空间中,在

① 参见国家文物局网站 2016 年与 2015 年博物馆名录。
② 关于中国"十二五"期间博物馆展览质量的评述,可参考严建强《中国博物馆》2018 年第 1 期的文章。

站立与行走中观察展品、阅读文字，或者参与一些操作的过程。① 由于博物馆非正式教育机构的属性，展览为观众提供的是非强制的自主学习环境。如果将博物馆展览参观与全日制学校的课堂教学进行比较：学生通过一个不费力的姿势期望获取知识，而老师讲授知识是一个信息传播的过程。在学习过程中，老师对学生的行为有较强的控制力，并且可以通过考试检测学生的收益情况是否符合教学目标。而在博物馆，展厅不是具有约束性的作为容器的教室，而是作为知识载体的课本本身。虽然策展人也和学校老师一样，设定了传播目的，但他无法像老师那样控制观众的参观（信息接收）行为。观众可以让自己的兴趣引领整个参观过程。相较于课堂，在博物馆展厅这种没有强制性外部措施的信息传播环境中，观众通常只会接收到策展人设定的传播信息中的一部分。

对于一个以欣赏器物为主要参观目的或没有明确学习动机的观众而言，博物馆没有必要纠结观众在参观后究竟有什么收获，策展人也可以不设置明确的传播目的。但是，对于一个有明确传播目标的展览，获知观众实际信息获取情况也是很困难的。一般说来，观众接收的信息越符合策展人的设定，意味着策展人设定的传播目的的实现度越高，观众对这个展览的理解越深入，博物馆传播效益越好，其社会价值也越高。而在实际的情况中，博物馆不可能像老师验证课堂教学效果那样对观众进行考试，而只能通过各种观众研究的方法来了解观众的信息获取情况。

1916 年，美国学者本杰明·伊尔斯·吉尔曼拍摄了 30 个不舒适的博物馆观展姿势，并对展柜提出了改进意见。这被认为是对展览最早的评估。② 他所采用的方法，是在不干涉观众参观的前提下对观众的行为进行观察。由于对观展后的观众进行强制性测试的可能性不大，因此，通过观察观众的行为从而推测其信息获取情况的最大可能性是更具操作性的方式。因为即便是课堂教学后的测试，也仅能在一定的教学目标框架限定内评估教学效果。在策展人设定了明确传播目标的展览中，观众的参观行为是否符合策展人的预设，虽然不能完全说明观众的实际信息获取情况，但这是信

---

① 严建强：《在博物馆里学习：博物馆观众认知特征及传播策略初探》，《东南文化》2017 年第 4 期。

② Benjamin Ives Gilman. "Museum fatigue". *Scientific Monthly*，1916，2(1)：62-74.

息传播最容易的方式。通过不干预参观行为的简易观察,可以知道观众有没有按照策展人预设的行为方式参观展览,这一方面检验了展览设计和施工的完成度,另一方面也是在一个变量较少的环境下进行的展览传播质量的观察维度。下文提到的两个观察维度,都是基于策展人通过对于观众行为的预设来判断实现传播质量最大可能性的方法。在采用这样的观察维度之前,需要了解展览最初的传播目的和策展人预设的展线、重点展项等情况。

二、参观动线的吻合度——空间维度

观察观众是否按设定的展线参观,是检验观众是否按照策展人的传播目的实施参观行动的一个简单方法。在一个展示内容之间存在逻辑关系的展览中,观众按照设定的参观动线进行参观和传播目标的实现有很大的关联。对于那些希望系统深入了解展览内容的观众来说,遵循着策展人设定的动线参观,是理解、看懂展览最省力和最有效的方式。

关于博物馆展览的参观路线,约翰·法尔克在 2000 年就曾呼吁开展相关的研究。他指出:当博物馆不断努力同观众交流的同时,如何最好地将信息按顺序排好来帮助观众理解展览是一个值得关心的问题,大多数展览设计者也都认识到了展览顺序的重要性。在以前的研究中也有过类似的看法,但如何设计信息的顺序使其与观众的理解相贴近,却从来都没有做过验证。如果观众不清楚展厅的布局及展厅之间的逻辑关系,就有可能偏离策展人预设的路径,展览中的逻辑关系就被破坏了。所以如何使观众清晰地了解策展人预设的理想路径就成为关键。

必须注意的是,使观众实际参观路线和策展人设定的参观动线相吻合,并不是要求策展人设定唯一的强制动线。策展人可以设定一条最为完整、能一次看到所有细节的线路,也可以根据展览的主题设定多条有不同侧重点的线路。在实际的展览策划中,单一的完全强制的展线也并不多见。所以,我们不能绝对地认为,观众如果没有按照策展人设定的动线观展,就完全没有接收到展览想要传播的信息。但从最大化实现展览目标的角度,观众按照策展人设定的动线参观是实现传播目标最容易的方式。让观众按照策展人设定的动线进行参观,其实是为了使观众对展览逻辑和重点的判断与策展人趋于一致。在空间维度的观察中,观众实际的参观路线与策展人设定的动线吻合度越高,展览传播目标实现的可能性也就越大。

实际的观察操作可以通过抽样跟踪观察,制作出被观察对象的参观动线,根据观众行走在预设动线上的长度来计算参观路线的符合程度。当大量样本都偏离策展人设定的参观路线时,就需要考虑展览设计是否给出了足够的引导,或者动线的设定是否一开始就不合理。在非强制的动线设定中,为了尽可能地引导观众按照策展人的动线设定行动,以最大可能地实现展览的传播目标,可以采用以下两种手段。

1.总体导览

总体导览是在观众观看展览前,通过导览装置告诉观众展厅的总体布局和各展厅之间的关系。在一个各展厅主题内容具有逻辑关系的博物馆里,总体导览尤为重要。但即便是展厅间没有明确的逻辑关联,总体导览也能够让观众对各展厅的位置、展厅总数、各展厅主要内容有一个总体印象,从而更好地规划自己的参观行程。美国新闻博物馆专门设置了一个前置性导览影院,对博物馆的整体布局、展览空间的关系以及合理的参观流线做了交代。

如果博物馆能将展厅的总体平面布局及流线在参观的起始点进行交代,则能更具体地为观众提供指示。日本琵琶湖博物馆就在展厅门口张贴了文书展厅的总体平面布局图,有助于观众在参观前制定明确的参观规划。

策展人和设计师出于提高传播效益的考虑而设定理想的路线并不意味着剥夺观众的选择权,在展厅中设置路线图和路线提示,可以让观众根据自己的兴趣和时间安排选择信息繁简不同的路线。日本大阪历史博物馆的导览图就为观众提供了两条不同路线的选择。这种多重线路的选择,对于时间有限的观众来说,有利于提高参观效率。不同路线图上不同的设置也是一种前置总导览,让观众在参观之前就对将要参观的展览形成必要的知识背景和期待。

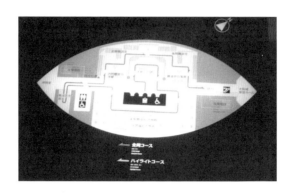

日本大阪历史博物馆：可选择的路线

2.节点导览

节点导览是在某一展项前告诉观众，这一展项在展览整体中所处的位置。这里所说的位置并不局限于空间的意义，也包括了展项在展览叙事框架中所处的位置。由于观众的参观是在展厅这一信息媒介的空间内部进行的，许多观众不太清楚自己在展览中的具体位置，距离终点还有多远。对此，节点导览可以对观众进行提示。节点导览本身也应形成一个层级系统，这对于展览意义框架的形成也有重要的作用。日本横滨历史博物馆由六个按时代发展时序排列的展厅构成，每一展厅前都有一个节点导览牌，明确告知该展厅在整个展览中所处的位置与序列、所属历史时段、历史演进特点以及最值得关注的内容。有了这样的导览牌指引，观众对展览在空间与意义上的逻辑关系就会有清晰的认知。

日本横滨历史博物馆：节点导览

三、单位参观耗时变化——时间维度

在观察观众参观动线的基础上,分析观众的移动频次和观察展品展项的耗时变化是了解观众信息获取情况的另一条路径。

1983 年,法尔克曾在美国佛罗里达自然史博物馆进行观众行为预测的研究,他对观众在参观过程中的展品注意力(attention to exhibit)、环境注意力(attention to setting)、自我注意力(attention to self)、所在团队注意力(attention to social group)和他者注意力(attention to other people)做了连续的数值跟踪。从他的观察数据可以看到,尽管这些数值有所波动,展品仍然是观众最主要的注意力分布所在。这些注意力分布数据也显示观众在展厅内参观的行为是可以预测的。在刚进入展厅的时候,观众总会花上几分钟来寻找方向,确定自己的位置;接下来半个小时的注意力会高度集中在展品上;30 到 45分钟的时候,观众对展品的注意力迅速下降,对环境的注意力上升,观众从博物馆学习模式转换到了闲逛模式,所谓的"博物馆疲劳"(museum fatigue)出现了。同时,观众的自我注意力和他者注意力几乎不存在,说明观众在博物馆参观的过程中默认遵守了某种社会规范。[①]

法尔克这项研究虽然明确揭示了展品注意力显著高于其他注意力,但他对环境注意力的概念设定显然和今天的博物馆展厅环境有很大的区别。今天的展厅环境远不是观众从天花板到地毯的注视,展厅的建筑空间造型、色彩、展示灯具都和展品一样吸引观众的注意。如果我们要在博物馆中重复法尔克的试验,需要对注意力的项目做出比较大的调整。在今天的博物馆展览中,和展品(展览内容)争夺注意力最严重的既不是展厅环境,也不是观众所在的团队,而是智能手机。但随着越来越多的博物馆展览把智能导览放到手机客户端,很难单纯从观众在展厅内使用手机的行为来判断其是在看展品还是在自拍或是在使用社交媒体。因此在法尔克研究结论的基础上,一个简单易行的方法是,采用观察观众移动频次和单位时间参观耗时的方法来考量展

---

① John H Falk,John J Koran Jr,Lynn D Dierking,Lewis Dreblow. "Predicting visitor behavior". *Curator*,1985:249-257.

览的传播质量,以及避免博物馆疲劳。

观众在参观展览过程中的移动频次越低,对单个展品或展项的耗时就越多,表明观众花费了更多的时间与精力用于观察、阅读和思考,信息传达给观众的有效性也越高。虽然展览空间内的展品展项分布密度在各个空间有所不同,单个展品展项的信息密度也有区别,但就特定展览而言,总体的展品展项与信息密度不会有太大的差异。根据不同展览的体量,可以划定信息量大致相同的单位面积,观察观众在展览中的单位面积耗时量,作为判断观众学习收益的指标。

参观博物馆与其他类型学习方式的一个重要区别,是随着疲劳的增加而出现的单位面积耗时量的减少。虽然其他的学习方式也会使人产生疲劳,但远不如在博物馆中学习那样明显。产生这种区别是由于博物馆学习的过程是在站立与行走中进行的,需要额外地支出体能。随着疲劳的积累,观众的行为方式会出现变化。如果将一个展览分割成若干个面积与信息量相当的分区,就可以看出各分区单位面积耗时量的变化。一般情况下,在靠近入口的分区,由于观众刚进入展厅,兴奋度较高,精力充沛,对展览的注意力集中,脚步的移动频次较低,单位面积耗时量较多,我们可称之为"高专注期"。在这个阶段,观众可能连最低层级的展览文字都会仔细阅读。随着参观的进行,体能持续消耗,疲劳感开始增长。与此前的分区相比,观众的移动频次开始提高,单位面积耗时量也同步减少。如果说此前观众的行为是缓步移动,那现在就开始有些走马观花了,我们可称为"疲劳形成期"。再往后,疲劳进一步积累,观众的脚步移动变得更快,这一阶段可称为"疲劳增长期"。最后,进入最靠近出口的分区,观众的行为开始由走马观花变为"跑马观花",当观众看到出口的指示时,可能会进一步加快步伐,我们可称为"快速撤离期"。参观博物馆是一种单位面积耗时量随着时间的推移而持续减少,在展览行程过半后减少加剧,并在接近出口时加速离开的行为方式。从单位参观耗时曲线上来看,在展览参观的中后期呈现出一个迅速下滑的斜坡,就是我们通常所说的"斜坡效应"。

单位参观耗时曲线上的"斜坡"出现得越早,形态变化越明显,说明观众出现了注意力不集中;迅速向出口移动的时间越早,展览传播效果越差。反之,单位耗时曲线越平缓,没有明显的"斜坡效应",说明观众有兴趣且在整个

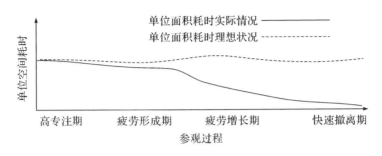

观众在展览空间的耗时变化曲线

参观过程中都保持较高的专注度与兴奋值,表明展览传播质量比较好。值得注意的是,如果一个人快速地穿过整个展览,那么单位参观耗时曲线也将非常平缓,但该观众在每一个区间停留的时间都很短,斜坡效应尽管没有出现,但是这种情况下的传播质量较好的可能性并不大。因此,在开始时间维度的观察之前,先测量出一个仔细看完展览所有细节的理想的参观时间,用来对比耗时曲线所呈现的参观总时长。

对于一个高质量的展览来说,不仅要考虑如何使观众增加单位参观的耗时量,还要将这种耗时量状况尽可能延续下去,避免"斜坡效应"的出现,要通过各种方法使观众的单位面积耗时量始终保持在较高的水平上,不让单位耗时曲线随参观时间的延续而明显下降,而是保持相对平稳的态势。影响单位面积耗时并导致斜坡效应的因素,通常来自两个方面:疲劳的累积和兴趣的减弱。因此,克服斜坡效应,使单位耗时曲线尽可能平缓,也应从这两方面入手。

参观过程中观众产生疲劳的原因有许多,其中在站立与行走中学习的行为无疑是最主要的。随着参观进程的推进,生理性疲劳将不可避免地产生。通常的做法是在展线上间歇性地设置休息设施,以帮助观众缓解疲劳。疲劳的解除将会使下一个行程能较好地进行,通常会使参观时间有所延长,从而延缓了耗时变化拐点——斜坡的到来。不过,在休息期间所耗费的时间并不实质性地发生在参观中。

在展览的设计实践中,我们发现,缓解疲劳的休息并不需要停止所有的认知过程,而是可以换一种接收信息的方式。在休息状态的认知中,原先疲劳的器官得到有效的休息。根据这个理念,设计师可以在展览设计中穿插交替选用立姿项目与坐姿项目。立姿项目让观众在站立中观察、阅读和体验,如常规的展柜陈列、情景再现、微缩模型、沙盘、开放式投影等都属于这一类型;坐姿项目让观众坐下来观察、互动、体验、阅读,如展厅中的小影院、小剧场系统、带有座位的桌面展示系统、让观众坐着操作与体验的项目等,让观众同时进行体能补充和信息接收,所以不是一种纯粹的休息,是为了能较好地参观立姿项目。

如果说克服疲劳积累是一种相对被动的方式的话,那么通过激发观众的兴趣来增强其自主性与参与感,则是一种更为积极的方式,正如妮娜·西蒙所指出的,"让观众成为主动的参与者而不是被动的消费者"。缓解疲劳并不是真的消除了疲劳,而是让观众在兴奋中暂时忽略和忘却疲劳。观众兴趣的产生与展览的题材、内容及表达方式有关。观众越觉得有趣,就越有可能忽略疲劳感。这要求展览策划时要考虑内容与形式上的创新性,让观众产生新奇的感觉,最为有效的是为他们提供参与的机会。在展览内参与的方式是多样的,可以分为操作型、体验型和问题探索型三类。操作型是需要观众通过身体行动触发展示项目发生变化从而达成传播目的的展项;体验型则通常是指超越了单纯观看的感官,以大型或沉浸式的视觉呈现或附加其他感官方式作用于观众的展项;问题探索型则是一种策展思路,这种思路把展览的重要传播目的转换成问题的形式贯穿在展览中,让观众以一种闯关解谜的方式来探索展览内容。

与耗时量相关的还有展览的布局。过了高专注期后,观众的疲劳感开始袭来,这时如果没有任何激励,单位面积耗时量将开始明显减少。展览布局应该考虑这一因素,想办法提升观众的兴奋度。美国电影编剧布莱克·斯奈德在经典电影叙事三幕剧形式的节奏基础上,列出了一份节奏表来控制剧情的走向,这份表把电影分成 15 个阶段。这 15 个阶段以不同的形式出现在各种类型的好莱坞商业电影中,例如最后一分钟营救和主角失去一切后重新奋起,让剧情线索层层推进,牢牢控制住观众的观影情绪。[①] 展览当然无法像公式一样照抄好莱坞电影的节奏安排,但如果参考电影节奏安排的原则,尤其是在靠近出口处的结尾部分形成最后的高潮,对克服斜坡效应具有明显的益

---

① 布莱克·斯奈德:《救猫咪:电影编剧宝典》,王旭锋译,浙江大学出版社 2011 年版,第 57—73 页。

处。2010年上海世界博览会中的德国馆,在展览结尾设置的可以让大批观众同时参与的能量球展项,让观众的情绪在参观的最后也保持了相当高的兴奋度。

另外,实验表明,展厅中的新风量是否充足也与疲劳的形成有关。低氧环境会对人的注意力造成不良的影响。[①] 观众在封闭的室内可能会产生倦怠、头晕、胸闷的"病态建筑综合征"。博物馆展览通常是人工照明的半封闭空间,如果不注意通风,混浊的空气会加剧观众的疲劳感。让展厅保持足够的新风量,避免空气污浊、含氧量降低,将有助于观众保持更持久的新鲜感。

四、结语

总结上述分析,我们发现,从观众观展收益的角度看,博物馆展览的传播质量与下述几点有关。从传播目标的效益分析,观众行为越符合策展人的预设,展览传播目标达成的可能性越高,相应地,展览的传播质量也越好;从空间维度来看,观众所遵循的路线及所认定的重点与策展动机趋于一致,是在展厅空间形态的传播中较为理想的情况;从时间维度来看,展厅单位面积耗时越多,表明展览越吸引人,观众认知收益也会相应较高。展厅各分区单位面积耗时的变化曲线越平稳,表明观众对展览产生着持续的兴趣,有效的认知会贯穿在更广泛的区间。如果展览布局及表达手段符合观众的行为习惯与心理特征,积极引讲参与机会,并且充分考虑观众的体力恢复,分区单位面积耗时值的变化曲线会趋向平稳,展览传播的有效性与观众实际收益状况会相应提升。

从时间和空间两个维度对展览进行的简易传播质量观察是基于策展人预设的思考方向而进行的。根据不同的展览情况,两个维度的观察可以同时进行,并需要根据实际情况设计具体的观察方案。同时,在做这两个维度观察的时候也必须清楚,观众如果完全没有按照策展人的设定进行参观,并不代表观众完全没有获取任何信息,只能说完整获取策展人设定好的传播内容比较困难,可能性比较小。

---

① 李国建:《高温高湿低氧环境下人体热耐受性研究》,天津大学博士学位论文,2008年。

论影响博物馆观众认知效应的若干因素

博物馆展览的传播效应与观众的认知效应是一个问题的两个方面,只有当展览传播有效克服了观众认知方面的各种障碍,才可能实现预期的传播目的。

认知出现障碍或效应呈现渐弱趋势,原因是多方面的:有心理方面的,如观众在展览空间或面对展品感觉不愉快或不适;有体力方面的,因体能的消耗而产生疲劳;也有认知方面的,如觉得内容表达过分专业或缺乏传播技巧等。所以,增强观众的认知效应是一个系统工程,必须采用综合的方式,其内容涉及展览建设的每一环节,包括展览的策划、总体平面布局、表达方式的设定、展品的布置方式、气氛与现场感的营造,甚至也与文字与看板的处理方式息息相关。只有在这些环节上都符合观众的认知心理要求,才有可能取得良好的传播效应。

一、策展中的观众认知原则

建立展览是从展览策划开始的。当我们着手展览策划时,就开始走上了博物馆传播的旅程。策划不仅是展览传播的起点,也是整个展览传播的灵魂。策划的成功与否,是否符合观众认知的要求,对展览的传播效应,对观众的认知结果,都具有制约性的作用。

那么,展览策划中有哪些因素与观众的认知活动有关,会影响认知的效应呢? 我认为,以下诸方面是策展人应该重点加以考虑的。

1. 框架与层次

展览的主题确定后,观众能否深入把握这个主题,理解展览的内涵,与展览的组织框架有极大的关系。这个框架是进入展览的路径,路径正确而畅通,就能把观众很好地引向主题。相反,如果框架设定不合理,路径不正确,一方面无法透彻地阐述主题,另一方面,会使各种展览材料无所适从,无法各得其所,从而影响观众的理解。那么,怎样的框架才能符合观众的认知要求呢?

建立展览框架的基础是分类。策展人总是依据一定的分类原则来构建展览框架的,所以,框架构建成功与否与分类原则息息相关。经验告诉我们,符合形式逻辑要求的分类通常是最容易理解的,比如,自然界中的生物五花八门、光怪陆离,如果没有合理的分类,我们简直无法理解。生物学家将地球上现存的生物依次分为界、门、纲、目、科、属、种 7 个等级,如动物界之下就分成原生动物门、菱形虫门等 42 个门,门之下又有纲、目、科等,它们构成一个森严的等级序列。从形式逻辑的角度看,在分类框架中,每一种类型都具有自己独特的内涵,不能与其他类型交错混杂,如原生动物门,其特定的内涵是"单细胞动物",菱形虫门的定义则是"结构简单的内寄生动物"。同时,在这个框架中,下一级是上一级的子系统,两者属于从属关系,不能将这种等级关系打乱。当地球上纷繁多样的生物都被归纳到这个井然有序的分类世界中,它们就变得容易理解了。这表明,分类的合理性对理解具有重要的意义。我们的展览也是帮助观众理解某种事实或现象的,比如,我们要向观众叙述一座城市的历史,就会涉及分类的问题。我们可以以时间为线索,遵循王朝体系将展览分成若干单元,也可以以社会生活内容为分类指标,将展览分成政治、经济、文化诸单元。无论怎样分,一些基本原则必须遵循,比如,我们不能在同一层次上采用两种不同的分类指标,或者,我们不能破坏分类中的等级关系,对两个不同级别的指标进行平行处理。

在可能的情况下,我们的分类框架应尽量符合形式逻辑的要求,但也要考虑到,博物馆展览的框架在构建时,常常会受到资源状况的制约,很难简单地按逻辑来处理。比如,如果我们严格按时代分类,你会发现,某一时代的说明性材料和实物展品很多,而另一时代的收藏品很少,或反映某一类社会生活的材料很多,反映另一类社会生活的材料很少,这会使得展览比例严重失衡。在这种情况下,展览的分类框架要考虑到资源的实际情况。对于策展者来说,上述两项原则有时是矛盾的,策展者要巧妙地化解这种矛盾。在这里,有利于观众认知的原则应受到特别的重视。

当分类框架建立后,各种展览材料就会各得其所地进入自己的位置,形成信息等级分明、层次井然有序的构造,从而使观众清晰地意识到展览内容与主题的关系,使展览更易于理解。

2.故事线

在展览中经常会遇到这样的情况,有时我们对展览的各个方面都做了详尽的介绍,展览具有很大的信息量,但观众实际接收的信息量并不大,所获得的知识也不多。这表明在展览参观中,观众的认知效率低,许多信息并没有进入观众的认知结构,转化为观众的知识。相反,在另一种场合下,展览的信息量并不大,但观众的实际收益却很大。这是怎么回事呢?

我们或许可以用读辞典与听故事作为比喻。一部辞典的信息量固然很大,但这种全面但缺乏有机联系的信息很难被读者接收。一个故事,本身的信息量并不大,但它是有机的,有引人入胜的情节线索,所以很容易被听众接收并记住。在博物馆展厅里,每一件展品都可以从许多方面来考察,如一个陶罐,可以从工艺、历史、美学、民俗等多方面来考察,每一个方面都带有大量信息,如果我们对它的各个方面都做出详细的说明,那它就像是一部辞典,尽管有极大的信息量,能被观众吸收的却不多。但如果我们根据主题选择一条故事线,用实物讲故事的方式来处理展览,只选择那些与主题及故事线有关的信息,虽然信息总量并不大,但观众却能很好地把握,从而获得较多的知识。

3.诧异感与"发现的快乐"

填鸭式教育最大的问题是忽略了观众的自主性,使观众处于被动的状态,这对不具有强制性的非正式教育机构尤其不利。如果我们在展览策划中始终站在自我本位的立场上,不去调动各种手段激发观众的自主意识,很难取得良好的传播效果。相反,采用提出问题的方式,通过激发观众的诧异感来调动他们的参与性,并增强其自主意识,就能大大提高观众认知的积极性与主动性,从而优化认知的效果。所以,在策划中渗入问题式构造,对增强观众的认知效应具有重要的作用。发问式展览有两种类型,一种是暗含的,整个展览就是针对回答某一问题展开的,这种展览被称为思考型展览,是继欣赏型展览、叙述型展览之后的又一种类型。我曾在东阳博物馆采用这种方式策展,整个展览围绕着"为什么这个红壤占全部土地面积68％的地方会发展成为全国著名的教育之乡和木雕之乡"展开,并努力在展览中回答这一问题。另一种是显性的,即在展览中就某一相关的问题直接对观众发问。台北世界宗教博物馆在序厅廊道通过投影向观众提出问题,使观众带着这些问题进入展厅,大大增强了观众认知过程的主体意识。

有时候,我们并不需要将所有的结论都清晰地告诉观众。我们要做的仅仅是为他们的理解构建一个平台,虽然事实材料和逻辑在展览中已经安排好了,但结论由观众自己去寻找,这会使他们找到探索的感觉,一旦寻找到了结论,他们就会得到发现者的乐趣。这一点,正如凯瑟琳·麦克林在《如何为民众规划博物馆的展览》一书中所说的:"好的展览通常用带有特定目标的设计来沟通特定的概念,且能让人们用自己的方式去探索与发现。"①

4.信息的容量与新颖度

兴趣通常发生在有所了解又并不完全了解的状态中。这表明,要使学习者取得较好的学习效果,信息必须具有一定的新颖度,但这种新颖度又必须控制在一定的区间。没有新颖度,观众觉得老生常谈,不会产生兴趣,但如果信息太过于新颖而使他们觉得陌生,他们也会失去兴趣。所以,要想取得良好的传播效应,策展人必须准确地把握信息的新颖度。这一点与目标观众(target audience)的设定有关,因为我们所说的新颖度主要是针对目标观众而言的。

5.概念的选择与递进

策展人应该了解,博物馆作为一种非正式教育机构,要尽可能采用非专业的方式进行表达,才能保证观众有更好的认知效果。如果我们的展览中充满专业词汇,观众会望而却步。在实际运作中,概念的选择很重要,要尽可能将专业词汇转化为人们习见的日常词汇。这看上去很简单,事实上是一件难度很大的工作,没有较深的专业造诣,没有一定的驾驭文字的功底,是无法做到的。从展览的实际效果来看,博物馆的行文不应该是科学类型的,也不应该是文学类型的,而应该是科普类型的。科普作家的长处就是将深奥的专业

---

① 凯瑟琳·麦克林:《如何为民众规划博物馆的展览》,徐纯译,海洋生物博物馆出版社2001年版,第109页。

知识用通俗易懂的方式进行表达,而博物馆传播的本质正是一种科普工作。英国自然历史博物馆组织编写的《教育陈列设计》一书中,指出了文字撰写与组织不符合观众认知的一些常见的情况,其中主要包括:推出新概念时不够慎重和巧妙;在解释观众不熟悉的概念时缺乏同理心、热情与耐心;掺杂着使大纲混乱的详细说明,话题和传播目的的焦点不确定;仅满足于推理而不进行背景分析和理由阐释;缺乏必要的引导、铺垫和秩序,骤然将结论全部显示出来;突然在中途插入新概念,又不说明插入的理由;所使用的概念缺乏日常习惯的支持,使观众理解产生歧义。

在行文中,如果我们发现一个概念对观众来说可能太过陌生,就要想办法寻找一个帮助他们理解的中间环节。比如,你要在美国展示良渚文化,如果直接写良渚文化的中心在中国杭州,那许多不知道杭州在哪里的观众依然会觉得困惑。这时,如果你借用一个知名度更高的概念来说明杭州,比如说上海,当你说这是一个距上海不远的地方,大多数观众就会知道这个文化的大致位置了。此外,还有一个概念出场的先后顺序的问题,不要在展览的开头便出现较陌生的概念,如果事先有一些铺垫性的概念进行过渡,就能帮助观众较好地理解这些新的概念。

二、总体平面布局与观众学习行为

总体平面布局是将策展内容落实到具体的空间中,形成展览的总体格局。这个将展览内容与项目转化为空间形态的过程,与展览的传播效应息息相关,涉及大量与认知有关的环节,主要表现在以下方面。

1.人流线与展品的空间秩序

对于进入展览空间的观众而言,人流线的安排是否合理,与其认知效果有密切的关系。可惜这一点并不为许多人所重视。我们知道,博物馆是唯一的让学习者在行走的动态中学习的场所。这就不可避免会涉及方向辨识与路径确认的问题。人流线本身与信息传播无关,但它可能会影响学习者的情绪。如果人流线设计得不合理,观众在寻找路径时会耗费大量的注意力,从而使空间与行为注意力分布点大大增加,展品注意力分布点大大减少,展览参观的有效时间大打折扣。更严重的问题是,当由此产生的困惑影响观众时,观众会产生沮丧气馁的挫折感,从而情绪低落。这对参观兴趣是一种严重的伤害。从现状看,这种看上去没有什么大不了的问题却成为一种很大的观众认知障碍。在这种情形下,博物馆参观中的"斜坡效应",即离出口越近行走速度越快的现象,将会提前到来。

人流线的安排与展品在空间中的布局有密切的关系。合理的人流线安排应当与展览的逻辑以及展品的布局相一致。展品之间的逻辑关系与观众行进的路线不一致,会导致观众的困惑和迷茫。例如,观众在对开罗的一家博物馆的反馈意见中就写道:"展览缺乏顺序,展品的位置是按照哪块地方对它最合适来布置的,而不是根据逻辑顺序来安排的。"①这样的安排,无疑会影响观众对展览的理解。

人流线的方向设定,依据是观众在日常生活中形成的习惯,如果人流线的设定越接近观众的习惯,观众就越容易辨识,行走时越不会产生困惑。然而,关于这种习惯行为,学者尚有不同的意见。从实验的角度看,79%～82%的美国人在非暗示的场合采用逆时针方向走,75%的德国观众也会选择逆时针方向走。但一些中国的学者坚持采用顺时针的方向,理由是这样读文字会更符合习惯。如果我们想更符合中国观众的行为习惯,就应该对此展开受控的实验。

2.空间比例关系

博物馆的本质是一种视觉文化,参观博物馆与我们日常看书是不同的。作者会通过用词的级别来提醒内容的重要性,当他们使用高级别的形容词时,说明内容具有重要性。博物馆当然也可以在说明文字中采用这种方式,但我们也要意识到,在一种视觉文化的语境中,人们更关注的是具体的视觉形象或样式。尤其当文字阅读还没有成为某些观众的习惯时,情况更是如此。对他们来说,光、色、体量才是真正的关于内容重要性的提示。无论你采用了何种形容词,只要在视觉上它不是引人注目的,人们就不会意识到它的重要性。所以,通过空间布局和视觉效果将展览的内容按其重要程度明确地传达给观众,对观众理解展览、把握展览重点是极其重要的。比如,在一座城市博物馆中,某一时代是这座城市历史上发展最鼎盛、创造力最活跃和文化

---

① 肯尼斯·赫德森:《八十年代的博物馆——世界趋势综览》,王殿明、杨绮华、陈凤鸣译,紫禁城出版社1986年版,第183页。

贡献最大的,策展人希望观众意识到这一点,但却没有在空间安排上强调这一点,只是通过文字来说明,那么,至少对部分观众而言,其传播目的是无法实现的。

3.节奏和韵律

展览的节奏和韵律也是属于本身与传播无关,但可以通过对学习者情绪的影响而影响观众认知的一个方面。在观众认知活动中,兴奋与新鲜感是一种积极的情绪活动,会提升学习的有效性。相反,如果一个展览始终是千篇一律的,没有起伏,没有高潮,缺乏兴奋点,观众会因单调而感到厌倦,其认知活动中的情绪要素是负面的,大脑的许多机能不能得到有效激发,这必然会影响到认知活动的有效性。这一点,我们可以向某些商业电影学习,针对观众的认知活动和行为特点,在总体平面布局中有意识地营造高潮和节奏,使观众保持持续的新鲜感。

4.克服展厅幽闭恐怖

展厅幽闭恐怖被界定为一种在缺乏参与的狭小空间中产生的心理状态,这是一种负面情绪的极端形式,会严重影响展览参观的认知活动。在一些总体平面布局中,营造出狭长的空间,其中又缺乏可供参与的项目,就有可能激发出此类情绪(有时被称作"胡同效应")。在总体平面布局中保持视觉的疏朗与通透,保证其间有很好的参与项目,就能够有效消除这种心理状况,从而改善观众的认知效果。

5.体能恢复

在总体平面布局中是否为观众提供体能恢复的场所,使观众的身心得到休息和调整,也是会影响认知效果的。我们一再强调,博物馆是一个需要观众在站立和行走的交替运动中学习的场所,这种学习行为非常耗费体力与精力。如果观众感觉疲劳又找不到休息的地方,学习的兴趣与效率都会大受影响。这一点在理论上已不是问题,但在实践中依然时有发生。

三、展览环境与展品布置中的认知因素

观察展品是博物馆认知活动中最重要的环节,因为展品是博物馆信息传

播的核心载体。观众从博物馆展览中所获得的信息，其主体就是文化遗产中
的文化意义。展览的目的就是将文化遗产中的文化意义揭示给观众。那么，
怎样才能将文化意义传达给观众，使其转化为观众的知识呢？这需要展览具
有两种能力：一种是展览的把握能力，即将注意力吸引到展品的能力；一种是
展览的传播能力，即将展品内含的文化意义传达给观众的能力。如果展览在
这两方面都有出色的表现，就能保证观众取得良好的认知效应。

1.展品组合与陈列语言

在典型的器物定位型展览中，每一件展品都是一个独立的认识对象，但
对于一个以传播知识为主要目的的信息定位型展览而言，展品更多是以组分
的样式出现的，它们组合在一起，共同佐证或阐述某一种历史文化或自然生
活现象。这是因为，在现实生活中，人类发明的各种制品或自然界的各种标
本本身都是具有联系的，所以，理解它们的方法就是恢复它们之间原先的联
系。观众看到若干孤立的展品，获得的信息是很少的，但如果通过展品的巧
妙组合，恢复展品之间原先的联系，就能大大增进观众的理解。这表明，展品
的空间经营及组合方式，对观众的认知是有意义的。虽然我们也承认展览的
其他表达方式，诸如文字说明、言语和专门制作的辅助材料等都对展览表达
有贡献，但就博物馆的本质而言，展品本身的表达无疑具有更重要的意义，能
更好地反映出博物馆以物为核心的教育特点。展览通过展品自身的组合（我
们称之为“陈列语言”）就能清晰表达自己，是博物馆最典型的表达方式。

2.人体工程学、陈列带与展览环境

认知效应与注意力有关，而注意力又与观众的体力有关。一个人如果经
常处在不自然的姿势下，很容易产生疲劳感，就会导致精神涣散和注意力游
离。在这种情形下，要想有好的认知效应是困难的。人体工程学概念引入博
物馆展览设计，以及陈列带概念的提出，都是为了帮助观众尽可能减少不必
要的体力支出，减少分心和各种导致消极情绪的元素，而将注意力更多地集
中在展品及相关的内容上。

人体工程学和陈列带能帮助观众更轻松与方便地观看展览，减少不必要
的体力与注意力的支出，从而获得较好的学习效果。依据陈列带概念，墙面
和展板上的展示陈列区域，一般从距地面 80 厘米起，上至高约 320 厘米，因观

众的视角限制，一般陈列高度不宜超过 350 厘米，经常运用的展示高度是 80～250 厘米。其中最佳的陈列区域是在标准视线高以上 20 厘米、以下 40 厘米间的水平区域。以我国男女平均身高 171 厘米计（2005 年），标准视线高约为 156 厘米，最佳的陈列高度应为 116～176 厘米。

观众的舒适度与注意力还与展览的光环境有关。好的光环境不仅使观众看得清，而且能营造出很好的气氛，并具有良好的引导作用。但如果光环境控制不好，明暗骤然转变造成的不适或者露置灯头造成的刺眼感会影响观众的参观。有实验表明，人在 104 坎德拉每平方米的光环境中会完全眼花，出现生理的刺眼感，心理的刺眼感则产生于过分狭窄的空间对感受的干扰，例如反光和采光分配不佳等。

展览环境的过度装饰也会分散观众的注意力。对博物馆展厅来说，最理想的装饰效果是"消灭空间"，即观众意识不到空间要素的存在，把所有的注意力都集中到与展览相关的内容上。

3."双二元配置"

19 世纪 60 年代美国哈佛大学生物学教授阿卡西斯提出了二元配置法（dual arrangement），并于 1873 年在英国大英博物馆自然史分馆具体实施，从此结束了"藏展混一"的状态，博物馆开始通过独立的展示空间实施有计划的教育目的。然而，进一步的分析表明，进入展示空间的观众是教育背景、兴趣及参观动机不同的亚群的集合体，要满足所有的观众的需求是不可能的，明智的方法是设定展览的目标观众，即把目标观众视为展览传播的主要对象。对目标观众而言，由于策展的针对性，会使他们的认知效果明显改善，然而，对城市的公共博物馆来说，人为地设定目标观众有可能会引起争议。我们最近尝试采用"双二元配置"的方式来消除这一矛盾，即把"二元配置"的概念引入展厅并对展示空间的表达方式做进一步细分，从而使展览对不同类型的观众都有更好的传播性。这一理论建立在一种假设上，即观众参观动机大体可分为休闲目标型和学习目标型两类。前者并不试图详尽系统地掌握展览内容，而是将参观博物馆视作一种智能休闲的方式，他们希望展览采用通俗、形象和有趣的方式，从而得到其他传播媒介无法提供的感受；后者则强调学习效应，更关注展览所提供的知识体系，强调从实物的角度得到其他媒体无法提供的实证性和权威性。我在浙江自然博物馆的策划与设计中，就采用了概念展示与详细展示两种方式。概念展示主要采用造型与多媒体的方式,形象地构建了一个关于地球的生命故事,在每一个单元之后(古生代、中生代和新生代),安排一个以化石与标本等实物展品构建的空间,从实证的角度再讲述相同的故事。这一空间相对独立,以便观众做出选择。概念展示主要满足前一类观众,详细展示则主要考虑后一类观众。

4. 包装与程式化

在信息定位型展览中,与所阐述主题相关的展品可能是多种多样的,如果不进行很好的整合,观众会觉得混乱,不能将信息与实证材料很好地对应起来。包装概念的提出,以及程式化方式的运用,对克服这种现象从而增进观众的理解,具有重要的意义。

包装的概念首先由日本博物馆界提出,其含义是将一批与某一展览内容相关的展品用一种容器或装置组织在一起。一方面,这样可以形成井然有序的视觉形象;另一方面,将它们与所阐述的信息紧紧结合在一起,可以加强展览的可解读性。这种方法使观众不需要自己去寻找和组织相关的材料,一切相关的材料在一个视域中尽收眼底,使信息不仅变得完整,也变得易于理解。

与此相关的还有一种我们称之为"三合一"的方法,即在展品的布置中,有意识地将构成展览的三大要素——实物、造型物和信息传达装置紧密结合在一起,呈现在一个视域中。在这些展览要素中,实物是实证性材料,造型物和信息传达装置都是解释性材料。"三合一"的做法,目的是加强实证材料与解释材料的联系,使它们融为一体,共同作用于观众的感官。我们也可以将这种方法看作一个大包装的概念。与此相反的做法是,将实物、造型物与信息传达装置分散开来,使其各说各的,无法形成一种有机的和整体的力量。我们称之为"三张皮",这种将解释性材料与实证性材料肢解的做法会造成观众的困惑,不利于观众的理解。

所谓程式化的方法,是指对那些在构成上具有相似性,或在内容上具有层次性递进意义的展览项目,采用外观上相似的载体和样式,使它们形成一种具有重复性的视觉形象。这种处理一方面有利于形成展览的节奏感,另一方面,将若干个相似的内容组合成一个更大的项目,使观众很容易感觉到内容的整体性及其递进性质,为观众提供了一种便利的阅读方法。

5.突出重点的方法

在展览的叙述中,每一件展品所扮演的角色是不同的,其重要性也不同。有些展品具有特别重要的实证作用或阐述功能,在整个展览中起着无可替代的作用——这种展品我们通常称为"关键展品"或"主导性展品"(key exhibit)。如果我们在展品布置时能格外突出这些展品,让观众清晰地意识到它们的特殊地位,从而使其引起较多的注意,就能有利于观众理解展览和把握重点。

吸引注意力的方法有许多,包括更充分的采光、体量与位置的优先、周围的适当减量、动态化等。有些时候,主导性展品本身的体量与色彩都不突出,未经特殊处理不会引起特别的注意,这种场合下调动注意力吸引技术就更显必要。例如,在美国西南部有一座反映印第安人生活的博物馆,其主导性展品是一个烟斗,体量很小,色彩也远没有其他一些服饰与工艺品突出。设计师为了吸引更多注意,为它设计了一个特别精致的立柜,同时在其后面的展墙上张贴了一张从天花板直到地板的巨幅照片,当观众看见这幅烟斗的照片后,立即意识到这件展品不同凡响的意义,纷纷驻足细看。

四、表达方式与展览理解

在当代信息定位型展览中,为了完整和生动地讲述故事,博物馆往往采用许多非实物的展品,它们不但能弥补展品缺失的遗憾,而且大大增强了展览的生动性与可理解性。我们可以将这些专门为了解释展品与相关现象的展品称为"解释性"展品,以便与实物展品相区别。随着科学技术,尤其是电子计算机技术的发展,这种解释性展品的类型与功能日新月异地发展起来。所以,选择哪些类型的解释性展品来帮助观众理解展览,成为展览策划人与设计人很重要的一项任务。选择是否合理,对展览的质量,对观众的认知,有着极大的影响。

1.情景再现

观众理解博物馆展览最大的障碍来源于人和物之间的巨大的时间距离。观众看到的展柜中的物品,大多是很久以前的人们使用的。如果我们有幸拜访他们的家,看到他们是怎样使用这些物品的,笼罩其上的神秘将一扫而光。然而,不幸的是,这种生活场景已远离我们而去。所以,我们眼前的这些物品缘何而造,怎样制造与使用,和人们的生活关系如何,都随着时代的变迁成了谜。如果在展览中能通过还原历史现象,将这些物品送回当时的使用场景,观众就会仿佛置身现场,这就大大增进了他们对展品和展览的理解。情景再现就是这样一种展示手段,它建立在科学实证的基础上,通过造型手段复原历史现象,为展品重新提供一个当时的使用场景。当这些物品被合理地嵌进情景再现所复原的使用场景中,观众与展品之间巨大的时间距离便被缩小了。

2.教具化模型

观众对展品理解的另一障碍是:虽然能够看到物品的外观,但无法看到其内部的结构,或者即使身临其境,也只能看到某个局部,无法看到它的全貌,无法看到它在一个更大范围中的位置,或者虽然能看到事物某一瞬间的情形,却不能看到它的变化。这些都阻碍了观众对事物的更深入的理解。在展览中制作各种模型,能很好地帮助观众进行较深入的理解,比如:剖面模型能使观众看到事物内部的构造;微缩景观模型能让观众产生从飞机上鸟瞰的效果,事物之间的联系因此变得清晰;系列模型则可以通过一系列变化的模型反映事物在时间进程中的变化。这些模型具有教具的功能,能帮助策展人进行很好的理性分析,从而深化观众的认识。

3.虚拟现实

虚拟现实的本质与情景再现相似,也是通过现象还原来帮助观众形象地了解不在现场的事物。但它不是通过三维造型来还原的,而是通过影像技术来呈现,通常具有动态性和情节线索。它在科学实证方面与情景再现具有同样的要求,但它不太受空间的制约,因而有更大的灵活性,其表现的手段也更丰富。目前虚拟现实技术更多地与交互技术相结合,可以为观众构成互动和对话的平台,不仅使观众更有兴趣,也能有效地促进观众的认知。

4.游戏装置

兴趣是观众认知活动的催化剂,调动与激发观众的兴趣是增进观众认知最有效的方式。互动又是大多数观众,尤其是青少年观众特别热衷的。把展览的内容转化为各种游戏装置,让观众在游戏中获得知识、增进理解,是博物馆理想的传播方式。游戏装置并非迎合观众的趣味,它具有一些别的方式难以发挥的能力。例如,墨西哥经济博物馆开发了一批游戏项目,通过各种游戏装置的操作,观众理解了"套汇交易"、"担保契约"、"通货膨胀"等抽象的经济学概念。

5.多种媒体的综合作用

博物馆在观众认知活动中的一个有利条件是可采用多种媒体综合作用。虽然其他的传播方式也采用不止一种的媒体,但其在表达方式的多样性方面无法与博物馆抗衡。博物馆传播中所涉及的媒介有实物、说明文字、二维绘画与图表、三维造型、情景再现、视频与投影、虚拟现实、光电显示、游戏装置、演剧、讲解、互动装置、体验性操作等,它们可以独立使用,也可以配合使用。每一种媒体都有自己独特的传播能力,作用于特定的感官。多种媒体的综合使用就有可能同时作用于不同的感官,从而帮助观众从多方面理解展览的内容。所以,合理选择媒体以及将它们很好地配合使用,成为今天的设计师面临的一项挑战。

6.适应性

无论采用怎样的表达方式,最根本的是其与观众认知活动的相关性。所以,提高观众认知效率的关键在于选择适宜的辅助手段和表达方式。如果某种表达方式既有趣又有益,那是最理想不过的,但有些场合,表达方式虽然很有趣,也为观众所喜爱,但对观众的理解,对传播目的的实现,并没有意义。在这种情形下,这个有趣的东西很可能会成为使观众的兴趣与注意力游离于展览之外的一种要素,这是应该避免的。

五、文字、看板设计与信息传播

文字曾被称为博物馆传播中一种"必不可少的不幸"。说它是一种"不幸",是因为博物馆传播应该具有视觉文化的特点,高度依赖形象化的材料;说它"必不可少",则是因为文字在博物馆传播中依然发挥着重要的、不可取代的作用,包括确保信息的明晰与确定性、对现象的概括与归纳,以及对展品的深度分析,所有这些,仅仅依靠实物本身及相关的视觉形象材料是达不到的。所以,不管我们怎样看待文字,一个不争的事实是,在当代信息定位型博物馆中,文字说明扮演了更加重要的角色。这表明,展览中文字的编辑与图文板的设计,在观众认知活动中依然是重要的一环。

1. 文字的容量及编辑

尽管文字具有不可替代的重要性,但如果不经过控制和必要的处理,可能会导致观众的反感,甚至会使观众放弃阅读,从而影响认知的效应。所以,文字处理的水平直接影响观众的认知。

首先是量的控制。无论怎样的观众,都会对长篇的文字反感。所以,一个单位的文字量是需要控制的。德国和奥地利等国家的博物馆建议(以下为德语标准),句子的长度一般不超过 15 个单词。主要文字说明限定在 75 个单词之内,其他文字说明不应超过 65 个单词,段落不应超过 65 个单词,关于物证的延伸资料不应超过 25 个单词,简短的解说不超过 20 个单词,大标题或短标题不超过 5 个单词,一行不超过 10 个单词,等等。加拿大皇家安大略博物馆也提出,一个单位的文字量不应超过 75 个单词。在中国,尚没有人对此展开专门的研究。就个人的经验而言,即便是前言这样的集中叙述,一般不能超过 350 个汉字,单元说明和组说明,一般也不要超过 250 个字。超过这个限度,观众可能就没有兴趣阅读。

其次,要保证单位的文字容量,关键是要找到合适的分解方法。一种常见的做法是,仔细阅读相关的文字,看看是否有可能将某些内容转化为图表等视觉材料。如果实在没有这种可能性,则要想办法将这段文字分解成两个单位。目前的多媒体技术提供了新的可能性,即采用多媒体的方法,将大量的文字内容转化为隐性的数字化材料,这种材料需要观众自主选择才会出现,其体量是巨大的。既要保证文字的说明性,又要控制一定的量,采用隐性的方式是可取的。目前有一种超小型的视频,可以将相关的文字信息和图像信息输入,使之自动播放,其所占据的空间很小,但信息容量极大。

最后,观众对过多的文字感到恐惧,有时并不完全取决文字的绝对量,还与文字的编辑与设计有关。在一些优秀的博物馆展览中,虽然细看文字量不少,但观众并没有感到恐惧与腻味,这是因为其巧妙的设计。文字的字体字号的设定也会影响观众的阅读。过大的字和过小的字,都会成为阅读的障碍。一般的情况下,要慎重使用美术字体,尤其是正式的文本,采用美术字体会影响阅读的有效性。文字与背景色的关系也是一个需要加以考虑的问题。在这方面,可阅读性、易辨识性应当是考虑的重点,另外也要考虑到其审美的效果。一些设计师喜欢采用立体字,或将字贴在透明材料上。具有深度的立体字在设计图中是没有问题的,可是一进入实际的光环境中,投影会让它们变形,结果这些字看上去很怪,也不美观。贴在透明材料上的字也会受投影的影响而产生重影,这种重影很像是常见的印刷失误,会让人产生眩晕的感觉。

2.图文板设计中的分层与分类

当代许多展览的信息是通过图文板来传达的,这种图文板的编辑与设计,对观众理解展览或展品,有很直接的影响。从目前的情况看,图文板缺乏必要的分类,是观众困惑的一个原因。在一块图文板中,往往包含着若干信息,这些信息如果不加处理地放置到图文板上,会使观众对图文板上信息的关系了解不清。在这种情况下,可采用不同的方法来对信息进行分类处理。例如,对于若干关系密切的信息,可以给出一个统一的底色,使它们与其他的信息群有所区别,使观众意识到它们之间的相关性。如果在看板上存在着不同的信息群,我们可以将同一信息群的间距缩小,而将它与另一信息群的间距扩大,这样,观众就能清晰地辨别出它们之间的关系。

有一种情况是,在一块图文板上同时存在着两组不同层次的信息,如果我们用同一种方法表现这两组信息,观众就无法知道它们之间的等级区分,从而造成认知上的困惑。这时,设计师就应该通过字体、字号或色彩,将它们的等级关系显现出来。通过这种分类与分层的处理,图文板的表达变得清晰有序,有利于增强观众的认知效应。

3.关于过度设计

图文板设计另一个会影响观众认知的方面是过度设计。一些设计师过于热衷通过设计表达自己的审美趣味,同时对博物馆的审美品格缺乏足够的理解,于是会在图文板上增添许多与理解无关的修饰成分。其结果是,这些纯审美的要素占据了观众太多的注意力,使观众的注意力游离于展览的内容之外,或者使相关的信息被淹没,得不到应有的注意。设计师应该认识到,将观众的注意力引向展览的内容是最重要的,某些修饰的成分虽然会增加展览的美感,但不能喧宾夺主,只有当这些审美要素有利于观众阅读与理解,至少不损害阅读与理解,才是有意义的。

从上述的诸方面可以看到,在展览的建设过程中,有大量的因素与观众的认知活动有关,会给观众认知带来积极的或消极的影响。要提高观众在博物馆参观中的认知效应,我们就必须在整个策展的过程中,在所涉及的各个方面,都深思熟虑、精心打造,在每一个环节上,都将观众的认知效应放在首先考虑的位置,这样才可能真正使观众在参观中受益。然而,要准确了解观众的认知效应,我们不能满足于自我的感觉,甚至不能满足于一般性的观众印象,而要通过科学有效的展览评估。通过对评估材料的分析,我们可以清楚地知道,在哪些方面,我们尚没有做到位,观众的认知效应还有进一步提高的空间。只有通过持续的评估,我们才能有效克服观众认知活动中的各种障碍,从而使博物馆担负起在当代社会中作为终身教育场所的职责。

关于增强展览把握能力的探索①

——对博物馆展示现状的若干思考

越来越多的博物馆馆长和博物馆学家开始认识到了博物馆作为社会教育机构的传播性质。正因为如此,他们在实践和理论探索中,花费很多的时间来思考展览的传播能力,以期在博物馆展示中获得更好的传播效应。这无疑是一种良好的愿望。然而,我们也应意识到,这一愿望的实现必然是一种综合努力的结果,应当具有相应的技术支撑。在我们看来,在增强展览传播效应的努力中,增强展览的把握能力是一个基础性的环节。只有当展览能够紧紧把握住观众的注意力,展览良好的传播效应才有可能实现。

所谓展览的把握能力,指的是展览的设计将观众的注意力吸引和集中在展品上的能力。一个展览越能把观众的注意力吸引到展品上,使他们在展品的观察和阅读上耗费的时间越多,它的把握能力就越强。由于博物馆教育是通过观众对展品的观察进行的,展览的把握能力越强,意味着观众将越多的时间和注意力用于对展品的观察,他们从展览中获得信息的可能性也就越大,展览的传播效应也就越好。如果展览忽略了对观众注意力的把握,那么要想实现良好的传播效应是不可能的。

那么,展览的把握能力与哪些因素有关? 如何才能有效地增强展览的把握能力? 通常人们把展览把握能力与展览传播能力看作一对类似于形式与内容的范畴。按照这种观点,展览的把握能力主要与展览形式设计中的表现手法相关,即通过良好的视觉效果增强展览的吸引力。我们的观察和研究表明,展览对观众注意力的把握是一个复杂得多的问题,有多种因素对展览的把握能力产生作用,包括主题、结构、表达和表现等。也就是说,展览的把握能力不仅与形式设计有关,而且与内容的策划和文本的编写有关。只有对所

① 本文系与俞敏敏、梁晓艳合作。

有这些要素都有深入的理解,并进行精心的策划和设计,才能有效地增强展览的把握能力和传播能力。我们在这里分别就这些要素做出初步的分析,希望能引起博物馆学界的重视,起到抛砖引玉的作用。

一、主题

我们的观察表明,把握观众注意力首先与展览的主题设定有关。我们知道,展览组织方式主要包括主题性与无主题性,这两种不同的组织方式对展览的把握能力具有重大的影响。

我们先来看看无主题展览。像文物精品展、美术作品展、化石标本展多属于这一类型,这类展览通常以展品定位,每一件展品就是一个独立的欣赏对象,从真实的角度观察物品本身构成了参观的主要动机。以地名为主题的历史文化展览似乎是主题性的,但它注重的是一般性叙述,组织材料的依据是时间和编年史,并不贯穿一条主线,本质上仍属于无主题展览。

在无主题展览中,展品和信息通常通过时间顺序或分类学原则组织。观众参观的过程类似于读一本教材或百科全书。在这种组织构架中,展品和信息并不围绕某一明确的中心议题展开,而是具有各自独立的地位,观众参观并不为特定的内在逻辑结构所引导。这种展览结构具有较强的随意性,参观过程比较轻松,适合于器物定位型展览。但对那些并非器物定位型而又缺乏主题的展览来说,情况则不同。在这种场合下,观众迅速面临大量新的信息和知识。这些信息以一般性叙述方式给出,展品的独立性很强,缺乏内在的逻辑制约,观众所看到的是许多分散的点。由于缺乏能将思维引导、集中在某一领域的"问题结构",观众的思考往往是漫游的和无方向的,对信息的选择缺乏坚实的依据的基础,很难将分散的点联结成一个整体,而且记忆负担也大大加重。譬如,我们在看一个依据编年史组织的历史展览时,我们必须比较机械地记忆各时代政治、经济、文化各方面的材料,展线稍长,就可能看了后头忘了前面,难以将它们整合成一个总体叙述。

再来看看主题展览。在主题展览中,如果贯穿一个个性鲜明和引人入胜的主题,就会在很大程度上改变观众参观的行为方式。在主题展览中,主题,以及与它伴生的"问题结构"会改变无主题展览中那种施教者和受教者互不相关的局面,展览的策划与设计者可以围绕主题展开"提问-解答",当观众进入到这一问答结构中,会自然而然地产生投入和参与的意识,并有效地将思考集中在与主题相关的领域。这对激发观众的参观兴趣,延长参观时间,引导他们将更多的注意力集中在展览上,能起到很好的作用。这种情形之所以会产生,与人的行为-心理特征有关。人是一种爱好琢磨的动物,他们不仅喜欢提出问题,也乐意接受问题的挑战。一个明确的问题能为他们的思维提供一种方向,引导他们在繁多的信息中做出选择。提出问题和解答问题的过程即使让他们体验到思想磨砺的艰辛,也能让他们享受到自我肯定和自我超越的喜悦。这意味着,人们在思考或接受新信息时,愿意接受方向性和目的性的引导,这种方向性使他们的思考更集中,更具有针对性和选择性,从而大大提高了接受新信息的效率。

所以,我们认为,在以知识传播为主要目的的展览中,一个精心提炼和设计的主题,有助于增强展览的把握能力。内蒙古博物院的案例充分说明了这一点。内蒙古博物院原先安排了动物标本展,这类标本展览缺乏个性,在许多地区都能看到,所以很少有观众对它产生兴趣。为了改变这种状态,内蒙古博物院对展品系列重新进行了深入研究。在研究中内蒙古博物院采取了一种新的视角,从展品群中提炼出"濒危草原动物的呼号"这样一个震人心魄的主题。以此为主线,内蒙古博物院对展品做出了新的安排,使原先那些各自独立、互不关联的展品围绕着主题形成了一个有机的、有情节的展品群,共同讲述一个发生在草原上的悲惨故事。这一主题必然会让观众产生一系列的问题,包括草原上人类与自然的关系、草原动物的未来、如何才能防止悲剧的重演,等等。当观众带着复杂的情感,带着对草原动物的同情以及对它们未来的忧虑参观时,他们在不知不觉中被展览"把握",融进了展览之中。

较难处理的是地方性历史文化展览。我们看到,绝大多数地方性历史文化展览采用的都是编年结构,以时间的顺序排列展品。由于地方历史博物馆的展品大多为经由历史上共同的价值和审美标准筛选留存的所谓珍品,它们与周边地区的展品即使有差异,这种差异也微不足道,加上它们被置于完全一致的王朝体系编年中,所以这些展览往往缺乏个性,到处都似曾相识。这种展览是不可能将观众的注意力吸引到展品上的。在这种场合下,将历史展览进行主题化处理可能是改变这种状况的重要手段。无论各博物馆的藏品有多么相似,但由于人民和环境的不同,各地的历史文化总会带有自己的个性,这种个性,这种特征,就是我们提炼出不同展览主题的依据。如果我们在深入透彻地研究地方历史文化的基础上,准确解读出该地区历史文化的特征,并将这种特征提炼为一个有个性的主题,将展品围绕这一主题组织,那么,我们就会在很大程度上克服上述的弊病。最近我们在组织温州博物馆的展览时就采用了这种方法。为了防止与其他博物馆的雷同,我们将通史展览进行了主题化处理,把温州人那种勤奋务实、自主创新、敢于冒险闯荡的精神品格以及这种精神产生的原因作为组织展览、安排展品的主题。这种主题化处理使得展览具有了一种问答结构:温州人是些怎样的人? 他们的特征是怎样的? 这些特征是怎样形成的? 展览围绕着这样的主题展开时,它与周边博物馆历史文化展览的雷同性就在很大程度上被克服了。也正因为有这样一个主题和问答结构,展览会在较大程度上把握观众的注意力,从而优化了展览的传播效应。

二、结构与表达

观众只有在并不费力就能迅速理解展览内容的情形下才会对继续参观保持兴趣。展览要想把握观众的注意力,必须使自己一目了然,易于理解。展览结构及其表达过分复杂和理性化,都会成为观众理解展览的障碍。一旦观众意识到这种障碍,他们的注意力便开始游离,不为展览所把握。所以,在探讨增强展览的把握能力时,我们要十分注意结构和表达的问题。

过分复杂的结构是造成展览缺乏把握能力的重要因素之一。在展览设计中必须时刻牢记观众是在有限的时间里,在站立和行走运动中接收新信息的,这和我们通过读书学习知识是不相同的。在读书时,如果我们对结构感到困惑,可以再翻到前面去仔细看,而在展厅参观时,观众一般不会有这样的耐心,如果对过分复杂的结构感到困惑,他们可能会因此放弃继续参观。只有当一切都很清晰、一目了然时,观众才会有兴趣继续看下去,展览也才能把握观众。所以,内容策划人员必须花费很大的精力,努力将复杂的故事用尽可能简单的结构表达出来。所谓简单结构,一方面是层次不能太多,层次太多观众不容易把握,另一方面是每一层次不能有太多的点,一般不能超过5个点,太多的点会让观众难以记忆。我们最近接触到一个展览,结构是依中国王朝体系组织的,在一个不到 800 平方米的展厅里安排了 9 个单元。如果每个单元包含 1 个中心思想或特征概括的话,观众必须至少要记住 9 个点,这对观众的记忆来说无疑是一个沉重的负担。在这种场合下,要花大的精力进行进一步的概括和提炼,调整结构,使之能符合观众的参观习惯和学习要求。

另一个使展览缺乏把握能力的原因是结构太理性化。在我国,参观博物馆往往是与游览结合在一起的,或者说,是作为一种游览活动进行的。在这种情况下,他们通常对有情节的结构感兴趣,因为这种结构比较感性,符合观众的心理期待。即使展览内容本身是较抽象的,我们也必须努力使它们感性化,符合观众的理解习惯。然而,我们在现实生活中看到了一种相反的做法,把很感性、具有生动情节的内容安排得很理性化,在一种很抽象、很理性的层面构筑框架,大大地降低了展览的把握能力,使观众望而生畏。比如,在展出一位艺术家的一生时,不是用他一生中重大事件形成的阶段来建立情节性的叙述结构,而是用其作品中抽象出来的品质或风格概念来构筑框架。这种抽象的精神品格一般而言难以通过博物馆方式表达,观众不容易迅速理解展览的内容。观众在展厅的时间是有限的,一旦观众不能很快适应这种较抽象的理性化构架,便会对展览失去兴趣。

在展览的表达方面,文字说明的体量和质量也是影响把握能力的重要环节。文字说明要简洁明了是一个在理论上无须再论证的问题,但在实践中这一要求却远没有达到。从现有展览的情形看,不仅有文字说明超量的问题,更有安排不合理的问题。经常看到的情形是,前言和单元说明篇幅太长,有些甚至达到了 800 个字,但在相关的展品上,缺乏充分的介绍。结果对观众来说,过分集中的文字使他们失去耐心,而他们希望了解的却又无法得知。这种现象严重影响了观众对展览的理解,从而也影响了他们对展览的兴趣。从观众的反馈信息我们了解到,观众真正关心的是文字说明如何能帮助他们理解展览,而并不介意它们的量。如果博物馆过分吝啬文字而造成观众理解困难时,展览同样会失去对观众注意力的把握。我们认为,对一些需要对观众做出较多解释的展览,我们应当在文字的安排上多下功夫,不要将文字说明过分集中,而应适当将文字分散在组说明、展品说明中,应当将单元说明、组说明和展品说明组合成一个解释展览的整体,使它们能够互相支撑、互相补充和互相说明。一般而言,单元说明应当是对该单元内容的概括,通过揭示那些观众在参观具体展品时自己难以提炼出来的道理,帮助观众在整体上把握该单元的内容、意义及在整个展览中的地位。所以,它不能过多涉及展品的具体内容。展品说明不应当仅仅局限在标明名称和时代,而应当说明该展品与单元主题,甚至展览主题之间的关系。在那些非器物定位型展览中,展品独立的欣赏或认知的地位并不是最重要的,重要的是它的物证功能。我们在向观众谈到某个事实或现象时,观众可以相信,也可以不相信。我们的立足点应当是观众不相信我们的话,那么,我们如何使观众相信呢？我们在适当的位置安排能证明这件事情确实发生过的物证,使观众相信事情确实如展览所叙述的那样发生过。我们在为展品说明撰文时必须牢记其功能,这意味着我们完全没有必要对展品内涵的各方面进行充分的阐述,而只需从物证的角度说明它与所说事情的关系。所以,即使是同一件展品,如果它欲证明的事件不同,关于它的说明文字也就不同。说明文字的这种安排,一方面解决了某些文字过于集中、篇幅太长的问题,同时有助于加强展品与展览内容的联系,使观众更清晰地理解展览。

除了文字的篇幅和安排,文字的品格与质量也对展览的吸引力发生作用。从我们目前掌握的材料看,有两种情况对观众理解展览是不利的。一种情况是,展览的文字说明没有从观众接受新知识的状况出发,对复杂的专业概念的学科语汇做出通俗化的处理,而是简单地采用原科学概念,结果使文字说明中夹杂着许多观众难以理解的术语。这是一种对观众不负责任的做法,尽管从专家的角度看文字说明没有不妥的地方,但观众除了感到畏惧外一无所获。对展览文本撰写者来说,将专门化的科学术语转化为一般公众都能理解的通俗语言不仅需要有很好的专业知识,而且要有很好的文字表达能力,这是一件难度极大却必须做好的工作,因为博物馆是一个社会教育机构,而不是一个专业的教育机构。只有做好这种转化工作,观众才能看得懂,才会有兴趣,才会被展览所把握。另一种情况是,展览的文字说明,尤其在前言和单元说明中,所用的语言过分文学化,有时为了达到修辞效果,以牺牲准确性为代价。我们认为,博物馆展览所体现的美,首先是由准确带来的美,这种美的品格应当是朴实的和真实的,它更接近于历史学的美,而不是文学作品的美,它的想象力与创造力都必须受到准确性和真实性的制约。如果观众意识到文字说明具有某种文学的意味时,他们对展览内容的信赖度会降低。目前还流行一种时尚,用对称性很强、程式化程度很高的诗歌用语作为单元的标题。这种做法如果坚持了内容的准确性和真实性,那就不应受到指责,但如果为了达到修辞效果而削足适履,损害了展览的准确与真实,则应该坚决摒弃。

三、表现

博物馆参观是通过观众对具体视觉形象的观察来完成的。这些视觉形象是否吸引人,对展览的把握能力起着最直接的作用。展厅中的各种视觉形象是由展示的表现手段塑造的,所以,展示的表现手段对把握观众注意力所起的影响不容忽视。

我们在讨论结构时曾强调,展示结构的安排要尽可能感性化,这一点在展示表现手法上同样重要。以历史陈列为例:一个历史展览大凡要告诉观众两方面的东西,一是过去的人们是怎样生活的,二是他们的生活、他们的文化和创造在文明史中的地位,以及与我们今天生活的关系。这些内容中前者是较感性的,后者则是较理性的。一个优秀的历史展览应当做到感性与理性的有机结合。就我们的观察而言,目前的历史陈列大致有三种情形。

第一种情形是表现过于理性化。在这种展览中,设计师通常按照自己的观念,采用象征性的手法对展品进行组合,使人明显感觉到展览是从某种概念出发的,旨在说明一个道理。这表明,设计师在获得关于过去生活的知识和概念后,没有意识到,或者不善于通过将它重新还原到原先的感性场景中来表现。这种展览由于缺乏历史生活的感性要素,使观众不容易理解设计师想表达的意思,因而也不可能按设计师的意图来理解展览。如果是这样,那么,观众在参观中既没有获得关于历史生活的感性知识,也没有明白设计师所希望传达的那种深刻的道理。这类展览是不可能把握住观众的。

第二种情形是过于感性化。这类展览安排了许多好看的场景,恢复了过去的生活情景,使观众了解当时人们的生存状态。然而,由于没有进行必要的概括和提炼,感性场景的安排缺乏精心策划的典型性,不能有效地揭示当时生活中最本质的东西,使观众的参观仅仅停留在感性的层面,得不到一种智性的启迪。这种展览缺乏理论深度,也算不上优秀的展览。

第三种情形是将感性与理性有机地结合起来,使观众通过对感性的、生动具体的生活场景的观察,获得对过去生活本质的理解,并为现实生活提供某种启发。这种通过对感性场景的观察而获得理论上的启迪正是我们所倡导的。

那么,怎样才能达到这种效果?

要取得这种效果,展览的策划与设计者要熟悉观众的认知方式和博物馆历史陈列的特征。观众所处的时代与历史陈列所展示的时代通常有一个很大的时间距离,由于所展示的生活已在很久以前就消失了,当时人们的生活方式与我们有很大的区别,所以,仅仅依靠呈现在眼前的几件遗物,观众是无法理解过去的生活的,而只依靠历史学家给我们的关于过去生活的理性分析也无法使观众在头脑中形成过去生活的画面。要现代的观众理解过去时代人们的生活,一个重要的手段是消弭横亘在两者间的时间距离,使观众能直接观察到过去人们的具体生活。所以,博物馆历史展示的表现应该通过复原过去生活来进行。如果我们适当地还原过去的生活场景,将那些遗存在我们时代的物品放置在它们当时生活的场景中,就能有效弥合久远的时间在现代人和过去生活之间的距离,使现代观众能够理解那些遗存物所代表、所反映的生活。这表明,使观众理解历史生活,必须为他们提供生动具体、感性的生活实景。没有这样一个切入点,展览将无法把握观众的注意力,观众也无法"进入"历史。

那么,怎样才能使观众通过对感性场景的观察深入地理解过去生活的本质和意义,得到智性的启迪呢?这就要求我们在策划和设计感性的历史生活场景时,必须以对历史理论的深刻理解、对历史生活的理性把握为前提。只有对哪些展品、哪些生活场景最典型地反映了过去生活的本质有充分的认识,我们才能做到这一点。当我们精心选择那些能充分揭示过去生活本质特点的场景进行复原,虽然观众看到的是具体的感性场景,但由于这一场景是经过选择的,具有很强的理论上的说服力,所以观众还是能无意间在展览的指引下接触到过去生活中最典型、最本质的内容,从而收获智性的启迪。

这就要求我们在展览设计中必须为观众提供经过精心选择、提炼的,同时又是生动具体的感性场景,使之既符合观众从感性走向理性的认知习惯,又满足他们深入理解历史生活、获得智性启迪的深层要求。只有这样的展览才能牢牢把握观众的注意力,实现良好的传播效应。

除了展览内容的精心提炼和选择外,在展线的整体安排上符合观众参观心理的要求也很重要,有助于展览对观众的把握。这一点,我们可以参照电影的处理方法。我们在看电影时可以发现,一部优秀的影片通常具有很好的节奏结构,各环节的衔接和深入、情节的起伏张弛、高潮和次高潮的位置及配合,都是依据人们的欣赏习惯安排的,所以它能紧扣观众的心弦。展览虽然不能像文学作品那样随意安排情节,但有意识地使展览结构更接近观众的欣赏习惯和心理特点,对把握观众注意力、调动观众情绪具有很好的效果。据我们的观察,展览的开头部分最好能有某种程度的震撼力,形成一种对观众的吸引力。在展线的 60% 左右应形成一次高潮,因为这个时候可能是观众开始觉得疲劳和不耐烦的时候,斜坡效应开始出现,这一次高潮有助于调节情绪,使观众有兴致继续参观。在展线结束时,还应再形成一个高潮,这有助于他们对展览的整体进行回顾,带着一种兴奋的心情离开展厅。

四、小结

从上面的阐述我们可以看到,增强展览的把握能力并不是一个局部性的工作,它与展览的策划与设计,包括主题的选择、展览结构的安排、展示内容的表达、视觉形象的表现等,都有着密切的关系。其中任何一个环节出了问题,都会影响到展览的把握能力,从而影响展览的传播效应。我们上述的论述试图表明:①寻找一个适当的主题,使展览暗含一种问题结构,将观众带进这一问题结构中以调动他们的主体意识,对增强展览的把握能力具有积极的意义;②将复杂的内容置入一个尽可能简单的结构中,使观众一目了然,清晰地、没有困难地参观和理解展览,并利用有机构成的文字说明系统帮助观众理解展览;③通过精心策划,建立一个生动、具体的视觉形象体系,使观众借助感性的场景不仅了解过去的生活,而且达到对过去生活本质的、理性的认识。当这个有鲜明主题、结构简单、生动和感性的视觉形象体系建立起来,展览就能取得对观众注意力的把握,达到实现良好信息传播的目的,使博物馆圆满完成现代社会的使命。

论博物馆展示设计方案的判断与评价：
以信息定位型展览为中心

在当代博物馆展览建设中，展示设计方案的质量判断和评价是一个经常会遇到的环节。然而，长期以来，我们对如何进行判断才能保证展览的质量，判断时应该遵循怎样的原则，缺乏系统的思考，也没有形成相对客观的标准。在一些场合，评价人并没有统一和相对稳定的考察点及标准，只得各自依据自己的个人理解。从实践的环节看，这种做法对提高展览质量是不利的。博物馆界应该通过理论探索和实践经验总结，逐渐形成相对客观的展览设计质量判断标准。这种判断标准，既涉及为设计提供一种方向性的指导，也是我们甄别与遴选优秀方案的重要依据。本文并不试图在这里建立系统的评价体系，而是针对目前存在的问题，向准备或正在筹建新馆的馆长们提供一些初步的思考和建议，作为他们判断展览设计方案质量的一种参考。

一

博物馆展示设计的质量判断与评价标准，关系到展览质量，也关系到博物馆能否履行其社会教育职责。如果我们在理论上不形成一个科学的、相对统一的评价体系，就可能出现以评价人的个人好恶或审美趣味来控制展览的情况。在展览建设的实际运作中，我们可以看到一些展览团队的方案得到很高的评价，但所建成的展览并不能忠实地实现博物馆的建馆目标，也不能得到观众的好评和喜爱。虽然我们并不否认在展览质量判断中不可避免会渗入个人的主观与情感的因素，但依然有许多必须遵循的客观标准。这种标准建立在长期实践经验的总结上，有助于帮助我们确定优秀的方案，从而保证展览的质量。所以，努力探索并建立起能最大限度保证展览质量的评价体系，使博物馆在进行判断与评价时做到有标准可依，是当前博物馆界一个迫切的任务。

这一点在当代信息定位型展览兴起的背景下显得格外重要,因为信息定位型展览评价的标准与传统器物定位型展览有很大的不同,展览能否准确贯彻和落实策展意图,能否有效地传达相关的信息,对信息定位型展览来说是核心的判断依据,同时也是传统博物馆展览不太重视的方面。与此同时,信息定位型展览在故事叙述中通常会采用情景再现的方式,这是一种与科学实证密切相关的展览技术,如果处理不当,会对观众造成误导,严重损害博物馆作为科学教育机构的权威性,这些也是传统博物馆展览中很少遇到的问题。这表明,随着当代博物馆展览理念与手段的更新,我们的评价标准也应该顺应时代的要求,做出相应的变化。

除此之外,还有一些展览建设应当普遍遵循的通用性原则,诸如观众与文物的安全性原则、展览设施的稳定与持久性原则、在保证质量前提下的经济性原则,以及日常运行中的便利与效率原则等,它们共同构成了我们判断展示设计质量的原则系统。博物馆展示设计的质量判断,应该是一个具有动态性的系统,会随着时代变迁而变化。以下若干方面是我们针对中国的现状提出的一些初步想法,希望能引起业界和学术界的思考,进而提出更周详、更有助于提高展览质量的评价体系。

二

从当代博物馆展示的要求及中国目前博物馆展示存在的问题看,我们认为,对展示设计质量的判断与评价,主要要考虑以下几个方面。

1.设计方案是否准确理解展示策划的意图,能否充分实现传播目的

随着信息定位型展览的兴起,展览的构成要素和欲实现的目标较之器物定位型展览有了重大的变化,展览建设的组织及程序也出现了相应改变。在这种类型的展览中,策展人欲传播的信息能否准确有效地传达给观众,或者说观众收益与策展动机的同一性程度,成为判断展览成功与否的关键,也是我们在展示设计中特别要注意的方面。正是出于这个原因,我们应该将这一点作为展示设计质量判断与评价的基本原则。没有这一点,博物馆展览就无法履行自己的使命,即便其他方面成绩不菲,观众还是无法达到参观的目的。

那么,怎样才可以判断设计方案是否准确理解和贯彻了策划的意图呢?涉及这一问题,我们的判断要考虑到以下几方面的因素:

第一,设计概念与主题的相关性。设计概念是展览总体审美风格设定的依据。构成展览的视觉要素是多方面的,包括光、色、材质、肌理、造型等。要使展览具有统一的审美风格,就需要借助一个统一的设计概念,对各种视觉要素进行统摄与整合。设计概念形成后,所有的设计元素都要服从设计概念。然而,这个设计概念并不是由设计师任意选择的,要使展览的气氛更接近展览的主题和内涵,更有助于观众对主题的理解,设计概念应该是在对主题理解的基础上抽象与提炼出来的。所以,设计概念是否能充分反映出策展所规定的主题内涵的精神气质,是判断设计方案是否成功的很重要的方面。如果设计概念所提供的视觉效果与展览主题内涵格格不入,会使展览的传播效果大打折扣。

第二,展览信息层次与空间构造。一个有经验的策展人会将欲传达的信息,根据其内涵及重要性,形成有序的层次结构,安排在合理的框架中。然而,这种用文字构建的结构,能否在特定的空间形态中忠实地甚至创造性地反映出来,也是我们判断设计方案对策展意图是否理解和贯彻的重要方面。一个优秀的设计方案,必须具备把展览的层次结构准确无误地传达给观众的能力,从而使观众在行走的过程中清晰地了解展览的不同层次及其关系。这对观众的理解是很重要的。如果设计师对策展内容的理解不够深入,就无法合理地安排相关的内容,展览会因层次混乱而使观众困惑。所以,展览的空间构造是否准确地反映展览内容的层次结构,也是我们判断的重要依据。

第三,传播重点与空间布局。博物馆是一种以空间形态为特征的视觉文化传达机构,展示设计的一个重要内容是将策展者用文字表达的内容用空间的形态呈现出来。观众进入博物馆后,通常会根据展览项目在空间的地位及光色的特殊性来判断其内容的重要性。所以,展示设计方案必须充分了解展览的重点,调动展示手段吸引观众的注意。只有这样,才能帮助观众抓住展览的重点,取得更好的收益。我们在方案质量的判断中,要充分注意到其空间布局、重点视觉营造与策划欲表达的重点是否吻合,是否能使观众了解展览的重点所在。

2.辅助展品的创作与制作能否符合学术的真实性要求

辅助展品的制作在信息定位型展览兴起后得到格外的重视,因为要向观众讲述一个完整和系统的故事,有时无法仅仅依赖实物,还需要通过情景再现还原真实的自然与历史现象。这种还原的现象往往会被观众当作事实来接受,所以,这是一个需要严格实证的技术环节。这一点还关系到博物馆的科学形象。博物馆是一个科学普及机构,应保证所传播的信息具有学术上的真实性和准确性。要做到这一点,关键要考察设计者是否具有查阅文献并进行实证的能力,能否通过寻找和研究相关的文献与材料,保证情景再现和其他辅助展品符合历史与科学的真实。这也是我们判断设计方案的依据之一。比如:如果方案中所呈现的是史前的某一人群,我们就要判断,人群的族属是否正确,这一族属的体质人类学特征是否准确,他们的头饰和服饰是否有据可依,他们的建筑及生活用具是否符合那个时代的特点,等等;如果我们要复原这一时期的生态,就要对相关考古报告进行深入的研究和统计,了解这一时期主要的植物构成、各类型的比例关系,并掌握其物候学与生态学的特征。只有当设计方案表现出良好的学术素养,并且其设计者通过有效的努力,使辅助材料的设计符合学术真实性的要求,才是我们应当选择的。

3.能否通过展项设计使展览变得易于理解,保证展览传播的有效性,使观众看得懂,看得明白

如果说器物定位型展览主要考虑的是欣赏,那么,信息定位型展览首先要考虑的是理解。信息定位型展览通常与一定的主题相关联,总是带有某种知识传播的使命。如果一个信息定位型展览只有良好的审美品质,而无法向观众提供相关的知识和信息,那么这个博物馆就没有很好地履行自己的职责。从目前国内的博物馆展览看,缺乏传播的有效性,观众看不懂,是最大的问题。

观众看不懂展览,可能有多方面的原因。以下几点是我们在评价设计方案时应该加以注意的:

第一,是否准确和合理地将策展内容转化为展览项目。与书本的文字阅读方式不同,博物馆展览的传播媒介是以实物为核心的三维形象体系。展览设计师一个重要的任务是将用文字表达的信息转化为具有一定空间形态的

展览项目。这些项目可能是情景再现,可能是虚拟现实,也可能是一个互动装置。表达方式的选择与展览的传播效应有直接的关系。如果我们的表达方式选择得当,展项设计合理,相关信息就变得容易理解,如果能将有些抽象的内容转化为有趣的游戏装置,那就会对观众的理解大有助益。例如,墨西哥经济博物馆将早期社会的"物物交换"和当代社会的"通货膨胀"制作成游戏装置,当观众结束游戏时,就很好地理解了这些较抽象的经济学概念。①　相反,如果展项设计不合理,观众无法通过参观或互动理解展览所欲表达的意思,展览的传播目的就难以实现。

　　第二,所选择的表达方式能否有效地实现传播目的。如果处理得当,一些高科技的展览项目会具有很好的传播效应,同时也会使观众觉得新鲜有趣。然而,并不是所有的高科技项目都会带来良好的传播效果。我们必须认识到,帮助观众理解展览内容是展览设计最本质的任务,只有当项目的设定有助于观众的理解,它们才是有意义的。相反,如果为了某种噱头而滥用高科技的手段,不仅浪费了钱,还会使观众的注意力游离于主题之外,降低了展览的传播能力。所以,考察所选择的表达方式与观众理解的相关性,是我们判断设计质量的重要环节(曾看见一些投标书将"是否运用了高科技的手段"作为质量判断的一项标准,其实有许多展览并不需要采用高科技的表达手段)。在这方面,一个常见的问题是,设计师为了迎合评价人,过分追求表达的新颖性和趣味性,至于能否实现传播目的,则很少考虑。这种做法或许会暂时迎合了某些好奇的心理,但对于展览传播目的的实现是一种伤害。

　　第三,是否对各种展览要素进行符合认知心理的有机组合。这也是关系到展览理解的重要方面。博物馆展览是极少的让人们在站立与行走中学习的场所。在阅读图书时,事件发生的时间顺序通常是用页码来规定,随着页码变大,时间由先往后地流逝,事物间的因果关系也显现出来。如果你看得不够明白,你还可以翻到前页再一次阅读。而在博物馆展厅里,这种逻辑关系无法用页码来规定,是通过一定的空间关系呈现的。所以,展项的空间位置与内容的逻辑有密切的关系,如果摆放的位置不当,展览内容的逻辑关系

---

　　①　墨西哥经济博物馆是近年来一个有说服力的案例,其设计并制作了40多个世界上独一无二的媒体展览,用来同步说明博物馆展品要传递的经济概念。经观众反映,原先在课堂中不易理解的经济学概念,如套汇交易、担保契约、通货膨胀等,借助有趣的游戏装置,变得易于理解。

就会变得混乱,观众将不知所云。与此同时,观众的参观是一个颇费体力与精力的旅程,在行走的过程中,他们通常只会将紧挨在一起的物品及信息联系起来。要让他们迅速了解某一展项的内容,就必须将相关的展览要素,包括实物、造型物和信息传达装置,紧密地结合在一起,最好是呈现在一个完整的视域中,共同作用于观众的多种感官,使观众清楚地意识到它们之间的关联性。如果把阐述同一个内容的展览要素分散在不同的地方,观众就无法将它们联系起来,从而无法得到有关这一内容的完整信息。

博物馆传播是很细腻的工作,大到总体平面布局,小到一块图文板,都涉及认知心理的问题。只有每个环节都符合观众学习的要求,展览才会真正变得易于理解。

4.能否保证展览具有引人入胜的视觉效果、良好的空间构造感和逼真的现场感

无论作为非正式教育机构,还是作为视觉文化传达机构,博物馆都应要求其展览设计具有吸引观众的视觉外观和良好的审美品格。对于一个非正式教育机构而言,对观众的参观驱动主要来自引人入胜的视觉效果;对一个视觉文化传达机构而言,审美更是其必须具备的品质。所以,良好的视觉效果是我们判断展览设计质量的依据之一,也是展览设计获得成功的必要前提。当然,正如我们在前面所说的,博物馆设计所产生的视觉效果并不是一种纯粹的审美,它与主题的揭示,与传播的效应具有密不可分的关系,所以我们在判断设计方案的审美特性时,必须注意到这一特点。从目前的展览设计看,让展览的审美品质脱离展览的内涵,并凌驾于展览的科学性和传播性之上,是普遍存在的问题。我们认为,从博物馆的性质及其所履行的社会使命看,博物馆的审美品质虽然有独立的价值,但不能脱离传播目的。良好的审美应该不仅使观众保持积极和愉悦的心情,而且有助于他们对展览的理解。我们的观点是,在审美与科学性、传播性发生冲突时,前者应该服从后者,这也是展览评价中应该注意的。

与其他传播媒介相比,博物馆展览最具特色和优势的是其空间构造,从某种意义上我们可以说,博物馆就是一种用立体方式进行表达的传播机构。所以,展览设计方案能否在这方面表现出博物馆的特色,能否营造出明确的空间构造,也是我们判断方案质量的重要方面。如果一个展览主要依赖于顺

墙而走的二维材料，或者过分倚重影像资料，呈现出一种线型的和平面化的样式，那它就成为一本站着的画报或一种特殊影院，博物馆展览的魅力与特色，甚至它生存的理由，都会受到质疑。

此外，展览设计是否能营造出良好的气氛和逼真的现场感，也是我们在判断中应该加以考虑的。在互联网时代，信息的传播快捷便利，如果缺乏身临其境的现场感，许多人就满足于从互联网获得信息。实物的佐证、时代的气息和逼真的现场感，是博物馆展览具有永恒魅力的奥秘。①

5. 能否为观众提供良好的参观环境，能否通过贯彻人体工程学原则体现对观众的人本关怀

优秀的展览设计，不仅要考虑如何贯彻策展意图，帮助观众更好地理解，还要在空间的营造上，为观众提供一个最佳的参观学习的场所，使观众在生理与心理上保持轻松和舒适，以便将更多的注意力放在展品与信息上。涉及这方面，以下诸方面需要引起注意：

第一，在总体平面布局中，是否保证为观众提供顺畅、明晰的参观流线，在这条观众流线中，有没有出现交叉、重复或缺漏，观众是否存在在行走中举棋不定的困惑；展览通道的宽度也是保证观众舒适参观的必要条件。②

第二，在展览设计方案中，是否根据人体工程学的原则确定合理的陈列带，展项的位置、高度是否适宜，有没有出现观众必须以不自然的姿态才能观看的地方，文字的大小是否适合正常视距下的阅读，观众会不会因灯光的照射而感觉不适，设计中有没有使某些人产生眩晕的地方，如大量采用圆形或弧形玻璃，大量采用高反射材料，或因灯光照射产生的重影，等等。

第三，是否考虑到尊重观众的自主性，体现当代博物馆的民主意识。一个优秀的设计，会努力淡化各种带有强制性色彩的标识。一些博物馆甚至避免直角带来的专制意味。如果设计方案具有这种意识，那么巧妙的设计会帮助形成自然的参观线，使观众毫无被控制的感觉。与此同时，优秀的设计要防止过分沿墙安排展项，这会使观众像螃蟹一样侧身行走，是一种令人不愉快的体验。

---

① 参见严建强：《计算机网络时代博物馆展示的传播与体验》，《中国博物馆》2004 年第 1 期。
② 根据弗德利希·瓦达荷西的观点，通道宽度的设定可参考以下数据：一个观众行走时最小的通道宽度为 66 厘米，两人并行时为 120 厘米，两个成人携带一名孩子时则为 210 厘米。

第四,是否为观众留有选择的余地。虽然我们强调为观众设计合理的路线,并希望观众能走完全程,但这种希望并不能成为一种带有强制意味的命令。有些观众会出于各种理由而中止参观,优秀的设计方案应该为他们留有选择的余地,以保证他们在需要的时候能不费力地离开展览空间,而不是必须走完全程后才能离去。

第五,设计方案是否考虑到为观众提供恢复体能的场所,有没有为观众提供必要的休息设施。

第六,设计中有没有考虑适合轮椅行驶的无障碍通道。

6.能否保证展览参观中人与物的安全

在展览设计中,一个特别重要的方面是观众与展品的安全。观众的安全是至关重要的,是设计师必须首先要考虑的,这里主要包括以下几方面:一是各种设备的固定必须是坚固和稳妥的,绝不能出现展览设施坠落或倾倒造成人员伤亡的情况;二是材料的环保性,设计时必须保证采用最具有环保效应的材料,以避免环境污染影响观众的健康;三是迅捷的逃生通道,以便观众在火灾时能迅速转移;四是防止出现等高线无警示地骤然变化,或者地面材料太滑,造成观众的意外损伤。考察方案中的相关措施并做出分析,是我们判断设计质量的一个方面。

展品的安全,尤其是实物展品,也是设计师需要特别重视的。在设计或选择展览设施时,要强调展品的保护学要求,尽可能减少光、热、紫外线、湿气等的影响,要注重展品的防火与防盗,这些都要求我们在确定方案时,要十分注意考察设计师的展品保护与防范的意识。在布置展品时必须保证有足够的稳定性,各种支持性材料与结构必须具有足够的强度和牢度,必要时可增加防震措施。设计方案必须考虑中国的国情,这突出表现在两个方面:一方面要注意空气的质量,虽然有许多国家的展览采用露置的方式,使观众觉得亲切,但中国空气中的大量粉尘不允许我们这样做;另一方面也要考虑参观中可能发生的损坏性事件。基于这两点,我们对露置的展览要慎而又慎。

一个评价人必须牢记,在展览设计中,观众的安全是第一位的,展品的安全是第二位的,之后才是展览的效果,这一点很重要。

7.能否保证展览设计为日常运行和管理提供便利

博物馆的陈列,尤其是基本陈列,需要保持很长的时间。有些设计方案注重眼前的效果,很少考虑展览日后的可持续性及日常的运行与管理。这样的设计在开馆后会让管理者头痛不已。他们不得不每天面临大量的维修费用,也为可能产生的隐患感到忧虑。鉴于此,我们在选择和确定设计方案时,必须考虑到以下几点:①展览设备的牢固、稳定与耐久性;②展览设施具有可扩容或内容变更的适应性;③展览设施维修时能保证展览故事线基本不断,不至于过分影响观众的参观[①];④顺畅和便捷的维修口;⑤良好的监视视野。

8.能否具有更好的性价比

虽然现代博物馆展览建设需要花费大量的资金,但性价比依然是我们判断设计质量的重要依据。这并不是说展览建设的总造价,而是考察相对于这样的展览项目构成及其效果,所花费的钱是否值得。展览的造价主要是由展览项目的复杂程度决定的。如果设计师能采用简单的项目就能很好地说明展览的内容,使观众有很好的理解,那就不要用复杂而昂贵的项目。

9.能否保证设计的清晰表达与可操作性

设计图本身的表达也是我们在判断时要注意的。一个优秀的设计方案应具有完整、清晰与准确的品质,具有实施的可操作与可实现性。这里可能会出现问题,设计师为了中标,对效果图做了迎合评审人的技术处理,如利用广角的效应使设计图显得广阔而有气势,或将光效做到绝对的纯净。然而,当这些设计图通过施工转变为现实时,一切问题都暴露出来了。这就要求我们在评价设计方案时,要从可行性和实际效果方面进行考虑,要能够从设计稿中看出实际的视觉效果。只有具备了这种能力和想象力,我们才不会被当代电脑制图技术所迷惑,从而选择出诚实的、具有良好操作性的方案。

上述几点是我们针对现状觉得有必要特别强调的一些方面,可能远远没有概括到展览设计评价的各个方面。之所以写下这些想法,是希望起到抛砖引玉的效果,引起博物馆界的关注,展开充分的讨论,进行更深入的思考,从而总结出更全面、更有效的评价指标与体系,使博物馆展览质量得到更有效的保障。

---

① 鉴于高科技的新媒体容易出现技术故障,展览设计中最好能提供预备性方案,防止故事线中断,保证在这种情况下观众依然能进行参观。这也是我们判断设计方案质量的一个方面。

博物馆观众研究述略

博物馆观众研究的内容是由各博物馆为解决实际存在的问题而提出来的，从目前的情形来看，博物馆观众研究的内容大体可以分为三个方面：观众类型（特征研究）、观众行为（心理研究）、观众活动（反应研究）。

一、观众类型研究

观众分类是博物馆认识自己服务对象、确定和调整自己活动内容以及判断自己工作效益的基础性工作。因为博物馆观众并不是一个同质的统一体，而是由兴趣、动机、教育程度和文化背景不同的许多异质的亚群组成的总和，各种亚群都有各自的集体性倾向。这就要求博物馆突破那种把观众视为铁板一块的传统观念，从实际工作出发，对观众进行类型研究。

观众分类角度是多样的，地域、年龄、教育程度等都可以作为分类指标。

以地域为分类指标，可以把观众分为基本观众、旅游观众和外国观众。基本观众是指来馆参观的来自博物馆所在地的人们；旅游观众在这里是指本国旅游观众，他们不居住在博物馆所在地，而是以旅游者的身份来该地观光（出差、探亲、访问等）；外国观众是指非博物馆所属国的观众。不同地域的观众的目的、动机和兴趣不同。对基本观众来说，除了解自己城镇的历史文化和自然环境外，还希望了解外部世界，了解当代社会的新成就。在参观了反映本地情况的基本陈列之后，他们会将兴趣主要集中在临时展览、巡回展览和交换展览上。他们比较重视陈列内容的变化和更新。对国内和国外的旅游观众来说，他们感兴趣的是展览反映的该地的历史渊源、地方文化特征、民情风俗和土特产等。尤其对外国观众来说，浓郁的地方文化特色是最具魅力的。

以年龄为分类指标，大致可以把观众划分为少儿观众、青年观众和老年观众（也可以分得更细）。这三类观众对博物馆的要求也有很大分歧。少儿观众精力充沛,有强烈的介入意识,对色彩、光和运动表现出浓厚兴趣,但他们缺乏理解实物的"无声语言"和将实物转化为抽象概念的能力,注意力不专一;青年观众一般学习意识较强,对陈列的知识性要求较高;老年观众有较丰富的生活阅历,容易产生联想和回忆,但注意力不易长久集中,容易感到疲劳。美国密尔沃基艺术博物馆在调查后发现,在展览厅的空间设计方面,老年观众需要一个休息和恢复体力的地方,而少儿观众则需要一个消耗精力的场所,否则他们都无法继续参观。

以教育程度为分类指标,可以将观众分为普通观众、学生观众和专家观众。普通观众的情况是复杂的,但比较起来,从总体上看,往往满足于一般性浏览,没有特别明确的动机,对陈列的体系往往没有太大的兴趣,容易被展览把握力所控制,注意力较多分布在外观吸引力大的展品上,重视陈列的娱乐性和趣味性,如果不是因为习惯,一般不愿阅读较长的文字说明。学生观众一般重视陈列的传播能力,强调陈列的系统性,要求层次分明,主线清晰,其中有一些人会详细阅读文字说明,甚至做记录。专家观众往往带有较具体的目的,一般不是浏览性的,而是集中在有关的项目上。他们对展览的把握能力和传播能力都不重视,他们感兴趣的是从三维的角度来看实物,以弥补日常研究中的不足,还想了解关于展品来源的背景材料。

从博物馆材料的利用形态来看,我们可以将观众分为隐观众和显观众。隐观众是指通过非陈列的其他大众传播媒介——出版物、电影、电视等,间接地从展品中获取信息的人们。在一些博物馆也加入公共电视网络的地区,这类观众的数量是很可观的。显观众则是直接通过观看陈列获得知识和娱乐的人们。隐观众一旦有机会便会在很大程度上转化为显观众,因为二维形象材料和文字材料的不切实性往往会激起他们对三维实物的向往。隐观众是非观众向显观众转化的重要环节,以隐观众为中介的观众往往目的性较明确,兴趣也较大。

以观众对陈列所表达的内容及其方式的兴趣为依据,荷兰国立民族学博物馆馆长波特确定了三类不同动机的观众:以审美为动机、以浪漫主义和躲避现实为动机,以及以学习和求知为动机。按照波特馆长的观察,以审美为动机的观众渴望体验美,他们要求设计精美的展示,用最能打动人的方式来安排量少质优、富有艺术价值的展品,并配以淡雅的背景;浪漫主义或躲避现实的观众渴望暂时离开日常世界,要求把一系列因其纯粹的人文特征而能激发人们兴趣的展品用一种能使它们与所反映、所表现的世界融为一体的方式来陈列,在这种陈列中应当表现出人的形象,而且要尽可能地自然;以学习和求知为动机的观众要求纲要式地布置陈列,由文字引导,使他们逐步地掌握各种知识。

最近,英国的罗杰·S.迈尔斯又做出一种分类。他在理论上把观众分为三类。①实际观众(actual audience),这是指实际来到博物馆参观的那些人;②潜观众(potential audience),这有两种情形,在一般的公共博物馆,它包括全体社会成员,在一些专门性的学术博物馆,其潜观众往往被限定在一定的范围内;③目标观众或期待观众(target audience),这是指博物馆举办陈列时假设确定的主要服务对象,陈列的内容安排与所需的理解水平主要以他们的愿望和程度为依据,吸引他们是陈列的主要目的。这种分类对博物馆确定教育目的和判断教育效果具有实际的价值。通过实际观众和潜观众的对比,我们可以得知博物馆教育的广泛程度,它在社会上产生的影响;通过实际观众与目标观众的对比,则可以验证博物馆对教育对象和内容确定的适应性。

除了上述几种分类,还可以有其他的分类方法。比如,以参观状态为依据,可以把观众分成一般团体观众、教育团体观众、旅游团体观众和零星的个别观众,如果以观众身体状态分,则可以将其分为一般观众和残疾观众。

每一观众类型都有它相对一致的倾向,而某一具体的观众又往往是某几种类型的综合。通过建立在观众类型研究基础上的分析和综合,我们就可以比较深入和具体地把握社会观众的特点与要求。

二、观众行为研究

我们在日常生活中对观众的心理与行为的"理所当然"的估计和认识,往往被进一步的观察和研究证明是错误的。我们必须用对观众行为-心理研究的结果取代我们的先入之见,否则便不能保证陈列设计和博物馆教育的充分有效性。

博物馆观众行为-心理研究有许多尚待探索的领域。这里只简单地谈谈习惯性行为、心理反应以及博物馆疲劳。

1.习惯性行为

一方面,博物馆是一种特殊的教育机构,它要求人们在站立和行走的交替运动中通过观察和阅读来获取知识,这种学习方式与我们日常的习惯很不一样;另一方面,观察表明,大部分观众参观博物馆时所表现出来的行为特征具有相对一致的倾向性。这就告诉我们,博物馆观众行为有其独特的内容,应当得到专门的研究。

参观过程是一个在行走中观察的过程,所以我们可以将注意力集中在构成这一过程的两个主要因素——行走和观察上。

行走这种躯体位移运动的研究,我们可以称之为定向与位移运动研究。观察和研究表明,我们对观众定向与位移运动特征的一些认识是错误的。例如,在美国,传统的看法理所当然地认为观众的位移是以顺时针方向进行的。按照这种观点,耶鲁大学皮博迪自然史博物馆设计了一个关于动物生活的进化展览。设计规定观众应直接进入入口处前方的无脊椎动物进化厅,在完成一个倒 U 形行程后,再向左转,进入低级脊椎动物进化厅,然后,观众必须在展厅另一端转入哺乳动物厅,最后进入灵长类厅,在主要入口外结束参观。然而,事实与预期的正相反,一般观众在主要入口处向右转,然后用颠倒的顺序观看陈列。耶鲁大学的观察表明,进入展厅的观众 70％是转向右边的,他们常绕过左墙上的陈列品。宾夕法尼亚艺术博物馆的观察也曾表明,82％以上的观众先向右转,而不是向左转,置于入口左边的展品比直接放在右边的较少受到注意,如果出口沿右墙设置,大多数观众(超过 60％)不愿意走完整个展厅,而只是在走向出口时对剩下的展品仓促地瞥上一眼。这种偏爱右边的倾向可能与美国的交通规则有关——如果不是在美国,情形可能正好相反。此外,观众在位移运动中还受到日常生活中培养出来的习惯性经济原则的影响。在参观过程中,他们往往不自觉地选择最短路线。

对观察行为的研究可以称为视运动研究,这类研究也已在一些国家开展起来。一些研究者的工作表明,眼睛喜欢在视区外进行跳跃(游览)和静止(凝视)两种形式的运动。大部分受试会首先凝视所看材料的上方某一点,然后将视线移向视区中心的左边。因此,设计布置美术展览可以把起点放在相应位置上,以使观众在一开始观看时视线就能很集中。一些实验还证明,视区的边缘部分对明亮的色调极为敏感。因此,应当在一些重要的部位保持明亮色调,而在视区的边缘使用深色或中性色调,以帮助控制观众专注于展品本身。眼球运动的速度也受色调的影响,需要眼球慢速运动时可使用反差大的色调。

对观众位移运动和视运动的研究,为博物馆建筑设计、陈列布置和展线安排提供了有利的资料,并能够帮助我们纠正错误的认识,使观众的参观行为更便利,更自然,也更符合习惯。

2.心理反应

如果我们承认博物馆基本上属于一个公众教育机构,那么,参观陈列的过程便是一个主要依赖视觉,并辅以听觉、触觉等其他感官的共同作用,通过观察、阅读、听讲或者操作等活动接收、加工和记忆信息的认知过程。现代心理学的知觉研究表明,知觉过程明显地受到心理反应(情绪、心境等)的影响。

博物馆应当考察环境和陈列的各种因素与观众的情绪、心境的关系,以及这种情绪、心境对认知活动的影响,保证环境和陈列的各种因素及其组合方式能适应观众认知和欣赏的心理学要求,克服各种心理障碍,由此增强观众学习的兴趣、驱力和效果。

在无意识状态下,环境和各陈列要素及组织方式以及其他辅助性技术对观众产生的情绪和心境的影响是多种多样的,其中有积极的,如平静、均衡、愉悦、兴奋和冲动等,也有消极的,如紧张、厌烦和恐惧等。消极的心理影响会造成观众心理上的压力和障碍。观众心理研究的任务一方面要保证和调动积极的心理影响,另一方面则要了解心理障碍形成的原因,并指出有效克服的方法。麦克卢汉博士曾谈到在一些博物馆参观过程中出现的一种他称为"博物馆感觉"(museum feeling)的心理状态,他解释说:这是一种当你一走进那些笔直的小道和里弄时便笼罩着你的幽闭恐怖(clithrophobia)和精力衰竭症。当你进入一个持续相连的空间——视觉空间世界,你会很快地发现有一种令人疲乏的感觉向你袭来,因为那里没有可供参与的东西。

观众研究还应指出参观过程中会出现的心理错觉,并提供消除错觉的方案。麦克卢汉在美国和欧洲的一些博物馆所进行的观察表明,在观众参观过程中有一种他称为"资料定向"(date-oriented)的现象。"你可以发现一个人走近一件展品,不经意地看一眼,读一读标签,加上草率的一瞥,然后又继续朝前走了。他们没有真正看到任何东西,因为他们被'资料定向'了。他们认为自己已经获得了那件展品的答案了。"这位博士建议,要克服这种心理错觉应当建立一种提问的机制。帕尔森也有同感,他认为叙述性的说明文字可以用提问的方法来表达,形成一种"自助型"的展览方式。

营造一种亲切和睦的气氛,满足观众的要求,有助于增强参观兴趣。如果考察一下观众的意愿,我们可以发现,在观看时希望触摸展品以体验实在的质感是一种带有普遍性的倾向。麦克卢汉指出,触摸行为对于和电视机共同成长的一代人来说是非常重要的课题。他们从孩提时代起,已接受了电视图像的陪伴,现在需要从深度方面来处理事物了。在一些国家,"不准触摸"的牌子开始被取下来了,还有些博物馆鼓励人们的触摸行为,并专门举办"手摸展览"来满足观众的需要。

3.博物馆疲劳

"博物馆疲劳"(museum fatigue)这一术语可以概括博物馆观众在参观过程中所产生的体力疲惫、精力衰竭、注意力涣散的现象。这一现象是许多观众中止参观或者漫不经心随意浏览的一个重要原因。这一术语出现后,人们逐渐开始注意观察观众的疲劳现象,竭力予以理论上的说明,并寻求各种实际解决的方法。

疲劳的原因是多方面的,其中的许多至今并没有探明,它大致来源于环境、建筑和陈列三个方面。环境因素主要是空气浊度太高和噪声;建筑因素则包括陈列空间的分割和组合形式不合理或过分单调,楼屋过高,地面材料过分坚硬、光滑等;陈列因素涉及的范围更广,例如,展品位置不符合人类工程学的要求,陈列密度太高,采光和色彩安排不适当,以及最重要的,缺乏气氛和交流,观众无法"投入"和"参与"。博物馆疲劳是一个很复杂的问题,限于篇幅不在此赘述,拟另行文讨论。

三、观众活动研究

上述两项研究是对观众进行的一般性研究,而在这里,研究工作变得具体化,也个性化了。它要考察的不是观众整体的倾向性,而是某一群观众在某一博物馆的活动情况以及对某一陈列的反应和评价。这些反应和评价是调整与改进陈列或其他博物馆活动的最直接的反馈信息。如果说前面的研究试图解决关于观众的一般性理论问题,那么,在这里,基本的理论和原则被应用于实际的考察中,用以解决某一博物馆存在的具体问题。

观众活动研究需要考察的内容包括数量和质量,空间分布状态,时间的分布状况、规律及其使用状况,以及观众在陈列区的注意力分布状况等。

观众数量是指入展或购买门票的实际人数,其统计方法是多样的,有的博物馆在旋转门上安装自动计数器,有的进行随机抽样得出大约的平均值;观众质量包括观众的主要构成、各种类型的比例,这些都可以利用标准调查问卷得知。对观众数量和质量的考察,最好不要仅仅局限在博物馆内,而应通过广泛的社会调查,以了解博物馆参观在整个文化生活中的地位。

空间分布状态包括入馆人员中进入陈列区(美国佛罗里达自然历史博物馆将在陈列区停留 3 分钟以上人员列入进入陈列区人数)与没有进入陈列区人数的比例,以及各展室观众分布状况。比如,1971—1972 年诺里奇城堡博物馆的一次调查表明,在一年所有的时间里,该馆自然史部的参观人数最多,其次是考古部和美术部。

对时间的分布状况、规律的研究包括日观众分布状况、月度或季度分布状况及年度分布状况等,通过各种分布状况的比较可以了解观众参观时间的一般规律。例如,英国朴次茅斯市的博物馆在调查后发现,日观众最集中的时间是晚上 8 点。这种一般性倾向或规律是我们判断陈列吸引力的参照之一。把从一般性倾向中概括出来的理论规律和实际进行比较,可以帮助我们避免被假象所迷惑。比如,在杭州,每年 5 到 10 月为旅游季节,这段时间的观众量相对会大一些,但不能由此得出该陈列特别成功的结论,只有该陈列观众的实际数量超过理论数量时,才能判断该陈列吸引力较强。时间使用状况是指观众在陈列区观看陈列所耗时间的量及其与其他活动所耗时间的比例。例如,大英博物馆的观察表明,在所有参观者中,参观时间在 2 小时以下的为 75%,1 小时以下的为 43%。

即便观众在陈列区内所耗时间超过最少需耗时间,甚至最适需耗时间,也不能证实其参观的有效性,因为在这段时间里,他不一定把注意力完全集中在陈列上,这就有必要对观众的注意力分布状况进行观察。美国佛罗里达自然历史博物馆在观察中区分了五类注意点:陈列注意点、环境注意点、自己团体注意点、他人注意点和自己注意点。观察表明,在一个小时之内,陈列注意点的平均值约为 60%,环境注意点的平均值约为 19%,自己团体注意点平均值约为 15％,他人注意点平均值约为 4％,自己注意点平均值约为 2％。可见,实际参观陈列时间约为陈列区所耗时间的 60％。

通过现场对时间使用状况和注意力分布状况的考察,我们可以对陈列的把握能力有一个大致的了解。但对陈列的把握效应的判断——它在怎样的程度上满足了观众的学习和欣赏要求,仅凭外部的观察还是不够的。为此,博物馆要进一步掌握观众的反应与评价,这种反应与评价作为反馈信息,对陈列的调整与改善具有更为实质性的意义。

观众对陈列的反应与评价,可以有两个不同的层次。第一个层次是总体反应与评价,这是指陈列的内容和形式给予观众的整体性印象,包括陈列内容的适应性、易理解性,陈列内容与形式的关系,以及陈列的感染力等。在一般的调查问卷里往往有这样的内容:"陈列题目……是易于理解的( );可以理解,但过于复杂( );使人迷惑( )"或"你觉得该陈列……很有趣( ),一般( ),没意思( )"等等。这些都是在征求观众的总体反应与评价。

第二个层次是观众对各陈列要素与技术(包括展品、文字、辅助材料等的设计和安排)的反应与评价。对展品评价的结果,有时是设计人员无法预料的,它与展品质量以及观众理解有关。关于陈列中说明文字的作用是博物馆界长期争论的问题。事实上,最有资格做出结论的应当是观众。开罗观众曾抱怨科学博物馆文字说明太多了,他们说自己不是为看书而来的。加拿大观众则要求说明标签提供更多的资料,但要处理得更明白易懂。为了判断说明文字的易理解程度,一些博物馆采用了以完形心理学原则为基础的填充测验法和"雾障法"。这些反馈信息很快就成了抉择或改善的依据,也有一些成为总结性资料,作为未来设计的参考。

观众研究的意义已被各国博物馆事业发展的实践所证明。总体来讲,它表现为三个不同的层次。首先,对观众的社会分析和博物馆在人们文化生活中地位的研究,可以对政府的文化政策产生影响,为博物馆的总体规划和发展方向提供意见;其次,对观众类型、观众行为-心理特征和参观活动的研究成果可以帮助各博物馆更科学地制定工作计划,布置陈列和开展各种活动;最后,对观众反应与评价的反馈信息的收集,可以直接或间接地协助陈列的调整与改善,保证陈列在更大程度上符合观众要求,使观众在参观过程中获得更大的收益。

"博物馆疲劳"及其对策

自"博物馆疲劳"(museum fatigue)概念出现以来,在开展博物馆教育,尤其是在布置陈列方面克服造成疲劳的因素,一直是博物馆实践活动的目标之一。

一、"博物馆疲劳"的含义

所谓"博物馆疲劳",主要指观众在参观过程中逐渐出现的精力耗竭、注意力涣散、认识活动机能衰退和产生疲劳感的现象。从生理学的角度来看,疲劳的原因包括力源消耗、生理化学机理变化、疲劳物质积累和中枢系统的变化等。其发生的次序往往先是中枢神经系统疲劳,随后是反射神经系统疲劳,使注意力的集中度和灵敏度降低,这之后则是肌肉的疲劳。就像斯考滕描述的现象:脑袋像塞满棉絮一般昏沉,腿仿佛铅锤一般沉重,脚踝又酸又疼。[1]

疲劳的产生不单是生理活动的结果,往往也受到心理条件的严重影响。心理因素引起的疲劳往往叠加于由生理因素引起的疲劳之上,使人不但感到体力不支,而且心情不安,情绪不稳定,甚至出现畏惧心理。

博物馆疲劳是妨碍观众继续参观的重要因素,并且不利于参观的学习效果。博物馆应当通过自己的努力,尽可能避免参观造成的观众的视力、身体的损伤和精力衰竭,增加有效陈列注意力,延缓疲劳发生,降低疲劳的程度。要达到这样的目标,首要的任务是探寻造成疲劳的各种因素。我们在这里主要从环境、建筑和陈列三方面进行考察。

---

① 弗朗斯·斯考滕:《心理学与展览设计简述》,许杰译,《中国博物馆》1988年第1期。

二、环境因素

博物馆作为一个学习场所,需要有一个安静的环境。无论是室内还是户外,声音超过一定分贝,必然会分散观众的注意力。在日常生活中,那种持续的低沉的隆鸣声很快会使我们昏昏欲睡,偶尔的尖利声音则使我们心情变得紧张和焦虑。室内噪声的产生与建筑设计,尤其是与地板材料有关,我们将在建筑因素部分讨论。而在那些人口集中、交通繁忙的闹市区的博物馆中经常能感受到的噪声,则属于环境因素的范畴。在这种场合,必须采取相应的隔音措施。在有条件的地方,可以开辟一个与交通干线相分隔的空旷的广场,也可以修筑一道帮助隔音的屏墙。此外,还应在建筑主体的材料选择上考虑墙体的隔音效果。钢筋混凝土因为隔音效果不佳而受到批评。布鲁诺·马拉乔里曾谈及两种隔音方法:一种是将软木条镶嵌在壁内,在墙上涂一层石棉、云母或木浆;另一种较新的方法是利用塑料和玻璃棉的合成树脂板。

降低环境质量从而使观众易于感到疲乏的另一个因素是空气过分混浊。在那些靠近工业污染源的地带,空气中夹杂大量有害物质及其刺激性气味,如煤焦油、硫黄等,空气中的有害成分大大超出正常值。这不仅会影响展品的保护,而且也有损于观众的健康。空气混浊的另一个原因则是观众在参观过程中呼出的二氧化碳,尤其是在采用人工照明的封闭空间中。教育心理学的实验表明,学生在教室里注意力下降与空气浊度的增长有关。这一点同样适用于博物馆教育。要在这方面提高环境质量,除了在选址方面要更谨慎外,还应环绕博物馆建立一道能起过滤作用的绿色带,以及加强室内的通风,以保证展览空间空气的纯净和新鲜。

三、建筑因素

从建筑的角度看,可能导致和加剧"博物馆疲劳"的因素包括楼层、展览空间的分割与组合形式、采光方式、室内装修,以及地面材料等。

将展厅设在较高的楼层上,或者将展线沿楼层依次上升设计,都会不必要地耗费观众的体力,对年老体弱的观众来说尤其如此,在后一种情形下还可能中断展览内容的连续性。所以,博物馆应当避免这两种做法。

展览空间的形状分割,在我国一般都是采用矩形。这一方面会带来一种千篇一律的单调感,另一方面,直角对观众来说带有某种强制的意味,会对观众心理产生消极的影响。许多博物馆采用一种对观众而言更轻松自由,也更民主的方式,即通过临时性的空间处理,创造出在形状上丰富多样的展览空间。同样,展览空间组合也应坚持在统一性前提下的多样化原则,以克服单调和困惑造成的观众心理上的倦怠。例如,如果在一笔直甬道的一侧重复安排展厅,使观众反复地按某种单一的方式出入,就会出现上述的现象。另外,两展室也应防止那种能互相对望的所谓"套筒"式组合,它会给观众带来一种杂乱、无序和不安全的感觉,从而分散了注意力。在展览空间处理方面还应注意提供休息的场所,并利用"透明"的部分"借用"户外幽美的自然景色,以克服持续封闭空间带来的压抑和沉闷,使观众保持持续的新鲜感。

在自然采光的条件下,造成视觉疲劳的因素有以下几方面:一是投射在橱柜玻璃上的强烈的自然光,尤其是观察空间的亮度超过展示空间的亮度而造成的眩光;二是在跨度太大的情况下过低的照度;三是骤然的明暗转换造成的不适应。在人工采光的场合,最重要的是防止过分突出的光源刺激眼睛,故灯具口应采用防止眩光的挡板或其他控制设施。

观众注意力在展室分布状况的调查表明,观众有一部分注意力是分布在建筑环境上的。如果这个部分的比例过大,就表明展室内有所谓的"视觉噪声",这一点与室内装修有很大的关系。一个高质量的展览空间应当能把观众的注意力全部引向展品,而建筑本身则不应当成为吸引观众注意力的因素。要做到这一点,必须克服两种倾向。一种倾向认为,既然展室中最主要的是展品,室内装修的质量无关紧要,因而粗制滥造。事实上,这种视觉上不雅观、不愉悦的东西恰恰最能摄取人们的注意力,因为观众对丑也是很敏感的。另一种倾向是过分讲究室内的装饰效果,甚至出现与展览空间无关的东西,这会喧宾夺主,分散观众的注意力。与室内装修有关的另一个问题是如何安排展壁的基本色调。传统的观念认为白色意味着无色,最适宜于作为展览墙面的基调。但实验表明,白色在照度较高的展览空间内对眼睛有刺激作用,并且会一定程度地改变展品的特征,比如,会使古典绘画的画面看上去比实际更为黯淡。选择墙面色调,一方面应服从陈列主题和内容,另一方面也应从防止疲劳的角度考虑。大面积高色价墙面无疑会造成心理上的紧张感,色调的骤然变化也会给观众心理造成压力。所以我们应当选用柔和的中性色调,色彩变化最好在同一色调的不同深浅处展开。

　　建筑因素的最后一点,然而却是非常重要的一点,是地面材料。博物馆学习是一个在行走中展开的过程,地面材料无时无刻不对观众的参观发生作用。地面材料可能导致疲劳的因素包括:质地过分坚硬、平滑,如水磨石,会使行走者产生一种紧张的和不安全的感觉,尤其是当它处于潮湿的状态时;此外,质地过分坚硬还易于发出声响。我在韩国参观过一座博物馆,展线中间是突出的梯形金属板走道,当观众行走其上时,不时会发出划破博物馆静谧的、令人厌烦的声音。地面材料的选择还应考虑其折光率,较高的折光率会加剧展室的眩光。最后,还应注意到,有些材料,如橡胶,会发出难闻的气味。

四、陈列因素

　　对观众来说,即便在环境和建筑方面有诸多缺陷,如果博物馆提供的陈列是高质量的,便能在一定程度上予以弥补。而由陈列质量引起的索然和疲乏,则很难有什么补救的方法。这里所说的质量,包括陈列的技术处理、内容安排及艺术感染力等。

　　陈列的技术处理涉及确定陈列带和陈列密度。所谓陈列带,是指根据人体平均身高和视平线确定的展品布置的空间范围。超过这个范围,观众很容易感到疲劳,甚至会产生视力和身体的损伤。据英国博物馆学专家赫德森回忆,他在华沙历史博物馆新馆的一间陈列室参观时就遇到过此种情形。尽管展品很有趣,布置也颇为辉煌,富于戏剧性,但由于超过了这个范围的下限,观众必须弯着腰观看,加上展品上方灯光的刺激,结果当观众的好奇心满足后,他们之中的许多人因为严重的头痛欲裂、眼睛赤红和腰酸背痛而被送进了医院。①

---

　　① K. Hudson, *A Social History of Museums*, London: The Macmillan Press Ltd, 1975.

关于陈列带的问题,最近已有一些文章论及①,不再赘述,这里只是强调一点:陈列带的具体范围并不是确定的和一成不变的,在不同的国家和地区,人的平均身高不同,这个范围也不尽相同。人体平均身高不仅有地域性差异,而且也会随时间的变化而变化。例如,有人对意大利人 300 年来的体质变化进行研究,发现身高基本上是呈线性增长的。我国华东地区人体平均身高 20 世纪 50年代为 164～165 厘米,到 1980 年测得上海籍大学新生平均身高已达 170～175厘米。在确定陈列带的范围时,我们必须参照最新的测定数据。

陈列密度表明的是展品数与展览空间的比例关系。陈列密度不合理也是造成博物馆疲劳的因素之一。传统博物馆的陈列密度较高,信息量太大,使观众处在持续的紧张中,既不容易把握重点,影响学习的实际效果,也很容易产生疲劳感。现代博物馆降低了陈列密度,由原先的 1:3 改变为 1:1。陈列密度过低也会产生负面的心理效应,那种空荡的感觉同样会使观众觉得消沉和疲乏。在罗浮宫,设计师在陈列巴特农神庙的浮雕残件时就注意到这一点,并通过提供一个较大的底座来改善情况。

在谈及疲劳与陈列内容安排的关系时,W. 布朗提出三个方面的问题:第一,各种程度的抽象化;第二,单用科学观点支配展览;第三,同观众的"参照系"(认知结构)缺乏足够的沟通。第一个问题产生的根源可能是设计者没有充分理解博物馆教育的形象性、直观性与依赖实物的特点,片面强调"观念"教育的意义。这很容易让人联想到 20 世纪 30 年代的一场论战。一些博物馆学家把陈列看作宣传某种抽象观念的工具,结果就导致了博物馆教育丧失了其独特的个性。与第二个问题有关的是如何处理陈列的传播能力与陈列的把握能力的关系。我们并不否认用科学方法传播知识在博物馆活动中占据首要的地位,但如果片面强调这一点,而忽略了对陈列把握能力的重视,会产生与初衷适得其反的效果。在一个陈列中,有时逻辑性太严密,说明中有太多的专业术语,可能会使观众产生某种程度的畏惧心理。一个优秀的陈列,应当在传播和把握之间寻求平衡。第三个问题则要求设计人员在安排陈列内容时考虑观众认识结构的一般水平和特点。关于这一点,罗杰·S. 迈尔斯

---

① 王凡:《陈列设计与人体工学的关系》,《中国博物馆》1990 年第 3 期;沈柏春:《论博物馆陈列设计与观众的因素》,《中国博物馆》1990 年第 3 期。

提供了一种方案。他提出在安排陈列内容时,可以先确定一个"目标观众"(target audience)群体,陈列内容的难易程度以他们的认知水平为依据。只有当陈列内容与观众的认知结构取得某种和谐,观众才会觉得有兴趣。关于陈列内容安排方面还应指出一点,即单元结构层次的设计应有利于观众的记忆,层次太多或太少都会使观众觉得难以把握。

与陈列把握能力有关的是陈列的艺术感染力。一个陈列缺乏感染力,就不容易把握观众的注意力,调动观众的积极性和热情,而这种热情对于克服疲劳及保证学习的有效性是至关重要的。所谓陈列缺乏感染力,主要指:第一,陈列体系千篇一律,少有变化;第二,陈列结构单调刻板,无法提供一种自由、轻松和幽默的氛围;第三,局限于静态固定的展示,不能有效地利用陈列语言来使之更为生动活泼,也不能向观众提供"参与"和"投入"的机会。

博物馆教育不仅应当普及知识,而且也应当具有审美价值。对设计师来说,布置陈列是一种艺术创造活动,所以应当是富有个性和变化的。当然,这种变化还应与不同陈列内容的特质相吻合。心理学研究表明,唤起无意注意的手段之一就是提供变化的刺激。如果陈列手法千篇一律,陈列的设计平稳而缺少变化,就无法吸引观众的注意。

一种在某种程度上延续至今的传统观念是博物馆应当庄严、肃穆,以适应贵族和学者的高雅趣味。这种观念在我们这样一个大众社会里是不合时宜的。在今天的观众眼里,此类博物馆显得刻板冷漠且缺乏人情味,使人觉得无聊和拘谨,而观众渴望的是具有某种随意性的,能使人觉得轻松自在的气氛。一个曾引起博物馆学家惊诧的现象是:许多观众宁愿去那些分类并不精确,布置也比较随意,在专家眼里显然是不符合要求的博物馆,也不乐意到那种布置得严格、精确但刻板的博物馆走一遭。[1] 究其原因,很可能是那种冷漠的贵族派头和学究气造成了展览与观众间的隔阂。要提高观众参观的主动性和积极性,最重要的是为他们提供"参与"和"投入"的机会。缺乏参与会使观众产生一种被动的、局外人的感觉。这不仅不可能调动观众的学习热情,相反,根据麦克卢汉的研究,它是类似"幽闭恐怖"的"博物馆感觉"(museum feeling)产生的重要原因。这种感觉与疲劳的产生密切相关。

---

[1]　K Hudson. *A Social History of Museums*. London:The Macmillan Press Ltd,1975.

五、小结

大致探明博物馆疲劳产生的原因,我们就可以采取相应的措施予以克服。在各国博物馆的实践中所产生的各种行之有效的方法的基础上,可以总结出几条可供参考的原则。

1.节能原则

博物馆教育相较于其他教育形式的一个最显著的特点是在行走和站立过程中学习,因而特别耗费学习者的能量,包括体力、精力、视力和注意力。博物馆设计者必须充分重视这一点,在建筑设计和展览安排上贯彻"节能"原则,要尽力使观众不将能量耗费在非参观的用途上。具体措施包括:①适宜的楼层和地面材料;②合理的展线安排;③根据人体工程学要求确定陈列带;④提供高质量的视觉环境,减少"视觉噪声",将观众注意力引向展品。

2.恢复原则

博物馆设计者不仅要努力地延缓疲劳发生的时间和降低疲劳的程度,还要尽可能提供可以帮助观众消除疲劳,至少是局部消除疲劳的条件。这就要求我们除了贯彻节能原则外,还应想方设法使观众在参观中感到舒适以获得调节。为达此目的,我们应当:①保证一个安静、空气纯净清新、气候适宜的学习环境;②安排美的景致,诸如园林、庭院、景观小品等,并通过博物馆的透明部分及展览空间转换的甬道回廊,使室内户外交相互映,使观众能经常体验到悦目和新鲜的感受;③提供良好的休息和补充能量的场所。

3.诱导原则

在非强制状况下要提高学习的效率,一个重要的方法是激发和保持观众的兴趣。兴趣的介入能在一定程度上淡化人们的疲劳感。博物馆设计师在布置展览时应当善于诱发观众的兴趣,在这方面最重要的是:①克服单调与刻板,使展览空间布局、展览手段都富于个性和变化;②内容安排上的适度新颖,以观众的认识结构为依据来确定展览内容,以保持信息新颖、信息量适度;③形式设计要善于通过艺术气氛渲染来增强陈列把握能力;④营造一种自由、随和、亲切和充满鼓励意味的氛围。

4.参与原则

"参与"和"投入"能极大地调动观众的主体意识,这种由主体意识调动的热情和积极性是我们克服疲劳最为有效的手段。我们长时间坐在黑暗的电影院里之所以不感觉疲劳,就是因为进入了情节,关注着剧情的进一步发展和主人公的命运。在博物馆教育中,我们也应当努力使观众产生"置入感",使其无意识地介入到展览所表达的生活中去。参与感在户外博物馆、历史遗址博物馆和名人故居博物馆比较容易产生,在普通的室内博物馆,也有一些方法能为观众提供"参与"和"投入"的机会,包括:①操作观摩;②亲身操作;③鼓励摸触(对一些可能会损坏的展品可用复制品);④"先置导标",即针对展览内容和观众可能产生的困惑提出问题,要求观众在参观中寻求答案。

此外,还有一种重要的方案:运用生动直观、具有某种戏剧效果的陈列语言取代静态、固定、依赖大量文字说明的陈列方式。在运用陈列语言时,由于真实地或象征性地复原了历史生活和自然生活的场景,观众产生了置身现场的"投入感"和主体意识,从而极大地激发了热情和兴趣。

观念与程序

——当前博物馆建筑与展示空间设计的若干思考

在近来博物馆建筑论证或展示设计的作业中,我们和各种各样的展示空间进行了接触,这些不同的空间形式给我们带来了全然不同的感受,有的使我们苦恼,有的则让我们欣喜。我们一个共同的认识是,展示空间的营建对能否设计出优秀的展览,起着极其重要的作用。没有好的空间,再出色的策划,再完美的设计,都无法达到预期的结果,不可能产生一流的展示效果。我们也意识到,完善的展示空间设计和营建,与设计者对博物馆建筑和展示关系的理解以及建筑设计运作的组织、程序是息息相关的。

一、具象模仿崇拜

在不适宜展示设计的博物馆建筑中,有一类是因为过分追求某种外观效果而牺牲了内部功能。我们可以把这种对外观效果的追求称为具象模仿崇拜。这些设计师认为,模仿某一相关物形造型的建筑外观会使观众形成直接的联想,激发观众的兴趣,达到增强建筑与观众之间亲和力的效果。外观具象模仿表现在两个方面,一种是整体建筑空间及外立面造型的相似,另一种是建筑平面构成鸟瞰效果的相似。无论是哪种形式,只要不损害内部功能发挥,并能与周围环境保持协调,就不应该受到批评。上海博物馆属于前一种类型,整个博物馆的外部造型采用了模仿中国古典器物的方式,由于这一器形本身允许较大的体量,在内部得以形成各种大空间效果;后一种类型的例子则包括美国的五角大楼,其根据美国军队的海军、陆军、空军、海军陆战队和海防军五种兵种,设计成具有象征性含义的五星鸟瞰效果。

然而,如果为了建筑造型的外观具象模仿而牺牲了内部展示空间的合理性,那就是我们所称的具象模仿崇拜。就我们接触的某些博物馆建筑而言,情形正是这样。一些建筑师片面追求建筑造型或平面布局与某些器物在物理形态上的相似性,甚至不惜牺牲建筑的内部功能。鸟瞰效果追求形似的危害更为严重,它会大范围地影响各展示空间的体量和形状,迫使展示设计师以削足适履的方式来适应展览空间的形式。例如,中国丝绸博物馆把鸟瞰效果设计成蚕与茧的形状,还有一个纪念性博物馆为了突出其象征性含义,把鸟瞰效果设计成镰刀斧头的样式。其实,这种鸟瞰效果很少具有实际的意义,它或许能取悦那些习惯于居高临下俯视建筑模型的领导,却未必能打动前来博物馆参观的观众,因为这些观众并不会乘坐飞机从空中鸟瞰。当他们以一种平行的视角来观看建筑时,根本不可能意识到那原来是蚕和茧或是镰刀和斧头的造型。这种形而下的模仿造成了空间结构的复杂化、无序化和琐碎化,必然会使一些空间因无法使用而白白浪费。在这种空间中设计展览是设计师们颇为头痛的事。

我们认为,强化建筑外部造型与展览内容之间的关联性的想法本身是合理的,如果处理得当,这种建筑外观与展示内容的相关性的确能帮助观众调动有关的记忆联想,在展览空间之外就能预先感受到与展览内容相关的气氛。所以,理想的建筑形式应该既不影响内部功能的发挥,又顾及建筑造型与展示内容的契合。要达到此目标,我们主张采用另一种模仿方式,它不是对器物物理形态的具象模仿,而是对展览内容的文化含义进行抽象和提炼,将文化内涵转化为建筑语言要素,通过这种抽象的语言要素使建筑造型实现与展览内在品格的神似,达到激发联想、营造气氛的目的。用这种方式处理,一般不会影响建筑的空间与平面布局的构造,也不会影响室内的展示设计。

二、交钥匙工程

如果说具象模仿崇拜与建筑师的设计理念有关的话,那么目前博物馆展示空间难以使用,或至少难以设计成高质量展览的更重要的原因来自组织和制度方面,具体体现在博物馆营建的程序中。人们把一种由公共工程部门在没有与使用单位协商和参与的情况下,依据行政命令营建,再将竣工的博物馆交付使用单位的工程称为"交钥匙工程"。这一程序源于地方政府首脑对博物馆文化高度重视,但又不了解博物馆运作的内在规律,不了解博物馆学。当他们意识到博物馆文化的重要性后,急切表现出政府在这方面的决心,其至将其视作政府的形象工程。这种重视和热心是博物馆界一直期待的,然而由于博物馆学知识没有普及,领导和社会对博物馆营建的专业要求并不熟悉,他们往往只是把博物馆看作一般的文化设施。为了使博物馆的营建在质量和速度方面能得到保证,建筑的论证和建造都由政府的公共工程建设部门负责。当工程竣工后,再将其交给负责博物馆日常运行和展示设计的文化部门或相关的博物馆,当人们发现这些漂亮的建筑(其中有些还获得了建筑设计奖)与展示的要求相距甚远时,一切都已变得无法挽回。

一些交钥匙工程之所以不能满足展示的空间需求,是因为政府决定建造这座博物馆时,没有使用单位和相关专家的介入,对博物馆展示的主题和基本内容不清楚。在这种场合下,博物馆建筑设计师心中缺乏明确的针对性,只能按自己对博物馆的理解,或按自己的文化设施营建的经验来决定展示空间的形态及其组合。如果建筑师对博物馆展示空间的要求不熟悉,对国际博物馆展示的趋势不了解,他的作品可能就不能满足展示空间的特定要求。就我们近来遇到的情况而言,存在着以下现象。第一,一些建筑设计师为了突出某种建筑流派的风格或个人设计风格牺牲了展示空间的内在要求。比如,有一名建筑师将博物馆设计成徽派风格。在一个江南城市的公园中采用徽派风格的造型和外立面是无可厚非的,它有助于取得与外部环境和展示内容的协调。然而,这位设计师由于不了解博物馆展示在空间方面的特定要求,在内部结构上也采用了徽派建筑的样式,展示空间一进一进地深入,将一个连续整体的空间变成多个穿过式空间的组合,并在第一进结束后为形成天井效果而不恰当地安排公共空间,进一步打破了展示空间的连续性和整体性。这不仅使展示设计师无法营建流畅连续的展示空间,也使观众产生方向上的困惑。第二,有的建筑师对展示设计特殊的柱网要求缺乏了解,营造出极其复杂的柱网结构,使整个展示空间犹如一座迷宫。展示设计师往往要耗费极大的精力来掩饰这些柱子,在这种空间中,不仅设计师受到柱网结构的极大限制,观众的参观也受到很大影响。第三,有的建筑师由于不清楚展示的内容和风格,往往根据传统的橱柜式展览进行设计,所以营造出来的空间无论在高度上,还是在平面上都显得很局促,无法适应较大体量的展览,对体量较大的民俗类物品和以场景复原为主要展示形式的展览,这往往是致命的。

这些现象的产生当然与建筑师对博物馆展示的特殊要求不熟悉有关,但如果整个过程置于合理的工作程序中,始终有博物馆使用者参与和博物馆学专家指导,遵循博物馆学的有关规律,就完全可以有效地避免。

三、建立正确的博物馆建设的工作程序

尽管也有一些交钥匙工程由于富有博物馆营建经验的人的介入获得了成功,但这种成功包含了太多的偶然性因素,并没有真正得到组织和制度方面的保证。所以,要使博物馆建筑满足展示设计的要求,我们应该建立良好的组织形态和合理的工作程序。如果在这方面获得了成功,那么我们在减少损失、提高投资效益以及为优秀展示设计提供空间基础方面所起的作用是无可估量的。

我们近来参与了中国京杭大运河博物馆的设计工作。出于一些偶然的原因,我们的介入是在博物馆建筑正式开始设计之前,这就为我们安排另一种工作程序提供了机会。为了保证展示空间对展览内容及形式风格的适应性,我们将展示结构书的撰写作为整个工作的最初环节。展示结构书的撰写是在内容策划、编写人员与形式设计人员不断对话的过程中进行的。展示结构书基本确定后,我们进入形式设计的大体构想环节,依据展示的基本形式和风格确定展览各部分的体量,各空间的形态、组合关系以及展览所需的特殊空间。在基本方案完成后,我们对建筑设计人员进行了充分的解释和多方面的沟通,使建筑设计师明确展示空间各方面的要求,这就有可能使建筑设计在较大程度上满足展览设计的要求,做到建筑形式与展览内容的和谐。

这一工作程序可归纳为:主题提炼与确定;展示策划与结构书撰写;展示结构书撰稿人与展示设计师对话;展示基本形式、风格和特殊空间要求确定;展示策划、设计者与建筑设计师对话;建筑设计与调整。这一工作程序不仅保证了建筑对展示的适应性,在节约时间和资金方面也有明显的益处。由于形式设计的大体构想在建筑设计和营建之前已经完成,在建筑动工后即可对设计方案进行深化,并且有时间对方案进行充分的论证。方案论证后就可以进行场外制作,俟建筑施工结束,就可立即着手展示的场内制作与组装。由于建筑设计前已形成了展示设计的方案,建筑的内装修可以根据展示方案实施,避免两次装修造成的浪费。

四、把握展示空间营建的博物馆学要求和国际趋势

上述的工作程序通常是在明确展示主题和内容的情况下进行的,然而在现实生活中,我们也遇到过在展示主题及内容尚不确定的情况下建造博物馆,或者建造主要用于临时性展示的空间的情况。在这种情况下,关键是要解决展览空间的弹性问题,正是依靠这种弹性,我们才能保证未来的建筑空间具有较强的普适性和机动性。为此,建筑师必须熟悉两方面的情况,一是博物馆展示空间的一般性理论,包括陈列密度概念、陈列带概念、人流线原则、柱网与跨式、平面确定及空间组合等,二是当代博物馆展示理论与空间处理形式的变化及发展趋势。随着现代博物馆逐渐从传统藏珍机构向社会教育机构转化,展示也相应从反映孤独的器物向展示有情节的事件或现象转变,展示的基本形式也开始突破橱柜,较多采用大体量的场景复原,将实物展品放置在复原的使用场景中。这种展示形式在空间上提出了与传统"橱柜+器物"的方式不同的要求,需要较大、较高和具有连续性的空间。这种空间由于弹性大,可以通过临时性空间处理改变形状、面积和高度,以适应各种不同类型的展览。法国蓬皮杜艺术中心和日本国立民族学博物馆都是这方面的典范。新近落成的温州博物馆在这方面也是一个成功的例子。这座博物馆采用国际招标的方式,竞标单位有一些来自欧美、日本等博物馆业高度发达的国家。这些建筑师已经积累了较多关于博物馆建筑的博物馆学要求的经验,在空间体量与组合、柱网结构、人流线、公共空间等方面的处理都能符合博物馆展示的要求,因此可打造一个极富弹性的、流畅的和富有整体感的展示空间。由于展示空间有较大的弹性,展示设计师可以根据展示的不同需求营造不同体量和形态的空间,使展示显得丰富和富有变化,这一点在临时展厅所形成的多种空间的变化效果方面显得更加突出。

"十二五"期间中国博物馆展览概述

"十二五"期间,中国博物馆事业沿着"十一五"期间蓬勃发展的势头,继续在快速通道上前行。作为博物馆核心产品的展览,无论是基本展览,还是临时展览,都出现了数量增长与品质提升的趋势,与展览配套的拓展性教育活动也变得更加活跃。随着博物馆展览进一步深入人们的文化生活,参观博物馆越来越成为人们自觉参与和喜爱的活动,受益程度也有所提高。本文以这一时期全国十大精品申报文件、获奖作品介绍和一些产生了较大社会影响的临时展览作为主要的资料来源与分析对象,试图概括"十二五"期间中国博物馆展览发展的一些基本趋势。由于分析样本的局限,本文无法做出全面的总结,仅供研究者参考。

一、展览策划:走向精细与多元

1.展览组织方式有所突破,叙事型展览受到关注

在中国,虽然仍有一些博物馆习惯于将展览看作是安放物品供人们欣赏的容器,但围绕着某一主题组织物品的展览还是呈现出不断增长的趋势。当然,由于发展的程度尚不高,许多主题展览还流于形式,在主题展览的名义下,依然保留了明显的精品展的印记,展品与主题阐述的关联性尚不够强。然而,从近五年的情况看,随着人们对当代博物馆展览性质与使命认识的深化,展览有了明显的进步,主题展览以及对展品的阐释深度都出现了新的突破,这在基本展览与临时展览中都有所表现。

"十二五"期间基本展览的组织方式仍然有两大类:叙事型与类型学的。然而,在涉及区域历史和具有明显逻辑线索的展览中,许多博物馆都开始采用叙事的方式,将时间逻辑或因果关系作为组织展品的基本构架。类似传统精品展的那种以材质分类为特点的类型学展览变得鲜见,"讲故事"的概念开

始在博物馆展览中流行,在策展人用语中的使用频度上升。一些博物馆开始
注意探索博物馆独特的叙事方式,并通过对物品的阐释与叙述向观众讲述一
个独特的和有意义的故事。历史类展览关注物品作为记忆载体的特性,并将
历史的碎片通过博物馆化的努力转化为一种有意义的叙述。从大连博物馆
"大连足迹"展申报书的表述来看,策展人希望能通过对各种与生活、生产有
关的物品的组织,遵循文化遗产的记忆线索来勾勒大连走过的历史进程。中
国航海博物馆在"航路 1600:四百年中荷航海交往史"展览中,"尝试以叙事性
的语言把展品背后的故事和联系——展现给观众,对展品内涵以及临展主题
进行进一步的延伸,使得观众能够接收到更多的信息和知识"①。福州市博物
馆"闽都华章——福州历史文化陈列"也采用编年结合叙事的方式勾勒福州
历史发展的主线。洛阳博物馆"唐代洛阳"展览安排了一条有所不同的故事
线:由城到人,由社会生活到对外交流,最后上升到人的信仰和精神世界,层
层深入,让观众借此走进唐代的社会生活。在这方面,浙江省博物馆的"越地
长歌"、安徽博物院的"皖风徽韵"比较典型,其基本陈列较严格地遵循着时间
逻辑,采用了较完整的叙事模式。但这种叙事型展览并不是严格意义上的通
史展,并不要求其严格按照政治、经济、文化诸方面全面系统地叙述区域社会
的历史,而且根据馆藏的特点与优势,根据各自地区历史文化资源的特色,将
各个历史时期的重点用时间线进行串联,从而给出一个地区历史变化的基本
脉络。展览在依时间线推进的同时,通常也会注意到历史发展中区域文化横
断面的描述。鄂尔多斯博物馆就将"历史主线纵向贯穿与横向文化分类相结
合,系统把握鄂尔多斯蒙古族文化从初始发展到繁荣的脉络,向观众全面展
示鄂尔多斯的民风民俗和独具特色的鄂尔多斯蒙古族历史文化"②。

　　为了提高展览的叙事能力,一些博物馆建立起展览与观众的对话系统。
海南省博物馆"大海的方向——'华光礁Ⅰ号'沉船特展"以"华光礁Ⅰ号"沉
船的事件切入,用讲故事的方式层层深入,逐一解开围绕"华光礁Ⅰ号"沉船
的一系列谜团:第一单元"南溟水土留船迹",解答沉船为什么在这里沉没;第
二单元"海上丝路悬云帆",解答船从哪里来,要到哪里去;第三单元"残舟断

---

① 　参见中国航海博物馆"航路 1600:四百年中荷航海交往史"十大精品申报文本。
② 　参见鄂尔多斯博物馆"农耕、游牧、碰撞、交融:鄂尔多斯通史陈列"十大精品申报文本。

楫是福船",解答船是什么样子;第四单元"沉舟侧畔皆陶瓷",解答船上承载什么货物;第五单元"帆影归处现华光",解答沉船是如何被发现及打捞的。问答形式的设置,增强了观众的自主意识,提高了受益度。

一些博物馆意识到,博物馆展览作为一种空间形态的叙事与其他媒体有着重大的区别,其实质是要通过对典型物品的选择,并将它们按内在的逻辑关系呈现,才能真正实现。上海宋庆龄故居纪念馆就注意选择具有典型性、情节性、故事性,于细微之处见精神的文物展品,并通过恰当的物品组合,大大增强了展览的叙事性。蓬莱古船博物馆的思路非常类似,其布展中所遵循的原则是:选择最能揭示主题、最具典型性、最有外在表现力的实物;选择具有感人的故事性和情节性的材料、那些小处见精神的展品,通过相互关联和呼应的展品的巧妙组合来揭示和表现主题。

2. 展览视野扩大,涉及更广泛多元的社会文化现象

以政府行为和主流文化为主体的宏大叙事是长期以来博物馆所热衷的,非主流文化与人群或个人命运,在博物馆展览中比较鲜见。随着社会观念的变化,博物馆也开始将更多的关注转向老百姓更关心的日常生活与个人命运。

青岛市博物馆"我们的生活——青岛市民建国后老物件收藏展"是一个突出的案例。展览以人生发展历程为故事线,由"金色的童年"、"火热的年华"和"醉美的夕阳"三部分构成,每个单元以年代为线索展出具有鲜明时代烙印的老物件。"金色的童年"部分中展出的铁皮小火车、沙包等让观众回忆起童年时光;"火热的年华"部分中20世纪70年代结婚必备的三大件、老式办公桌等将大家带回到充满激情的岁月;"醉美的夕阳"部分则以老手工笸箩、老拐杖等反映老年人的生活。[①] 这种对个人命运的关注使观众产生很强的认同感,尤其使老年观众深深沉浸在对过往岁月的回忆、缅怀与联想中。

顺德博物馆"顺德人、顺德事——顺德历史文化陈列"分为"岁月悠悠"、"土沃人勤"、"岭南壮县"、"毓秀钟灵"、"厚俗淳风"、"水乡烽火"六个部分。虽然展览以区域历史为主题,但从标题看,策展人改变了宏大叙事的视角,将关注的焦点更多地集中于人们的生存状态,从而使展览具有一种更贴近生活的亲切感。

---

① 参见青岛市博物馆"我们的生活——青岛市民建国后老物件收藏展"十大精品申报文本。

即使是在一些宏大的题材中,策展人也强调了人的情感表达和对个人命运的关注。在嘉峪关长城博物馆"'中华之魂'——长城历史文化陈列展览"中,以阳关和玉门关为背景:展线的一侧表现中原商人外出经商与妻儿作别的依依不舍和惆怅之情,体现了古诗中"西出阳关无故人"的意境;展线的另一侧则是春风满面、牵着骆驼的胡商。两者在情绪上的鲜明对比体现了长城周边生活的多样形态,给人以很强的审美张力。

首都博物馆的"读城"也是一个以普通市民生活为中心的展览,其布局突出了北京的人文生活,分为"晨曲"、"情趣"、"梦想"三个篇章,通过老北京晨练的情景再现、四合院的诗情画意以及对未来的美好憧憬,呈现四合院在不同时期的魅力。17件老物件和200余件来自观众的展品让观众感受到了浓郁的生活气息。

在表现不同人群的生存状态方面,南京博物院做出了多种尝试,并得到了社会的认可与好评。"温·婉——中国古代女性文物大展"聚焦女性生活,使观众通过文物解读,了解中国古代女性生活各方面的独特内涵,展览带有强烈的社会学色彩。

策展思路的多元化还体现在一些展览突破了单一的文化视角,将两种不同的文化放在同一空间中进行对话。南京博物院与苏格兰爱丁堡联合举办的"双城记",就是一个成功的案例。两座城市各自有着不同的文化传统,各种具有象征意义的典型物品,主要是一些日常生活中的物品,用对比的方式被呈现出来,不仅给观众提供了文化比较的环境,也引导人们从多元文化的视角来重新审视自己的传统,达到了单一文化视角无法达到的效果。

浙江自然博物馆与河南博物院联合推出的"生命·超越——中原文物中的动物映像"是另一种类型的跨界,展览突破了长期横亘在自然与人文之间的界线,将中原文物中出现的各种动物图案进行动物学意义上的阐释,为观众提供了一种全新的解读方法。这种展览对改变目前学术界各自画地为牢的现象,对扩大观众观察生活的视野,具有启发意义。

3.展品的前期研究受到关注,为策展的科学性提供了保证

策展品质深受前置研究的质量与深度的影响。加强对藏品的研究,包括单件物品内涵的研究与系列藏品的语境化研究,是组织高质量展览的知识前提。"十二五"期间,一些博物馆的展览建设中都强调了学术支持,积极开展

围绕展品与主题的研究,确保展览的思想深度与学术品味。除了吸收学术界的研究成果外,一些策展人还注意从展览主题的角度发掘物品的意义及物品之间的联系,从而使观众能从一些独特的角度审视原先熟悉的物品,产生新的认知与感受。

河南博物院的"鼎盛中华"就是这种思考的结果。鼎是博物馆展览中常见的礼器,在以往的展览中,观众们总是惊叹它们硕大的体量和精美的造型,但对其在礼治性政治中的象征性含义缺乏深入的理解。河南博物院的"鼎盛中华"展以鼎这一中华古代文化重器为载体,通过深入研究,不仅揭示鼎的考古学、器物学价值,还深入阐释了它在中国古代政治学的独特含义,突出其在中华文化发展演变中的重要地位,并彰显了"鼎"所包含的和谐有序、德之表征、革新进取等文化属性。由于关注器物内所蕴含的信息的解读,观众在欣赏之余,加深了对中国古代社会政治生活的了解。

秦始皇帝陵博物院"真彩秦俑"展建立在对秦俑深入的跨学科研究的基础上。展览以展示秦俑的色彩美为重点,分"色彩的奥秘"、"装饰的灵感"、"丧葬的艺术"和"智慧的延续"四个单元展开阐述,从不同角度分别探寻秦俑色彩的物质构成及其文化象征意义,为观众还原秦帝国的色彩世界。"色彩的奥秘"呈现了秦俑的颜料用色与服色规律;"装饰的灵感"让观众认识了秦俑的"千人千面"和"绚丽多姿",进一步表现了秦俑之美;"丧葬的艺术"对中国古代礼仪制度中颜色的象征意义和文化内涵进行探微;"智慧的延续"则展现了秦俑彩绘的损害机理与科技保护成果。这种对同一物品从不同学科角度进行的研究与阐释,保证了观众从更多维、更全面的角度理解秦俑的意义与价值。

由中国航海博物馆与荷兰鹿特丹海事博物馆联合举办的"航路1600——四百年中荷航海交往史"也是一个涉及广泛知识的领域,展览包含"遇见中国"、"知识与技能"、"港口与贸易"、"全球定位"及"文化交融"五个部分,不仅涉及中荷两国间的联系与交流,还涉及相关的航海知识,以及航海在两国交流中对城市发展及人们生活所起的作用。为此,策展人主要采用了汉学家包乐史先生有关中荷交往史的相关研究成果,保证了展览中涉及的历史史实与航海技术的真实与科学。

洛阳博物馆的"河洛文明"展也以最新的学术成果作为学术支持,如夏商周断代工程的年代学成果、探源工程的最新成果及洛阳考古新发现,包括二里头遗址、汉魏故城、隋唐洛阳城的新发现等。八路军兰州办事处纪念馆的"热血陇原——八路军驻甘办事处与甘肃抗日救亡"也吸收了大量的最新研究成果。周口店遗址博物馆新馆的基本展览参考了国际考古最新的研究成果,包括美国《考古学》杂志"十大考古发现——最早穿鞋的人"、英国《自然》杂志对"北京人"年代的最新测定值,以及对猿人洞剖面进行保护性清理发掘及火塘的发现等。通过开展相关研究,博物馆展览能够体现学术界先进而稳定的知识体系,保证了展览阐释的权威性,很好地履行科学普及教育的使命。

对于社会公众不太熟悉的题材,尤其是已经存在着误解的情况,博物馆更应该把正本清源、纠正人们的错误认识作为展览传播的中心工作。上海博物馆推出的"幽蓝神采——元代青花瓷器大展"正是这样做的。考虑到元青花存世量稀少且收藏分散,研究者缺乏比对和研究的实物资料,不少学术问题尚未解决,民众鲜有机会观摩元青花真品,容易受到目前泛滥的仿冒风气与错误舆论影响等种种情况,策展人将重点放在学术性与普及性的有机结合上,在策展中兼顾知识性与观赏性,向观众普及相关的知识。

二、展览设计:关注表达与阐释

1.展览表达方式多样化,与阐释相结合的探索出现

对博物馆而言,美是必不可少的,但却不是单纯的目标。博物馆除了提供优美的视觉效果外,更要考虑事象的准确与真实,以及传播的效益。对于博物馆这样的科普机构来说,如果将展览本身做成一件悦目的艺术品,却无视其间的科学性、真实性与传播效果,那就违背了博物馆的核心价值观和职业道德。这种现象在本时期的展览中也看到了突破的迹象。一方面,具有较强解释能力的普通物品受到了设计师的重视;另一方面,在强调实物作为展品的至高无上地位的基础上,一些为理解、阐释与叙事而制作的展品,也受到了比以往更多的关注与重视,从而使展览的解释能力有所提升,展览的视觉效果也因为展品异质性的提升而变得更为丰富。

海南省博物馆"大海的方向——'华光礁Ⅰ号'沉船特展"为给观众留下身临其境的印象,将两吨从西沙群岛运回的珊瑚砂堆积在各展柜中,设计成

4.5 米×1.7 米的碎瓷层,复原出文物出水的原貌。这不仅给观众更具体的水下考古的现场感,也有助于强化展览的视觉个性。该展览还利用海底寻宝的故事衍生出"宝盒"的意象,制作了 280 个大小不等的原木木箱,既是展柜又是展台,还是展厅的组合柜,使空间形态产生变化。木箱中有文物,有语音导览的大海螺,有展示水下考古的视频资料片;木箱的表面制造出陈旧的沧桑感,上面书写着一个个海上丝绸之路上的古地名,用围网苫盖,仿佛货物已装箱待发。木箱成为展览的串联点,同时木箱上的小细节也触发观众去自我探索,提高他们参观的兴趣。

博物馆物与符号化媒体的一个重要区别是,其蕴含的信息深藏在物质深处,不易为观众观察与理解。所以,如何将这些信息用陈列的方式显现出来,就成为博物馆展览亟须解决的核心问题。其中一个重要的方面,就是将看不见摸不着的意义与价值可视化。在这方面,一些博物馆做了有意义的尝试与探索。上海市历史博物馆"崧泽开纪元——上海人文之始,中国文明之脉"的序厅设计强调了通过艺术创意来揭示展览的主题,强调了崧泽文化是上海文明之根的概念。设计师以崧泽出土文物为"根",以上海今天的城市天际线为"树",寓意崧泽文化是上海文明之源。这种处理为观众理解历史与现实的关系提供了一种富有象征性的启示。天津自然博物馆"家园生命"展在序厅以大海为主调,衬托着水母造型的空间形式,体现出海洋环境与海洋生物在家园生命中的起源意义。中部展区利用陆地色调进行环境营造,结合陆生动物的龟壳结构,象征性地诠释出生命演化由水到陆的主题意象。结尾的哺乳动物和人类展区代表了生命演化的高级阶段,设计中提取出大脑的概念作为灵感来源,较好地实现了展览设计的环境塑造和视觉传达。

2.用设计营造气氛,为观众提供良好的参与与互动体验

事实上,在一个较长时期,博物馆已经开始引进现代化的展览技术与设备,重视营造良好的视觉效果。但在展览实践中,这种技术与展品的阐释相关性并不紧密,流于"为秀而秀"。这种现象在本时期开始也出现一些变化。在策展思路更新的同时,展览陈列技术手段的使用也变得多样化,一些博物馆开始尝试将先进的陈列技术与对物品的解读和阐释结合起来。太仓博物馆"太仓历史文化陈列"中的郑和下西洋采用了 120 度环形幕布,观众站在船头观看,如亲临大海,效果震撼。但展览并没有满足于这种视觉感受,而是采

用全息影像对背后的故事进行了较深入的叙述，使观众在获得视觉享受的同时，对这一重大历史事件有更深入的了解。

我国山西博物院、美国洛杉矶郡艺术博物馆等联合推出的"印度的世界——美国洛杉矶郡艺术博物馆藏印度文物精品展"，在色调运用上重视与主题的关系。展览主色调为金色，点缀以极具印度特色的朱砂红，营造印度宗教的庄严神圣感，使观众获得了身临其境的体验。展览注重印度宗教艺术的元素运用，通过对艺术符号的提炼，选用喷砂漆艺术饰面、金粉艺术字印制等材料，采用艺术造型制作、艺术雕塑技术、立面丝网印刷、异形喷绘雕刻等表现手法，来实现内容向形式转化与衔接。

陕西历史博物馆的"巧手良医——陕西历史博物馆文物保护修复工作展"采用"闻、读、知、感、乐"五大元素构成"体验式"展览体系，通过灯光、色调、风格营造文物实验室氛围，给观众以浸入式的参观体验。展览将所谓的"神秘的科技元素"与"古老的历史文化"结合于展厅之中，展柜、展台形成统一的空间，具备实验室的效果，以真实的展品为焦点，将实验室、库房等都"搬"到了展厅，观众透过玻璃就可近距离观摩文物修复的全过程，还可亲自体验文物修复。

首都博物馆推出的"呦呦鹿鸣"展在设计中运用低色温暖光源，着力营造呦呦鹿鸣般祥和、友睦的和谐氛围，着重为观众呈现具有东方韵味的展览氛围。辅助展品的选择力求最大限度地说明西周时期霸国的礼仪制度及文化氛围，让观众更好地理解展览主题，与展厅形式设计紧密配合，弥补文物不能完全展示其本身信息的缺憾，增强展览的知识性与完整性。

广东省博物馆的"牵星过洋——万历时代的海贸传奇"中辅助展品的形式多样而各有侧重，有视觉、触觉、嗅觉、听觉等多种传达方式。观众在观察大型的广船船模时，不仅可以听到轻柔的海浪声，而且可以打开木桶盖看甘蔗、咸鱼等船员食物，嗅闻放置在香炉中的香料。

中国铁道博物馆"中国铁路发展史"利用展馆地下一层的全部展示空间，设置了多媒体数字化沙盘，高铁车站、铁路大桥、重载列车等模型以及各个时代钢轨演变过程展区。数字化沙盘通过卫星地形图地形幕布、地形表面动画投影与背景幕演示系统三大部分，全景展示青藏高原铁路，以及京沪、京广高速铁路的景观，同时采用三维渲染等动画技术制作动画短片，在地投沙盘幕布上演示。地形投影可以看到飞驰的高速列车,铁路沿线四季、昼夜、天气变化的自然风光,沿线城市,主要车站、桥梁和隧道的位置。观众通过墙面背景幕演示系统中的三维动画片了解高速铁路最新的修筑技术,车站、桥梁、隧道等重点工程的建设过程,以及高速铁路的质量服务体系及沿途有特色的人文景观等。展览还将"和谐号"动车组驾驶操纵系统搬进博物馆,让观众亲身体验当动车司机的感觉,观众可以体验京津城际高速铁路、武广高速铁路时速350公里的视觉及听觉等冲击。

相比于历史展览,民俗展览在体验上的优势更为明显。民俗文物保留着的浓厚的生活气息,极强的实用性使它成为博物馆文物中"直接经验"属性最强的一类。敕勒川博物馆的"魅力敕勒川——民俗文化展"中的农家小院部分则按1:1的比例,复制了20世纪敕勒川上的标准农居,窗花、剪纸、鸡舍、猪圈、辘轳井、农具一应俱全,使观众走进一个真实的田园乐境。同时,展览还巧妙地融入了炕围画、油布画等土右旗的非物质文化遗产的要素。

自然科学类展览则更多地采用新科技元素来营造氛围。大庆博物馆的"东北第四纪哺乳动物"利用105个野牛头骨化石和50具野牛完整骨架实现了气势恢宏的展示效果。展览调动多种科技手段打造"猛犸象群"和"东北野牛群迁徙"两个大场景,12架猛犸象群浩浩荡荡、气势雄伟,昂首领先的两具镇馆之宝——真猛犸象化石王者之风尽现。50具野牛骨架组成气势庞大的"沸腾牛群",给人带来极度震撼的视觉冲击力。

另一类体验是为观众提供操作性参与的平台,这正被越来越多的博物馆付诸实践。杭州工艺美术博物馆的"钱塘匠心·天工集粹——杭州工艺美术精品陈列"根据展览内容专门设置了700平方米的开放式大师工作室,大师在现场演示中与观众互动交流。中国消防博物馆的基本陈列地下的2200平方米"防火防灾体验馆"则以互动体验为主要展示形式,综合运用高清投影、电子沙盘模型、数控机械、光电感应等多种媒体技术进行现场模拟,设计了城市消防规划、建筑消防设施、火灾体验剧场、火灾应急疏散、家庭火灾灭火、119电话报警、地震应急避险、地铁火灾疏散等8个模拟体验项目。北京汽车博物馆的"改变世界的机器:从中国到世界,从世界看中国"展览开发沉浸式互动体验,一方面解构汽车,将近2万个零部件进行拆解,让观众了解其内部构造,另一方面,重构汽车生产线,让观众了解装配的全过程。

3.展览设计重视人与物的安全,考虑观众感受,分众教育的探索出现

随着博物馆专业意识的逐渐成熟,展览设计较以往更加关注人与物的安全。从各地的申报材料看,保证文物安全是展览设计的一个前提性的选项开始成为一种共识。绥德县博物馆"汉画像石展"的展厅除整体采用中央空调调节温湿度外,特别关注了文物的支撑系统:汉画像石以量身定制的支架固定,并采用连接式防震加固方式。这一点在长沙马王堆的交流展中表现得也非常突出。为了防止对展品造成损害,展览设计通过控制照度及角度,过滤红外光、紫外光及热量。每个展柜的日常检修通道与陈列区域的出入口分离。展柜实行环境控制。为确保数据传输稳定性,安排了专业技术人员赴现场对原环境监测系统进行升级,每个传感器均采用 GPRS 方式进行数据传输。展览的承办方还为此次展览制定了严格的《马王堆汉墓传奇展览公共安全应急预案》。

观众观展的安全与舒适也更多地进入设计者的思考范围。从这一时期展厅的布局与流线看,设计师的观众意识有所提升,空间布局与流线设置考虑到观众的观展感受,增加了消除疲劳的休息场所,并设法满足家庭观众以及残障人士的需求。天津博物馆在推出"玉器"展时,将为观众提供可静观细品的审美环境作为设计的重要目标,在光设计中努力消除任何环境光照干扰,实现"见光不见灯"的效果,减少了视觉干扰。山东博物馆"非洲野生动物大迁徙展"也在光设计中考虑人与物的安全及展览效果。展厅内以场景照明为主,所选灯具光源均为白光,高显色,无紫外线,灯具眩光小,发热量低,还原标本真实本色,降低标本热损害,营造舒适的观赏环境。展柜内采用较高照度的均匀照明,所选灯具为高显色荧光灯管,通过控光格栅板,将灯光控制在展台上,降低展柜内立面亮度,减少展柜周围地面溢出光,避免观赏者产生眩光,适当配以重点照明点缀细节。秦始皇帝陵博物院"真彩秦俑"采用红外感应缓释灯光技术,尽量减少文物受光的时间;文物照明采用红外感应可调式 LED 光源(照度在 150 勒克斯以内),只在当观众接近展柜时才缓释打开。

展览在空间设计中考虑观众的舒适性,并在展项与装置设计中注意符合人体工程学的要求。上海科技馆"科学奇异果·多思多美味"展览的空间设计以模块化展项为主,一个展览模块集中了所有的图文、模型、互动、实验,各

个模块按照主题相互连接在一起,载体的形式既方便巡展又兼顾简洁、美观、牢固。不同主题的展柜以不同的颜色相区分,方便观众参观。每个展柜上都为观众设置了可供参与实验的桌板,其高度按照人体工程学的要求设计。

展览流线的合理与顺畅也受到了关注,以往只考虑平面图视觉效果的做法至少在部分博物馆开始被展览的叙事逻辑、观众行为的合理性所取代,一些博物馆在流线设计中提出了流线清晰流畅、不走回头路的要求。秦始皇帝陵博物院"真彩秦俑"展的参观路线呈枝状结构,主干明确具有引导性,分支连接各个单元,起到疏散和分流人群的作用,并着意制造一种空间感受丰富且内容脉络清晰的参观环境,每个单元相对独立又相互衔接,可以满足不同观众的兴趣需求,尽量减少参观时相互间的影响。

一种新的设计理念开始了最初的尝试,那就是在设计中考虑分众化教育。浙江自然博物馆采用了一种被称为"双二元配置"的做法,在阿卡西斯"二元配置"的基础上增加了展览空间的分类处理,将服务于休闲主导型观众的"概念展示"与针对学习主导型观众的"详细展示"在空间上进行了区分,使两类观众都能找到适合自己需求的展览。

三、公共教育:拓展教育与特展

1.强调开展多种拓展教育,优化展览的传播效果

"十二五"期间,配合基本展览或原创性特展的教育拓展活动呈现出了内容不断丰富、类型日益多样的趋势。教育拓展活动可以为展览带来高关注度和人气,可以提升展览内容的广度和深度,还可以满足观众更广泛的教育、崇拜和休闲娱乐等多方面的需求。

首先,教育活动数量不断增加,服务观众的范围不断扩大。苏州博物馆定期举办"吴门画派"学术展览,帮助观众厘清传统艺术史的脉络。浙江自然博物馆和河南博物院的"生命·超越——中原文化中的动物映像"展开发了"中原大象到哪儿去了"、"舞'动'中原之徽章、剪纸、泥塑"等5个教育项目,组织3场专家讲座,共计举办活动达102场次,受益观众达15000余人次。

其次,博物馆针对不同观众提供分众化的教育服务。针对"太仓历史文化陈列",太仓博物馆宣教部为不同参观人群分别制定了中文版讲解、英文版

讲解、未成年版讲解等不同方案。

最后，教育活动在内容上立足于展览，在形式上推陈出新。中国丝绸博物馆"中国丝绸和丝绸之路——锦程、更衣记"展览为满足观众对传承传统技艺的需求，在女工传习馆开设染、织、绣、编等专业课程。手绘、扎染、缂丝、织造表演等手工技艺项目曾受到 G20 嘉宾的高度赞赏，"丝路之夜"系列配套活动也受到社会好评。秦始皇帝陵博物院"真彩秦俑"在进行展前培训和现场辅导的同时，由志愿者发放观众调查信息卡 1000 份，组织系列活动，特别是"启迪心智　乐在秦俑——图绘活动"，让小朋友直接画出心中的彩绘俑形象，收到了很好的效果。

2.多方合作，系统规划特展与巡展

在注意力经济时代，博物馆作为一种以视觉为主的传播媒介，与大量纸质媒介、视音频媒介等并存，"酒香不怕巷子深"的时代已经远去。鉴于此，"十二五"期间，越来越多的博物馆对展览的宣传推广进行有序规划，充分利用各种媒体。

特展与巡展体现了博物馆可持续发展的素质和水平。"十二五"期间，大量的特展临展都体现了博物馆馆间合作、沟通的能力，形成多馆合作的良好生态。敦煌博物馆于 2012 年 11 月在福建民俗博物馆举办了"敦煌历史文物展——走进福建"交流展，使闽南观众对敦煌历史文化有了更深刻、更全面的了解，成为南北两地沟通的文化纽带；中国电影博物馆的"风清气正扬宗旨——北京市反腐倡廉教育影像展览"顺应了社会廉政的议题，充分发挥"廉政教育基地"的作用，发挥中国电影博物馆作为北京市廉政教育基地的特色优势，利用中华人民共和国成立以来拍摄的红色经典影片、主旋律影片、廉政教育影片等电影元素搭建了一个廉政教育的平台。在积极贴近政治议题的同时，环境保护、节约生态资源也成为重要议题，上海作为因海洋而兴盛的滨海城市，其科技馆的"海洋精灵——海洋脊椎动物塑化标本展"积极响应"十二五"规划中加强海洋生态保护的精神，展现独特的海洋生态、多样的海洋生物，提升公众的海洋保护意识。

广东省博物馆"牵星过洋——万历时代的海贸传奇"在馆外媒体、本馆媒体及户外展览三个维度上同时推进，通过线下和线上的联动传播，引发社会关注，各大主流媒体对展览的相关报道累计达 76 篇；本馆媒体通过官方微信、

微博、豆瓣和专题网站对展览进行报道，累计达146篇；博物馆与地铁合作举办户外展览，并定制3辆地铁专列，首开行业先河，走向市民公共空间。扬州博物馆通过新闻发布会、电视媒体、平面媒体和网络媒体对"广陵潮——扬州古代城市故事"展览进行全面宣传，还拍摄电视短片及专题片如《国宝档案》、《探索·发现》等，增加文物APP及导览器，在官方自媒体如微信和微博等进行集中展示。

多方合作还体现在更广泛的国际交流方面。"十二五"期间，与国外博物馆或文化机构合作举办的展览持续增多，从一个侧面体现了中国文化走出国门的成效巨大。除了为国际称道的中国古代奇珍异宝主题展览外，其他生活类主题展览也不断涌现，成为中外文化对话的绝佳机会与空间，也是文化外交的有效途径之一。

上海博物馆的"幽蓝神采——元代青花瓷器大展"汇聚7个国家近40家机构的96件（组）藏品，在展品选择上具有系统、新颖与多元的特点。"航路1600——四百年中荷航海交往史"由中国海事博物馆与荷兰鹿特丹海事博物馆联合举办，继2011年该馆展品赴荷兰鹿特丹展出之后，2012年展览移师上海，更进一步加强鹿特丹和上海这两个友好城市的交流与合作。

在文化交流与对话的同时，两地策展设计人员的合作也促进了博物馆策展理念与实务操作间的碰撞与学习。湖南省博物馆的"马王堆汉墓传奇"是中意两国签署的《中华人民共和国国家文物局与意大利共和国文化遗产与活动部关于促进文化遗产合作的谅解备忘录》中的一部分，是在意大利展出的中华文明系列展中的第二个展览。展览由湖南省博物馆和意大利设计人员共同设计，并由专业的蒙特蒙斯德公司制作、施工。

综观"十二五"期间的各大展览，2014、2015年见证了出入境展览不断发展的繁荣景象，包括"铸鼎镕金——先秦材料科学的智慧特展"、"精神如见——中山舰出水文物特展"、"岭南印记——粤港澳考古成果展"、"印度的世界——美国洛杉矶郡艺术博物馆藏印度文物精品展"、"马王堆汉墓传奇"、"高棉的微笑——柬埔寨吴哥文物与艺术展"、"飞越欧洲的雄鹰——拿破仑文物特展"、"日内瓦：时光之芯——瑞士钟表文化之源"、"汉唐中原——河南文物精品展"等在内的国际合作展览，不仅起到了文化交流的突出作用，同时也成为中外文化对话、碰撞和沟通的平台。

3.公共服务品质提升

"十二五"期间,中国博物馆不断深化了对从"物"到"人"的时代趋势的理解,不仅从展览内容上贴近大众生活,在展示手段与呈现方式上更人性化,而且注重为观众提供更周全和贴心的服务。

在国际交流日盛的形势下,许多博物馆不仅提供多语种的讲解服务,同时还制订了详细的观众接待服务计划。敦煌博物馆的"华戎交会的都市——敦煌历史与丝绸之路文物陈列"以中、英、日、韩四国文字展示展览内容。吐鲁番博物馆的"吐鲁番文物通史展"可提供汉语、维吾尔语、英语、日语、韩语、德语、俄语讲解,并安装了红外感应的语音系统,可提供汉语、英语、日语、韩语、维吾尔语讲解。广西壮族自治区博物馆的"瓯骆遗粹——广西百越文化文物陈列"提供人工汉、英、日、泰、越等语种及粤语、桂柳话等地方方言讲解,并有语音及微信导览可供选择。

一些博物馆在增加普通便民服务设施的同时,还通过专门化的设计满足家庭观众以及残障人士的需求。首都博物馆"白山·黑水·海东青——纪念金中都建都 860 周年特展"为观众提供轮椅与童车的租借服务及拐杖、老花镜等便民用品的使用服务,为观众提供休息座椅、手机加油站等。上海博物馆的"电影是我的生命——汤晓丹、蓝为洁文物专题展",为更好引导参观者,在广场 LED 大屏滚动播放展览广告,馆内在一楼、二楼自动扶梯处设置醒目的展区指示、公共设施引导指示及参观动线指示。

四、新的趋势:理念与技术

1.新理念——展览彰显人性化、多元化和环保化理念

和以往相比,"十二五"期间中国的博物馆展览在体现人性化、多元化和环保化诸方面有了新的突破。

人性化既体现在展览中具有更多鼓励性的热情、更多与观众沟通与交流的环节,也体现在为观众提供更优化的观展环境与条件,包括服务设施、对参观环境的整体规划、更周全的服务配套设施等。在最突出的案例中,在展览与休闲空间中为观众所提供的条件超越了物质的方面,进入到精神的层面。

故宫博物院的"兰亭特展"通过将山、水、石、竹、云、亭等元素融入展厅，为观众营造一种可供联想的空间意象。在展厅中依流水图案的走势设置座椅，营造出故宫乾隆花园的禊赏亭"流杯渠"。观众可以在此休息、聊天，体味古人高雅的生活方式。这种环境气氛的营造，其审美风格与展览主题息息相关，有助于调动观众的联想，深化对主题的认知。

多元化不仅体现在选题的社会性与多元上，也体现在主题呈现与表达上。在题材的多元化方面，湖北省博物馆的"道生万物——楚地道教文物特展"是一个典型的案例。道教是中国古代文化重要的组成部分，但国内鲜有道教文物和道教文化展。这既有文物典藏的因素，也有题材难以驾驭、内涵不易表达等原因。该特展为观众搭建了一个认识与了解道教文化的平台，使得博物馆在表现中国古代文化方面更加全面与系统。大连惠丰博物馆的"大连足迹（城市记忆）"向观众展现了大连的城市文化，在这个具有殖民色彩的城市中，城市建筑不仅有哥特式尖塔顶、巴洛克三角墙、古俄罗斯的"洋葱头"、旧式"日本房"，还有中国典型砖混结构建筑的"中国房"，展览通过多样化建筑风格的呈现来体现大连的多元化的区域文化特点。在展览的表现形式方面，也开始探索新的可能性。重庆中国三峡博物馆的"白鹤梁水下博物馆陈列展览"是一个大胆的创新之举，将水底不可移动文化遗产的阐释纳入博物馆展览的视野，讲述了世界首个水下构筑物的故事。正是这一大胆的举措，使观众得以进入水中近距离观察世界著名的水利设施，从而理解古代中国在水利建设上的智慧与技能。

这一时期的博物馆在展览制作与日常运行中更加关注环境保护。许多博物馆不仅使用满足环保要求的建筑材料，而且关注运行中的能源节约，以及资源的回收与再利用。大地湾博物馆保留部分间接的自然光照明，与人工光照明结合，使器物观感自然，同时节省运营费用。海南省博物馆"大海的方向——'华光礁Ⅰ号'沉船特展"采用移动式展板，既对展览空间进行有效分割，又很好地解决自然采光的问题。南京博物院的"南都繁会·苏韵流芳——南京博物院一院六馆系列展"采用了多项专利，如高金版墙面、模数化装拼式展览、集成化和升降吊顶、自动转动展览、智能化照明控制等，其中的一些新技术为打造节能环保的生态展厅提供了更多的可能性。上海世博会博物馆的"上海世博会纪念展"运用了节能、环保材料，其喷绘均使用无气体污染的 UV 工艺。广东省博物馆"牵星过洋——万历时代的海贸传奇"为了能在保证质量和安全的前提下绿色办展,根据展墙承重情况,采用两套展墙制作方案,承重较轻的使用石膏板加轻钢龙骨,承重较重的使用 9 毫米防火板加粗木龙骨,同时通过对展墙进行双面使用,以对上次展览留下的物料重新组合利用等一系列措施,有效降低了制作成本。

2.新技术——博物馆展览成为新技术施展魅力的场所

在科学技术日新月异的背景下,博物馆成为新技术应用与普及的受惠者,其中展示技术,包括多媒体与剧场应用、影音科技、网络线上普及以及材料科学的新成果,都丰富了博物馆展览的表现手段。这些在"十二五"期间有较明显的反映。

宋庆龄生平事迹陈列馆"寓情于史 以情传神——宋庆龄陈列"采用了多种新技术与新材料,有效地提升了展览的品质:用新材料砂岩石制作山石清泉背景墙增强了艺术表现力和感染力;用无反射玻璃有效地减少甚至消除了眩光,提升了观展的清晰度;隐形透明显示屏的运用使多媒体艺术场景具有更灵活、丰富的表现形式;最新的修图修片技术精修图片,使制作的图片更清晰、真实和精致。

多媒体技术创造出不同于现实的体验空间,包括立体剧场、太空剧场等。上海世博会纪念展设计了十余个充满创意并富含高科技元素的多媒体展项(如五屏环幕、3D 电影、视频长卷等),为观众提供一场视觉盛宴。杭州博物馆的"珍藏杭州——杭州博物馆馆藏文物精品陈列"引进了虚拟现实技术,翰墨丹青展厅中的《西湖图》、方寸之间展厅中的"方寸之柱"和"邮票魔方",都突破了平面展品的局限,丰富了展品的表现力。中国园林博物馆展览运用 3D 扫描和 3D 打印技术对不可移动文物进行无损伤复制,由此突破了苗木、大型置石等展项的技术难点。

影音科技有助于将晦涩难懂的学术资料转化为浅显易懂的动态画面,可优化观众的观展体验。上海青浦区博物馆的"上海之源——上海青浦博物馆基本陈列"中的"申城水文化之魅"以"最早的上海贸易港青龙镇"为重点,采用幻影成像、沙盘模型、虚拟奏乐、大场景复原、3D 投影等新颖形式进行交互呈现。上海科技馆的"海洋精灵——海洋脊椎动物塑化标本展"通过隐藏在帷幕中的蓝色 LED 灯带营造出富有层次的深海环境,并采用波纹灯、电脑灯模拟出海面照射下阳光光束的动感效果。数字灯在地面打出海洋生物动态剪影和展览名称,增加趣味性。标本普遍采用"重点照明＋立体照明"的方式。核心展品则采用"主灯＋多角度侧光勾勒边缘＋重点部位聚光灯强调",突出标本的雕塑感和艺术感,并引导观众关注和展示内容相关的重点区域。

随着网络普及,观众与博物馆之间的距离被拉近,各博物馆开始构建官方网站,并打造"数字展览(线上展览)"。上海科技馆的"海洋精灵——海洋脊椎动物塑化标本展"采用专题 Web 网站与面向手机用户的二维码识别 Wap 网站相结合的方式进行传播。网站内容包括展览介绍、海洋生物的科学档案、海洋保护宣传资料等,使观众能够突破时空限制,随时访问展览。参观浙江省博物馆"惠世天工——中国古代发明创造文物展"的观众,可通过智能手机、平板电脑等移动终端免费下载"惠世天工"客户端,享受自助式语音讲解、文物 360 度全角度欣赏以及文物高清晰度鉴赏等服务。

在材料科学的更新上,展览环境对光线、温度、湿度、虫害、微生物与防震、防火、防洪等条件,都有相当严格的规范,例如注重材料科学,采用无酸纸、光纤及恒温恒湿等保存及材料科学的新技术。

五、结语

如果要对"十二五"期间中国博物馆展览做一个简洁的概括,那就是,博物馆展览作为知识传播的场所,在响应时代呼唤、履行教育职责方面取得了重大的进展,但这些进展还带有明显的探索色彩,主要体现在一些观念已经出现重要变化的博物馆中,我们距离这些观念的普及还有较长的路要走。将这些新的认知与新的观念在更大的范围付诸实践,是今后一段较长时间内的任务。

这与博物馆发展的不平衡性息息相关。中国地域广阔,社会文化发展很不平衡,这种社会背景深深影响了博物馆的发展。在一些社会经济文化发达的地区,博物馆开始关注博物馆学的研究,并且引进了一些新的理念与技术,在经济与人才上也有较好的保障;在一些不发达的偏远地区,由于观念、财力、人才诸方面的制约,博物馆展览仍然停留在较低的水平。

核心的问题是社会关于博物馆功能与使命的观念。观念的滞后主要表现在对博物馆物的认识上,包括如何收藏它(是收罗珍宝,还是收藏社会记忆载体),其本质含义是什么(是一个仅供欣赏的艺术品,还是沟通观众与历史、自然及当代生活对话的介质和桥梁),展览的使命是什么(是满足于将物放置在美丽的容器中,还是让它帮助观众认识社会、历史与文化,从而丰富自己的知识与精神生活)。这一点正如国家文物局局长刘玉珠在谈"十三五"文物科技工作时所指出的,当前文物博物馆事业发展面临两个亟待突破的瓶颈问题。其一是由于对文物价值的研究能力有限,难以全面、系统挖掘和深刻阐释文物的多元价值,难以讲好"中国故事";其二是对优秀传统文化的传承能力有限,展览传播方法陈旧,形式雷同,事倍功半,难以满足广大人民群众日益增长的公共文化需求,亟须通过创新管理理念和技术,突破装备革新,来提高文物保护利用的质量与效果。这一结论是中肯的。

　　站在"十三五"的新起点,面对着学习型社会建设的时代召唤与国际博物馆界观念的重大更新,我们应该意识到:博物馆的社会使命正在发生着重要的变化,虽然博物馆作为人类文明创造物收藏者的角色依然鲜明,并且这一角色永远会存在下去,但博物馆物的创造性价值,以及其所承载的人类情感与智慧,应该得到进一步的阐释,否则,博物馆就忘却了自己的初心,变成一个美丽的仓库。让我们对正在进行中的"十三五"充满期待,相信在上一时期出现的新理念与新技术将会走出探索的阶段,变成更多博物馆的实践。

2017 年中国博物馆展览综述①

2017 年,中国博物馆全年推出了约 500 个展览,包括基本展览和临时展览,在数量上与前一年度相比没有明显变化。在展览的内容与形式方面,与上一年度相比,既有共同的尚待解决的问题,也出现了一些令人欣慰的变化。这些变化在展览品质的区域性差异、展览主题的多样化、展品的组织与阐释,以及展览的视觉传达方面,都有所表现。

一、关于展览主题的选择与提炼

展览题材有所拓展,主题及内涵更加丰富多样,更全面和广泛地反映了社会生活的各个方面,关注普通人及族群的生活状态,同时积极呼应社会时政与现实发展。

虽然中国博物馆展览的题材与广阔多样的社会生活相比,其表现的范域依然有限,但与此前相比,还是表现出了长足的进步。从 2017 年各地申报十大精品的材料看,展览反映社会生活的覆盖面有了一定程度的拓展,题材更加丰富多样。这既有博物馆事业迅速发展及布局更加合理所带来的红利,也与博物馆人职业意识成熟,积极主动承担反映社会生活、普及科学文化的责任息息相关。跨区域和跨行业的藏品资源整合,使得同类型藏品得以汇聚,也大大地拓展了展览选题的空间,并使展览更加系统、全面与深入。

博物馆类型的增多,尤其是大量专题类博物馆的建立,意味着博物馆将触角伸向了原先不曾到达的地方,使得博物馆界能从更加专业和细微的角度观察与表达一些长期没有进入博物馆展览的社会生活领域。这些博物馆从各自的专业出发,发掘相关的社会生活现象与事件,从而使一些长期以来被

---

① 本文主要依据各地十大精品申报文本所提供的材料写作而成,并不全面,仅供参考。

忽略的生活现象进入博物馆展览。

在本年度的申报材料中，有一些题材是以往涉猎不多的。如贵州航运博物馆举办的"贵州航运历史专题展"，讲述了乌江、赤水河、沅系河流、都柳江、两江一河（南北盘江、红水河）、松坎河、羊磴河的航运历史，介绍了贵州航运从航道、船、港口码头到库区、航务管理等的各个方面，使观众得以从内河航运的角度了解区域社会历史文化的变迁。江西矿冶博物馆推出了"金色辉煌——江西金属矿业"展览，由于博物馆坐落在宋代湿法炼铜家张潜故居地凤凰湖，所以，展览在讲述江西矿业发展史的基础上，着力介绍了张潜及宋代的湿法冶炼，这类题材如果不是由专题博物馆来组织，难以进入普通观众的视野。有一些题材，虽有展览涉猎，但由于不是站在专业的视角，往往缺乏必要的深度。相关的专题博物馆建立后，使这些展览主题的阐释深度大大提升。如位于南京的科举博物馆组织的"文明的阶梯——科举文化专题展"，从专业视角系统介绍中国古代科举文化。展览以编年史的方式详述科举制度的发展，凸显科举是君王求才的重要途径，讲述了各级科举的程序、规则及其与个人命运、社会治理的关联。中国航海博物馆的"海帆流彩万里风——十八、十九世纪中国外销艺术品展"虽然讨论的是中外文化交流这个近年来的热点，但从更加专业的角度对 18、19 世纪中国外销艺术品通过盛行的"中国风"在欧洲文化建设中产生的意义做出了较深入和系统的阐述。

当然，新的题材与更深入的展览内涵并不局限于专题类博物馆，一些综合博物馆也通过深化对藏品的研究，对遗产中蕴含的社会文化内涵变得更加敏感，并在此基础上提炼出新的展览主题。天津博物馆通过开展对馆藏体育类藏品的梳理与研究，推出了"动·境——中华古代体育文物展"。展览不仅用体育类文物讲述了古代体育的故事，而且对中国体育文化展开了富有哲学意义的思考，用"动"与"静"这一对矛盾概念展现中国古代体育特有的韵律，并试图告诉观众，由动至静的升华正是中国古代体育特有的文化意蕴。

在展览的题材方面，与上一年度类似的一个现象是，博物馆在配合社会发展和时政方面，表现出积极主动的姿态，推出了一大批反映当代社会焦点问题的展览。

面对经济全球化的大背景，以及中国政府提出的"一带一路"倡议，博物馆界积极主动地将反映文明融合与文化交流作为自己的职责，这一题材的展览在本年度有引人注目的表现。陕西历史博物馆"长安丝路东西风"展览汇集陕西、甘肃、宁夏、青海、新疆五省（区）反映汉唐时期东西文化交流的代表性文物展品，以东西文化交流为线索，聚焦长安，全方位呈现汉唐长安作为世界东方文明之都，以及对欧亚大陆产生的深刻影响。海南省博物馆基本陈列"南溟泛舸——南海海洋文明陈列"展览以南宋沉船"华光礁Ⅰ号"的发现为牵引，让观众穿越历史，进入 800 年前的海贸盛况。南京博物院推出的"CHINA 与世界——海上丝绸之路沉船与贸易瓷器大展"则尝试从全球化的视角对海上丝绸之路进行解读，着眼互通互鉴，强调文化交流的双向性。河南博物院与洛阳博物馆推出的"丝绸之路与中原"、湖北省博物馆的"万里茶道"展，以及广东民间工艺博物馆的"扇子上的东方与西方——18—19 世纪中西成扇"展，也都是围绕文化交流的主题展开的。在外展方面，广东省博物馆推出了"东西汇流——13 至 17 世纪的海上丝绸之路"特展。展览赴意大利展出，从多个角度介绍 13 至 17 世纪海上丝绸之路的发展历史与成就，以及它在促进全球化过程中做出的伟大贡献。此外，还出现了与其他国家共同举办的文化交流展。陕西省文物交流中心在中国、哈萨克斯坦、吉尔吉斯斯坦三国联合申遗成功的背景下，与哈萨克斯坦、吉尔吉斯斯坦联合推出了"绵亘万里：世界遗产丝绸之路"展，成为第一个在"世界文化遗产"语境下举办的丝路展览。

另一个与时政密切相关的领域是配合抗战与建军的军事题材，这在本年度的展览中也有突出的表现。大连现代博物馆"圆梦　从北洋铁甲到航母舰队"展览以海军发展历程为主线，叙述了从清末、民国到共和国建立及航母下水的历程，突出体现了中华民族克服重重困难追求强国之梦的不懈努力。南昌八一起义纪念馆为纪念南昌起义暨中国人民解放军建军 90 周年推出了"南昌起义　伟大开端"特展，旨在反映南昌起义在中国革命和军队建设中的丰功伟绩，以及人民军队发展壮大的光辉历程。福建博物院、山东博物馆也相继推出"风展红旗如画——福建省庆祝中国人民解放军建军 90 周年主题展"和"山东省庆祝中国人民解放军建军 90 周年主题展"。韶山毛泽东同志纪念馆举办了"毛泽东与秋收起义——纪念毛主席领导秋收起义九十周年展"。瑞金中央革命根据地历史博物馆推出了"伟大的长征从这里出发"特展，以丰富的历史照片与史料反映了中央红军从战略决策到准备，再出发长征的历史经过。在抗日战争的题材方面,突出的有广东革命历史博物馆的"志在冲天——中国空军的抗战记忆"展,展览以情感为纽带,讲述在民族危难之际,中国青年在个人、家庭、民族之间抉择的故事,让观众感受战争时代的热血青春和家国情怀。重庆红岩革命纪念馆的"众志成城御外侮——大后方民众抗日救亡掠影展"和安徽博物院的"战地黄花分外香——安徽军民抗战宣传画展"以摄影与宣传画为载体从侧面反映中国人民的抗战历程。

杭州"五四宪法"历史资料陈列馆在宪法建设的大背景下,配合国家宪法日,在杭州北山街"五四宪法"起草地旧址,推出了"五四宪法"历史资料陈列馆基本展览,讲述"五四宪法"起草、讨论、通过到实施的全过程。延安革命纪念馆则为配合新时期党的廉政建设推出了"铸魂——延安时期的从严治党"特展。

本年度博物馆展览的选题也体现出博物馆更自觉、主动地寻找与本馆性质任务相关,但长期以来未能充分表现的领域。由于一些主题仅凭单个馆的资源难以支撑,一些策展人不再仅仅局限于自身的馆藏,而是通过整合行业内甚至更大范围的相关资源,使在更丰富的藏品中提炼更多样和具体的主题成为可能。这种跨馆、跨省、乃至跨行业的资源整合的展览成为本年度的一大特色。与此同时,重视社会记忆保存的收藏理念有所增强,一些博物馆发动社会力量征集反映当代社会变化的各种物品,形成了以当代物品为主体的展览。陕西历史博物馆推出"岁月如歌——陕西民国以来经济社会发展变迁物证展",旨在保存与重现近代以来陕西地区人们日常生活的记忆。为此,博物馆开展"经济社会发展变迁物证专项征藏"活动,征集民国以来的"老物件",包括票证、生产工具、生活用品、交通通信器材、家用电器、文体娱乐等类别,其中包括向阳牌大型照相机、北京牌电视机、布伦瑞克手摇计算机、陕西渭南庄里瓷厂瓷器、西安人民搪瓷厂搪瓷器等一大批具有时代特色、能反映陕西在中华人民共和国建立前后经济社会发展变迁的藏品,并通过这些老物件勾勒陕西近百年来的社会生活变迁,借此唤醒全社会保护昨日记忆的意识。宁波博物馆的"百年时尚:香港长衫故事"展览则以香港女性长衫为视觉焦点,介绍香港长衫起伏曲折的发展历程,并介绍了长衫的缝制工具和过程,以及长衫的制法所引领的时尚潮流,完整而立体地叙述了近百年来长衫作为中国女性服饰的地位和演变。江西景德镇陶瓷工业遗产博物馆在沟通与社区联系,以及保存区域与行业历史记忆方面的展览,是一个值得引起关注的案例。展览中大量呈现工人们曾经使用过的生产工具与日常用品,当这些平凡的物品被精心地组织在一个讲述行业兴衰的故事线中,它们产生了巨大的唤醒记忆、激发联想的效应。

对个人、家庭与族群的关注也是本年度展览主题选择的一个特点,体现出博物馆提升了对个人命运与社会生活的敏感度,由此涌现出一批与特定人群及文化现象相关的展览。在以个人为主题的展览中,其主角既有历史上的帝皇显贵、杰出历史人物、老一辈革命家,也有卓越的文化人与知识分子。江西省博物馆的"惊世大发现——南昌汉代海昏侯国考古成果展"以历史文献与考古学材料为依据,从确定墓主的完整证据链入手,对拥有传奇经历的刘贺进行还原和解读。绍兴博物馆推出的"圣贤之道——阳明的故事"介绍了明代著名的思想家、军事家、教育家王阳明的一生。辛亥革命博物馆推出的"缔造先从江汉始——张之洞与武汉近代崛起"展览揭示了张之洞与武汉城市近代化发展的关系。中国共产党第一次全国代表大会会址纪念馆相继推出了"中国共产党主要创始人——李大钊生平文物史料展"和"忠诚 信仰——贺龙同志生平文物文献展",清华大学艺术博物馆举办了"张仃百年诞辰纪念展",甘肃省博物馆推出了"心灯——段文杰先生诞辰 100 周年纪念展"。张氏帅府博物馆所推出的"教育救国和十四年抗战的先驱——冯庸和他的冯庸大学"也属这一类型的题材。吉林省博物院的"烈·火——东北抗联英雄人物专题展"则描绘了杨靖宇、赵尚志、周保中、赵一曼等一组抗联英雄的群像,以物证史,深刻揭示抗联英雄人物的精神世界,并引用"英雄档案"这种表格式的表现方式,方便观众在无引导参观时清晰梳理出史实。

在介绍族群生活方面,一些博物馆采用了比较与对话的方式。云南省博物馆组织了"桂花与壮太——壮锦太鲁阁锦历史文化展",展示了广西壮锦和台湾花莲太鲁阁锦的历史与现状,记录了通过五彩丝线把居于海峡两岸的两个族群牵系到一起,从相识相知,再到相约相爱的历程。黑龙江省博物馆为发挥黑龙江省在中俄两国交往关系中的文化睦邻作用,体现这片俄侨集中聚居地的历史记忆,推出了"黑龙江俄侨文化文物展",从一位俄侨的视角出发,介绍俄侨文化在哈尔滨乃至黑龙江省的城市化、商业、教育、建筑、科研、艺术、出版业及日常生活方面的深刻影响。利用文化遗存追溯与探讨业已消失的民族和族群生活也在本年度的展览中得到体现。内蒙古博物院举办了"大辽契丹——辽代历史文化陈列"，通过对历史文物的解读，介绍了契丹民族起源、政治体制、文化特征、宗教政策、丧葬制度及民族消亡，以及女真族崛起等方面的内容，讲述了一个契丹人"从哪里来"、"去了哪儿"的故事。宁夏博物馆则推出了"大夏寻踪——西夏文物精品展"，通过对西夏文物的阐释介绍了大夏的历史与文化。

　　家庭生活及其道德建设在本年度的博物馆展览中也有所体现。中国妇女儿童博物馆为配合强调家庭、家教和家风建设在提高全民族道德修养方面的意义，推出了"家和万事兴——家教家风"主题展。展览通过丰富的展品和感人的故事，讨论了家与家族、家与国家、家与社会的关系。中国木雕博物馆也利用馆藏丰富的材料，举办了反映本地历史上各种家训的特展。

　　长期以来，博物馆满足于将文物直接呈现在公众面前，至于这些物品是博物馆经历了怎样艰辛的过程获得、修复和开展研究的，很少会出现在博物馆的展览中。近年来，随着博物馆行业意识的增强，也随着公众对文化遗产事业逐渐重视，以及对博物馆幕后工作感到好奇，博物馆开始将自己的业务工作，包括考古发掘、文物修复及展品制作的过程，向公众展示，博物馆业务工作的内幕由此呈现在公众的眼前。北京大学赛克勒考古与艺术博物馆的"寻找致远舰——2015年度全国十大考古新发现"就是一个向观众讲述考古学家如何通过水下考古发现著名的致远舰，并借此科普当时战事的特展。博物馆的另一项重要的业务工作是文物修复，秦始皇帝陵博物院的"留住色彩——陶质彩绘文物保护成果展"向观众介绍了文物修复工作者是通过怎样的程序与方法修复器表色彩的。展览通过文物从"支离破碎"到"完好如初"，从"斑驳残迹"到"色彩斑斓"的变化普及文物保护的基础知识。新疆维吾尔自治区博物馆的"指尖旋舞 艺成天工——新疆文物保护修复成果展"汇集了丝绸之路新疆段出土且经修复保护后的各种文物，包括壁画、纺织品、金属器、纸质文书等，较全面地介绍了新疆文物保护修复工作的阶段性成果。为了帮助观众更真切地了解文物修复工作，文物修复工作室被"搬进"展厅，使广大观众能直观地了解和认识文物修复保护的过程。中国丝绸博物馆"古道新知——丝绸之路文化遗产保护科技成果展"着力凸显保护科技的实际应用，从"认知解读"、"保护修复"和"展品信息的科学采集及信息记录"三个角度切入,并针对不同文物、不同技术点采用了多种不同的展陈方式。针对秦始皇兵马俑的保护陈列了考古专家所用的考古工具及记录笔记,并播放俑头清理过程的工作视频,再结合"陶片→修复中的俑→完成修复的俑→彩色复原俑"的展线设计,以及由秦始皇帝陵博物院提供的全景 AR 信息程序应用,让观众近距离感受大秦军队的气势磅礴和秦俑清理修复工作的精细过程。上海自然博物馆的"如何复活一只恐龙"展从"复活"的概念切入反映展品制作的过程及其相关的技术,并借助极具视觉冲击的纸雕艺术设计、精准表现恐龙复原科学内涵的模型、机械互动装置和最新展示技术,线上线下融合,将恐龙复原的经典故事和最新研究成果生动直观地呈现给观众。

在展览的选题与组织方面,另一个形成特色的群体效应是以符号化展品为主导的展览大量涌现,在这类展览中,简帛、图书、信件、档案、碑刻等文字符号的载体成为展览的核心展品。这是一种与传统的三维物品差异较大的展品类型,其承载的信息是显性的,但展品同质性强,缺乏器物展品的可观赏性。如何对这类展品的内涵进行解读,以及如何在视觉上吸引观众,是博物馆展览界遇到的新问题。上海博物馆推出的"遗我双鲤鱼——上海博物馆藏明代吴门书画家手札精品展"陈列的手札是吴门画派的画家们日常通信交流的产物,记录了画家们对生活和艺术的见解。博物馆以这批信札为切入点,从一个侧面透视了吴门书画家的生活与艺术。虽然符号化展品的审美品质不如图像展品,但在更深入了解吴门画派的艺术风格与特色方面,这些符号化展品解决了图像所无法解决的问题。周恩来邓颖超纪念馆举办的"家书——周恩来邓颖超通信展"采用的是同样的策略,通过两位情侣之间的通信,反映他们高尚与激情的革命理想。山东博物馆的"书于竹帛——中国简帛文化展"展出了从战国、秦汉至三国、两晋各个时期具有代表性的简牍帛书,通过对简帛文字的解读介绍了简牍中所反映的法律、案件、契约、户口及养老制度,展现了当时严格的官吏管理制度及严密的律令体系,以及相关朝代教育、通信、天文历法、医学养生、占卜祭祀等方面的内容。图书与档案也是典型的符号化展品,近年来随着相关机构走向社会化,它们所珍藏的图书和档案也陆续以展品的身份与社会公众见面,相应的专题博物馆也应运而生。吉林省典籍博物馆推出的"墨雅余香纸润流芳——吉林省图书馆藏珍籍展"是一个典型的案例。为了激发观众的兴趣,该展览还设置了体验区,让观众在专业人员的指导下体验上墨、铺纸、擦拭等印刷流程,了解中国独有的印刷方式,带领观众"穿越"到古代,体验古书制作的乐趣。西安碑林博物馆举办的"桃花依旧:唐代诗人墓志特展"所展示的展品,虽说是三维的展品,但其本质仍属于符号化展品,所面临的问题具有相似性。

二、关于展览的策划、组织与表达

从本年度的展览案例中可以看出,博物馆策展的专业意识和公众意识都有所增强。一些策展人突破传统,在主题选择和展品组织方面表现出新的理念与实践,出现了第一人称叙事,并关注到三维空间之外的展品类型。还有一些博物馆在策展中设计出接纳公众意见的环节,并在展览中通过设计问答式项目及开放式结局,调动观众的探究精神和参与意识。一些博物馆开始采用更系统、更具有逻辑关联的方式组织展品,不仅使展览更加明晰易懂,而且形成了良好的故事线,使展览变得生动有趣。

长期以来,博物馆作为主流意识形态的代言人,通常以第三人称和宏大叙事作为主导性的传播方式。然而,在本年度的一些展览策划中,出现了以第一人称叙事的展览,其中最突出的就是湖南省博物馆的基本展览"湖南人"。展览不是对湖南历史文化以"他者"的身份进行评述,而是以自我审视的角度进行第一人称自述,讲述自己"生于斯、长于斯"的这片土地的故事。展览在历史学的维度中融入了人类学、民族学,带有明显的志书样式。中国港口博物馆"我从远古来——史前宁波人的生活"展也采用了第一人称叙事,以宁波史前考古发掘、研究成果为依据复原宁波史前先民生活,分别从吃、穿、住、行、思诸方面讲述一个史前宁波人的生活故事。

还有一种更大的突破是出现了非三维空间的展品,如浙江自然博物馆推出的"響宴——鸟类鸣声行为展"。虽然近年来对动物标本的采集注意到了生态的特征,在获取鸟类标本的同时,也收集鸟巢、鸟卵和鸟鸣声,但将鸟鸣声作为主导展品,在自然类的展览中尚不多见。

为了使展览更加贴近人们的生活,策展团队开始考虑如何将公众愿望与意见纳入展览中。为此,他们设计了接纳公众意见的策展程序。首都博物馆在推出"读城——发现北京四合院之美"展时,就将展览设计成由博物馆人与社会观众共同策划完成的项目。大量社会公众,包括老北京人、大学生、教师和学生社团都参与了展览的策划,不仅使展览的内容更贴近公众的愿望,也使得介入策展的代表们对北京的城市情结得到了更大限度地发挥。

让观众在观展中介入相关的学术争论与评价,也是博物馆激发观众参与、让展览贴近观众的手法之一,这在本年度的展览中也有所表现。自甲午战争结束至今,各国媒体、军事专家围绕致远舰爆炸原因、双方军力对比、战争胜负因素、对后世影响等问题的讨论从未停歇。北京大学赛克勒考古与艺术博物馆"寻找致远舰"特展并没有为观众提供权威性的结论,而是采用了开放式的结尾,呈现关于甲午战争的各种观点与争论,将言说历史的权利交给观众,很好地呼应了"博物馆与难以言说的历史"的博物馆日主题。科举博物馆采用了类似的策略,在结尾处通过介绍历史名家对科举的评价,引发观众思考。

也有一些策展人善于寻找适当的切入点使故事叙述更具有情节性。首都博物馆的"美·好·中华——近二十年考古成果展"虽是一个考古成果展,但策展人在展览中植入了主题与情节,在依时代序列叙述的基础上,提炼各历史时期的美学特征,试图为展览赋予更多的思想性和故事性。重庆中国三峡博物馆的"金刚坡下——傅抱石抗战时期绘画作品展"虽以傅抱石抗战时期创作的作品为核心,但展览没有简单地按时间轴进行讲述,而是以他迁至重庆后所定居的金刚坡作为叙述的支点。在金刚坡生活的时期是傅抱石创作的高峰期,其独特的技法"抱石皴"正源于这段生活。展览由此告诉观众,正是这片重峦叠嶂、林木茂盛的金刚坡结束了傅抱石颠沛流离的生活,给予他心灵的慰藉与艺术的滋养。这不仅加深了观众对傅抱石这段生活及其作品的理解,也为展览平添了生活的气息。青岛市博物馆的"岁时佳兴——中国古典季节美学展"也打破常规,采用按季节顺序分类的方法,将展览分为"秋、冬、春、夏"四个单元,从二十四节气角度细分展品,展示"天人合一"的中国传统哲学、美学思想,从自然和人文的角度解读古人的生活态度。

根据心理学家的观察,观众在观展时容易产生"资料定向"的现象:人们不经意地朝展品投上一瞥,以为自己已经看过并了解了这件展品,但进一步的测试表明,他们的自我判断并不真实。为了消除这种现象,一种借助于发问结构的对话式展览出现了。上海自然博物馆的"如何复活一只恐龙"展览正是采用了这种问题与对话式的组织路线,7个单元内容均采用提问的方式:①恐龙真如你想象吗? ②谁知我真容? ③恐龙如何秀肌肉? ④恐龙的外衣什么样? ⑤恐龙的日常是怎样的? ⑥恐龙灭绝了吗? ⑦你最想复活哪一只? 展览通过对生物结构与生存状态的还原,依次回答了上述的问题。

策展人也更加关注展览的结构,试图以特定的主题将各种文物组织成一个有意义的叙事,将观众带入更广大和有序的叙事空间。上海博物馆的"鸿古余音:早期中国文明展"聚焦史前至两汉时期,以剖面式的解读方式来探求中华文明历久弥新的内在动因。展览围绕文字、统治、生活、信仰和葬仪五大主题,引领观众开展一次长时段、多维度、深层次的古文明探索之旅。为便于观众深入了解"文物背后的故事",展览适当增加了展品的背景信息与相关的辅助说明的比重,打破了既定的文物门类,以历史信息为线索,强调对早期中国文明这一核心主题的文化演绎,力求揭示展品之间的内在联系,借助"文物组合"所构成的"故事链","让文物说话,讲中国故事"。中国港口博物馆在组织"我从远古来——史前宁波人的生活"展览时也提出了不同于以往"考古成果+文物组合"的传统展览模式,以史前时期宁波先民的生活为主线,把学术性很强的考古发掘、研究成果转化成公众感兴趣、看得懂的故事性展览。

本年度展览中,一些艺术类展览在关注展品的审美品质与欣赏价值之外,还重视从艺术史和艺术社会学的角度对作品进行解读,在展览中注入了较多的文化阐释,从而使观众得以从更广阔和系统的社会生活语境中理解艺术作品。杭州的中国扇博物馆"明月入怀·中国团扇文化印象展"围绕团扇与"人"构建故事线,综合运用历史学、非物质文化遗产、艺术史、社会史和视觉文化史的跨学科方法。这种将艺术品与艺术家嵌入社会历史文化背景下进行解读的做法在浙江的一批博物馆有相似的表现,如杭州南宋官窑博物馆的"雅趣·匠意——宋人的器用"、中国茶叶博物馆的"焚香啜茗——明清文人的日常"、舟山博物馆的"行思藏志——器物与文人精神"展览等。浙江省博物馆的"湖上有奇峰——蓝瑛作品及其师承影响展"则更直接地植入绘画史与美术批评,针对美术史界对蓝瑛的不同评价,分别从早年、中年与晚年三个不同时间段的典型作品分析蓝瑛作品的特色及其变化,并探讨他对后世的影响,从而使展览带有较强的美术史论的色彩。苏州博物馆的"文人别派——苏州博物馆藏扬州八怪与海上画派合璧展"通过绘画现象的时空比较,揭示扬州八怪与海上画派的渊源关系,让观众在比较中窥见文人画派自清初以来逐渐走向多元流变之一斑。桂林博物馆的"靖江遗韵——桂林出土明代梅瓶陈列"努力寻求欣赏与理解间的平衡关系,分为明暗两条线索展开。明线介绍梅瓶的釉色、造型、纹饰,让观众领略梅瓶的美学品质;暗线则以梅瓶的文化内涵的阐释构建叙事,让观众了解梅瓶所承载的明代藩王社会政治、经济、文化现象。大足石刻艺术博物馆的"大足宝藏"展采用了类似的思路,展览在展现大足石刻精湛技艺的同时,努力揭示其在佛教艺术中国化进程中所开创的典范之美以及深厚的文化内涵和遗产价值。在这些展览中,由于策展人将艺术品置于特定的社会文化背景中进行解读,改变了传统艺术品展览的纯欣赏模式。

三、关于展览的阐释与表现

从各地的申报材料看,具有强大阐释能力从而陈列语言魅力突出的案例尚不多见,但设计师在色彩与气氛的渲染与营造方面,还是有可圈可点之处。一些博物馆为了加强叙事的系统性,增强观众的体验感,采用了多种现代技术手段。一些展览的设计师在主色调的选择中避免将设计师的审美习惯与爱好强加给展览,而是注重从主题中提炼,以便为更深入理解展览提供适当的气氛环境。

博物馆展厅不再被视为仅用于放置器物的容器,它们同时也被看作讲故事的教室。如何让故事更具感染力与现场感,就成为展览设计人员的重要任务。在现场感和气氛营造方面,利用老厂房建设的江西景德镇陶瓷工业遗产博物馆不仅在客观上具有天然的优势,而且在主观上做出了有效的努力,其展览具有强烈的沉浸感,能有效地激发观众的回忆与联想。燃烧的火焰、高耸累叠的陶瓷产品、巨量的工人相片、锈迹斑斑的老机床,还有各种各样的印章与表格,把观众带到了那个曾经辉煌的时代。展览还设计了三扇意向性的门,分别代表了景德镇陶瓷工业发展所经历的三个不同的时代。上海市龙华烈士陵园(龙华烈士纪念馆)"英雄壮歌——上海英烈纪念展"在形式设计上注重运用现代展示手段，设置融知识性、观赏性、参与性于一体的多媒体综合展项，并通过不同材质的对比组合和不同的质感效果来增强艺术表现力和感染力。

在气氛与现场感营造方面，色彩、光与造型都是非常重要的设计元素，也成为设计师特别关注的方面。在色彩选择及其意向营造方面，故宫博物院"千里江山——历代青绿山水画特展"选择了青绿色基调以表达赵孟頫的归隐心情，力求对赵孟頫归隐情思做出最佳的阐释与解读。也有一些展览注重通过造型和光等形式语言来营造气氛，突出主题，激发观众的视觉联想。陕西历史博物馆"长安丝路东西风"展采用古希腊罗马神庙、撒马尔罕古城的符号系统与西安古都的建筑语言，形成有机的对话，彰显中西文化融合的主题。南昌八一起义纪念馆的"南昌起义　伟大开端"特展将 20 世纪 20 年代南昌城市地方特色融入展览，配合高科技手段，动静结合，将波澜壮阔的革命历史生动地呈现出来。序厅设计以雕塑为主，背景采用大型组合雕塑，通过生动的人物形态和恢宏的艺术语言，全景式展现南昌起义的光辉历程。中国丝绸博物馆的"荣归锦上——1700 年以来的法国丝绸"展在形式设计上以凡尔赛宫的镜厅为原型，用镜面、石膏线、传统纹饰壁纸、片状吊灯重构出了法式宫廷风格，使观众仿佛置身于 18 世纪法国的皇宫中。

采用数字化的虚拟现实与增强现实技术也成为展览营造气氛与现场感的重要手段。这方面的一个突出的案例是湖南省博物馆长沙马王堆汉墓展览，展览仿造了辛追墓墓坑，形成了一个上下通透的高大空间。墓坑壁上采用 3D 地图与空间结合渲染的艺术手法，演绎帛画、套棺构成的空间世界，让观众在移步换景中感受展览的独特气氛，引导他们深入了解汉代人对宇宙空间和生死界限想象的认知。中国园林博物馆"圆明园"数字体验展采用圆明园数字复原成果，多角度呈现"万园之园"——圆明园在皇家园林文化、造园艺术方面的丰富内涵。

除了展厅内部的气氛营造，一些博物馆还强调将室内展览与外部环境进行衔接，为观众提供更好的激发联想的机会。故宫博物院的"千里江山——历代青绿山水画特展"在午门展厅外搭起了气势恢宏、连绵起伏的群山，通过展厅外景观与展厅内文物相互呼应，营造出返璞归真的山林石趣，将参观者带入到中国青绿山水画的氛围中。

四、总结与期待

回顾 2017 年的展览,我们看到了一些积极的变化。从上一年度的综述看,展览的数量与质量在级别上和区域上的不平衡比较明显,这一局面虽然没有完全改变,但从各地送审及评奖的结果看,还是出现了一些变化,在区域分布方面,中部与西部出现了一些质量较高、影响力较大的展览,相应地,获奖的数量也有所增长。与此同时,跨地区和跨行业的资源整合受到了更多的关注,建立在更丰富藏品基础上从而使题材更趋细化的案例大大增加,有些展览甚至集中了 20 多个机构的资源,这也在一定程度上促进了跨界展的兴起。

提炼中肯的主题,选择适宜的故事线来组织展品,强化展品之间的有机联系,从而增加阐释与叙事的能力也成为更加被关注的方面,一些第一人称及微小叙事的展览开始出现,表明策展人对社会及公众的需求有了更深入的理解。

展览在审美方面的追求也出现了令人欣慰的变化,那种脱离展览内涵、一味追求视觉效应的审美开始被取代,策展人开始寻求将形式与内容进行有机结合,将审美安排置入突出主题、营造气氛,以便观众进行更准确的思考,从而使所呈现的美具有更浓郁的博物馆审美的色彩。

在展览所产生的社会影响力方面,本年度值得一说的是上海博物馆"大英博物馆百物展:浓缩的世界史"。该展览虽然上一年度曾在国家博物馆推出,但在此次上海博物馆的展览中仍受到社会的强烈追捧。通过对各种文明及各个时代代表性文物的深度解读来讲述文明的故事,是利用文化遗产沟通过去与现在对话,从而推动当代社会发展的卓越贡献。对一个拥有量多质优藏品的老牌博物馆,一个以泛地域收藏及精品定位而著称的博物馆来说,采用文明演进的主题和故事线,讲述一个引人入胜的人类生存与创造的故事,是一种超越自我的大胆探索,这一做法在全球范围所受到的欢迎反映出公众对文化遗产内涵深度理解的愿望。虽然这个展览并不是中国原创的,但它的引进及其对公众及业界所造成的影响,会提供一种具有方向意义的启发。

从某种意义上可以说,近年来中国博物馆界通过不懈的努力,在现代博物馆展览的建设中已经获得了重大的进步,在社会生活中也扮演了越来越重要的角色。然而,如果从更专业的角度看,中国博物馆界还有重要的方面需要突破。

第一,正如上一年度综述中所指出的,对明星展品的依赖性还是比较大。这一点显然受到当代社会公众观展习惯的影响。但优秀的博物馆展览不仅要迎合观众,也有责任引导观众。将系统搜集作为社会记忆载体的遗产与现实作品置于博物馆更重要的位置,将深刻而典型反映社会现象的物品的博物馆化作为收藏工作的核心,对博物馆界来说,这仍是一项艰巨的任务。虽然我们也看到了博物馆对一些日常生活中"老物件"的关注,但在制度层面将这一行为转化为行业的分内之事,仍然需要博物馆界更新观念,进一步树立为社会及社会发展服务的理念。

第二,虽然在选题上较以往有了较大的突破,但反映现实生活、反映人们普通生活、回应社会发展中重大问题的展览仍有进一步的拓展空间。这是一个与上述问题互为表里的方面。博物馆只有积极关注社会发展,对时代变化更加敏感,在才能发现人们普遍关注的话题,才能激发博物馆和公众去征集与展示相关的物证,并使博物馆在社会发展中承担更大的责任。

第三,展览设计师虽然对博物馆审美变得比以往更加敏感,在设计过程中将较多的精力集中在将展览打造成更富有艺术性的样式,但在通过展品组合,尤其是通过阐释性展品的创意而使得展览更易于被理解方面,关注并不多。从各地送审的材料看,强调空间、色彩、肌理的案例较多,但涉及如何使一件展品的内涵、展品背后的故事变得清晰易懂的案例,依然鲜见。

第四,除了上述的理念与技术外,如何保障与提升展览的质量,还有一个值得重视的方面,那就是展览建设科学程序的建立。在对中国博物馆展览进行质量评估时可以发现,一个带有基础性和普遍性的问题是,由于缺少制度化的质量保障系统(尤其对具有长时效应的基本陈列的建设而言),展览质量从而失控。一些博物馆展览最初具有良好的构思与设计,但在实施的环节中出了问题,不能很好地贯彻策展意图;也有些在设计图上亮丽精彩,但落地后发现存在大量错误,但面对木已成舟的事实也只能表示感慨和遗憾。究其原因,是展览建设的程序尚没有纳入科学的轨道,整个建设基本上是自发进行的,过程中没有严格的审查环节与纠错机制。在世界范围内,一个成熟的展览建设通常都由前置评估、形成中评估及总结评估构成,由这三大评估构建起展览建设质量保障的核心。在中国,虽然有一些博物馆已经开展总结评估,也有一些开展了前置评估,但仍是少数。至于对展览质量起着关键作用的形成中评估,在中国博物馆展览界迄今尚未看到。相对于一般公共工程而言,博物馆展览项目的非标性非常突出,通常占到整个展览工程量的 80% 左右。对于这类非标项目,仅从二维设计图难以看出其在落地成型后可能存在的问题,所以,需要一个以全场等比再现为基础的形成中评估环节,保证各种设计缺陷在此过程中被克服。但在中国,这一程序至今没有受到业界关注,没有被纳入博物馆展览建设的流程中,也没有相应的资金来组织实施,所以,大量设计中的缺陷与问题就被遗留下来。在我们这个博物馆文化迅速发展的时代,如何为广大公众提供更优质的博物馆展览,如何将我们的工作提升到新的层次,是我们必须面对的问题。为博物馆展览建设制定更科学合理的程序,建设制度化的质量保障系统,使展览更加符合广大公众的愿望与期待,正是目前中国博物馆展览建设中必须着手解决的迫切问题。